La constitution financière de la France

Logiques Juridiques
Fondée par Gérard Marcou
Dirigée par Jean-Claude Némery et Thomas Perroud

Le droit n'est pas seulement un savoir, il est d'abord un ensemble de rapports et pratiques que l'on rencontre dans presque toutes les formes de sociétés. C'est pourquoi il a toujours donné lieu à la fois à une littérature de juristes professionnels, produisant le savoir juridique, et à une littérature sur le droit, produite par des philosophes, des sociologues ou des économistes notamment.

Parce que le domaine du droit s'étend sans cesse et rend de plus en plus souvent nécessaire le recours au savoir juridique spécialisé, même dans des matières où il n'avait jadis qu'une importance secondaire, les ouvrages juridiques à caractère professionnel ou pédagogique dominent l'édition, et ils tendent à réduire la recherche en droit à sa seule dimension positive. À l'inverse de cette tendance, la collection « Logiques juridiques » des éditions L'Harmattan est ouverte à toutes les approches du droit. Tout en publiant aussi des ouvrages à vocation professionnelle ou pédagogique, elle se fixe avant tout pour but de contribuer à la publication et à la diffusion des recherches en droit, ainsi qu'au dialogue scientifique sur le droit. Comme son nom l'indique, elle se veut plurielle.

Dernières parutions

Eric FÈVRE, *Comparaison du chef de l'Etat et du chef du Gouvernement en France et en Allemagne*, 2024.
Henri BOUILLON, *Droit de la laïcité*, 2024.
Nadine NAJEM, *Théorie des intérêts moratoires*, 2024.
Caroline PELOSO, *L'autorité de la chose jugée au pénal à l'égard des décisions européennes, Essai de droit comparé franco-italien*, 2023.
Bamba Nonféni Michel ZARATIONON, *Les mesures provisoires de la CourADHD. Le contentieux du provisoire devant la Cour Africaine des droits de l'Homme et des Peuples*, 2023.
Jean LEFEBVRE, *Le droit du financement participatif (crowdfunding). Deuxième édition*, 2023.
Lucie CLUZEL-MÉTAYER et Arnaud SÉE (dir.), *Eléments de droit public du numérique*, 2023.
Komla BASSAH, *Le pouvoir de décision du Comité des droits de l'homme des Nations Unies, Entre légitimité, autorité et effectivité, 2023.*
Erick LWAMBA MAYANGA, *La passation des marchés publics infranationaux en RD Congo*, 2023.

Hugues Rabault

La constitution financière de la France

Sources fondamentales du droit des finances publiques

Seconde édition actualisée et augmentée

L'Harmattan

Du même auteur :

La logique juridique, Paris : Dalloz, 2024.

L'ordolibéralisme, aux origines de l'Ecole de Fribourg-en-Brisgau (direction), Paris : L'Harmattan, 2016.

Un monde sans réalité ? En compagnie de Niklas Luhmann : épistémologie, politique et droit, Québec : Presses de l'Université Laval, 2012.

L'Etat entre théologie et technologie. Origine, sens et fonction du concept d'Etat, Paris : L'Harmattan, 2007.

L'interprétation des normes : l'objectivité de la méthode herméneutique, Paris : L'Harmattan, 1997.

5-7, rue de l'École-Polytechnique - 75005 Paris

www.editions-harmattan.fr

ISBN : 978-2-336-46124-3
EAN : 9782336461243

Sommaire

Préface à la seconde édition

L'auteur de ces lignes, publiant la première édition cet ouvrage, voulait avant tout attirer l'attention sur une notion, qui lui semblait fort utile quoique négligée par la doctrine, désignée par l'expression de « constitution financière ». Par cette expression nous traiterons du cadre normatif stable de la vie financière de l'Etat.

La vie de l'Etat, et, à son image, la vie du secteur public, celle des collectivités territoriales, des établissements publics, etc., est rythmée par des budgets. A la différence du budget de l'entreprise, le budget des collectivités publiques est une véritable norme juridique. Il ne se contente pas de prévoir des dépenses et des recettes en vue de réaliser des objectifs, il « prévoit et autorise », selon la formule consacrée, des recettes et des dépenses. La question se pose donc de la garantie du respect des autorisations budgétaires. Cette dimension d'autorisation s'explique par le principe de démocratie. Directement, par l'information, ou indirectement, par l'intermédiaire de ses représentants, le peuple dispose d'un droit de contrôler l'usage du produit des impôts qu'il acquitte. Telle est la fonction traditionnelle du budget des collectivités publiques. C'est pourquoi la notion de budget est indissociable de l'essor d'une forme spécifique de régime politique, le parlementarisme. Les régimes autoritaires n'ont pas besoin d'un budget au sens d'un acte d'autorisation. Mieux encore, ces régimes ne reconnaissent pas toujours l'intérêt public à garantir la transparence des finances publiques. La transparence des finances publiques peut se voir opposer un principe inverse de secret si l'on admet que les ennemis, extérieurs ou intérieurs, de l'Etat doivent ignorer ses objectifs stratégiques. C'est pourquoi les régimes autoritaires ont toujours eu tendance à dissimuler l'état réel de leurs finances. Ce droit au secret des finances, à vrai dire, est reconnu au bénéfice de l'entreprise à travers le principe du secret des affaires. Celui-ci met l'entreprise à l'abri du regard de ses concurrents. Il en va différemment, dans la démocratie parlementaire, des finances publiques.

Le budget des collectivités publiques est ainsi, en régime parlementaire, conçu comme une norme juridique, mais la spécificité de cette norme consiste dans son éphémérité. La durée de l'autorisation budgétaire est en effet limitée. Ce phénomène s'explique par l'idée d'une récurrence du contrôle démocratique. Cette récurrence s'exprime à travers le principe d'annualité budgétaire, quoiqu'on puisse imaginer, comme nous le verrons, d'autres durées de validité pour un budget. Du point de vue d'une théorie générale du droit, le principe même d'une éphémérité de la norme juridique pose une difficulté. Traditionnellement, les normes juridiques sont faites pour durer. Même si le droit moderne est instable, on peut admettre que la fonction du droit implique plutôt sa stabilité. D'où le paradoxe que des principes stables, tels que, précisément, la récurrence du contrôle démocratique sur les finances publiques, régissent ces normes éphémères que sont les budgets des collectivités publiques.

C'est une caractéristique particulière du droit des finances publiques que de connaître une double temporalité. La temporalité accélérée de l'autorisation budgétaire exige un cadre stable coordonnant la succession des budgets et la coexistence d'une multiplicité de budgets. *C'est ce cadre normatif stable, distinct du cadre normatif temporaire des budgets, que nous désignons ici comme la « constitution financière ».*

La constitution financière fait partie de la constitution politique, elle en est une dimension. Nous avons dit qu'elle fait partie du patrimoine juridique du parlementarisme. Sans doute tout Etat moderne dispose-t-il, à sa façon, d'une constitution financière. Mais la particularité de la démocratie parlementaire explique la dimension fortement structurante de son droit financier public. Que les finances publiques soient régies par des principes contraignants est le propre du parlementarisme. Les Etats qui rejettent cette forme de démocratie s'affranchissent du même coup des contraintes juridiques en matière financière. Cela peut d'ailleurs représenter quelques avantages, comme une simplification de la gestion des ressources de l'Etat. Mais la constitution financière jouit aussi d'une certaine autonomie dans le contexte de la constitution politique. Nous verrons que le texte même des constitutions nationales distingue la constitution financière, la sanctuarise, de sorte que la constitution financière devient une contrainte, une limite, pour la constitution politique. On peut le constater, par exemple, dans ces constitutions qui interdisent au référendum d'initiative populaire les questions budgétaires et fiscales. La constitution financière est une expression du principe de démocratie et une limite à ce principe, c'est pourquoi elle se conçoit comme un objet singulier d'étude.

La constitution financière de la France a connu récemment une évolution importante, ce qui justifie la présente édition. Cette évolution résulte de la loi organique n° 2021-1836 du 28 décembre 2021 relative à la modernisation de la gestion des finances publiques. Cette loi organique s'inscrit dans la continuité de la loi organique n° 2001-692 du 1er août 2001 relative aux lois de finances, elle en poursuit la dynamique. Par opposition à l'ordonnance n°59-2 du 2 janvier 1959 portant loi organique relative aux lois de finances, qui consacrait le primat de l'exécutif en matière financière, la loi organique de 2001 renforçait le pouvoir du Parlement. La loi organique de 2021 persévère dans cette voie. Par ailleurs, elle intègre en son sein le dispositif issu de la loi organique n° 2012-1403 du 17 décembre 2012 relative à la programmation et à la gouvernance des finances publiques. Cette évolution renforce l'importance dans l'ordre juridique de la loi organique n° 2001-692 du 1er août 2001 relative aux lois de finances, qui, dans un sens formel, voit plus que jamais consacrée sa dimension de « constitution financière ». Retenant le sens matériel de la notion de constitution financière, nous dirons plus exactement que la loi organique de 2001 est le cœur de la constitution financière de la France. Une autre évolution importante résulte de l'ordonnance n° 2022-408 du 23 mars 2022 relative au régime de responsabilité financière des gestionnaires publics. Dans un but pédagogique l'ouvrage distingue une introduction générale aux finances publiques et les textes normatifs essentiels du droit public financier français. Les textes présentés ici ont été actualisés à la date du 25 décembre 2023.

Introduction

Les finances publiques sont sensibles aux aléas de l'actualité. Elles ont à amortir les chocs, politiques, sociaux, économiques, sanitaires. Il suffit de songer aux alternances politiques, aux conflits sociaux, aux crises financières, ou plus récemment à la crise sanitaire consécutive à la pandémie virale. Lors de l'exercice budgétaire 2020 furent adoptées pas moins de quatre lois de finances rectificatives. Il est tentant de se focaliser sur les évolutions, les transformations, les adaptations. Celles-ci sont révélées par les statistiques, permettant d'estimer les déficits, de calculer le taux d'endettement, le montant des intérêts de la dette, etc. La loi de finances de l'année et les collectifs budgétaires apparaissent alors comme des sujets privilégiés d'étude pour les juristes. Dans ce contexte mouvant, incertain, le droit des finances publiques offre pourtant un cadre stable. Nous pouvons distinguer ainsi dans le droit des finances publiques ces deux aspects, d'une part le contenu temporaire, variable, et d'autre part, répétons-le, la structure stable[1]. C'est cette *structure stable* que nous désignons comme la *constitution financière*[2].

Nous voulons, à travers un choix de textes, présenter la structure stable du droit des finances publiques nationales. Dans sa forme actuelle, la constitution financière est le produit d'une évolution. La loi organique n° 2001-692 du 1er août 2001 relative aux lois de finances, avait renoncé notamment à la notion de « chapitre » budgétaire pour le lexique modernisé des « missions », des « programmes » et des « dotations ». La réforme du droit budgétaire se fondait sur la critique du caractère excessivement juridique du cadre des finances publiques classiques et la volonté de passer d'une logique de contrôle à une logique de « gestion », d'un esprit juridique et comptable à une conception « managériale » du contrôle parlementaire, à ce qui a pu être désigné comme une « logique de performance ». Le décret n° 2012-1246 du 7 novembre 2012 relatif à la gestion budgétaire et comptable publique visait à coordonner la comptabilité et le nouveau droit budgétaire. Il offre un cadre conceptuel riche et rigoureux. La loi organique n° 2012-1403 du 17 décembre 2012 relative à la programmation et à la gouvernance des finances publiques témoigne en revanche d'intentions équivoques. Elle visait en matière d'équilibre budgétaire à donner le change aux autorités européennes, en garantissant l'information, mais évitait d'instituer une véritable contrainte juridique, comme en témoigne une comparaison avec la Loi fondamentale allemande. Les dispositifs qu'elle a institués se trouvent désormais intégrés par la loi organique n° 2021-1836 du 28 décembre 2021 relative à la modernisation de la gestion des finances publiques à la loi organique n° 2001-692 du 1er août 2001 relative aux lois de finances. Cette réforme de 2021 a entraîné des effets en cascade sur l'ensemble du cadre normatif du droit des finances publiques

[1] On retrouve ce type de différenciation avec la distinction entre logiciel système et logiciel applicatif (ou couramment application). La constitution financière représente en quelque sorte le cadre, le système, régissant la vie financière publique.

[2] La notion de constitution financière est issue de la culture juridique de langue allemande (*Finanzverfassung*). Dans le vocabulaire du droit public positif elle désigne la structure normative de rang constitutionnel consacrée aux finances publiques. Dans un sens de théorie juridico-économique elle se rapporte plus généralement à l'organisation, à la *structure* des finances publiques. Nous préciserons le sens de la notion *infra* § 2.

français, notamment sur le décret n° 2012-1246 du 7 novembre 2012 relatif à la gestion budgétaire et comptable publique.

Malgré les changements, les évolutions, les mutations et les transformations, le droit des finances publiques demeure fidèle à une structure conceptuelle qui remonte au parlementarisme du XIXe siècle. Ce droit, où nous pouvons distinguer aujourd'hui le droit budgétaire et la comptabilité publique, s'enracine profondément dans l'émergence du parlementarisme sous la Restauration. Le droit public financier qu'on qualifie de classique ne fut pas le produit d'une théorisation abstraite, mais de la lutte des parlementaires combinée avec les visées de la haute bureaucratie. Issu d'abord des lois de finances, ce droit financier commença d'être élaboré à travers la fameuse ordonnance concernant la comptabilité et la justification des dépenses publiques du 14 septembre 1822 de Joseph de Villèle, ministre des finances de 1821 à 1828. Le droit des finances publiques mêla un fond de règles remontant à l'Ancien Régime et les principes issus du parlementarisme, qui représenta alors l'idée même de la modernité politique[3]. Dans l'esprit du parlementarisme du XIXe siècle, la représentation nationale, exacte image des forces en présence dans la société, devait être le centre du système politique[4]. Elle était l'organe de gouvernement par excellence. En France, la Troisième République a constitué l'expression parfaite de cette idéologie. C'est ainsi que le budget devenait l'acte fondamental à travers lequel le Parlement devait, par un contrôle précis des dépenses, piloter toute l'action de l'Etat. L'idéologie du parlementarisme explique l'émergence, dès la Restauration, d'une orthodoxie du droit budgétaire à laquelle se rattacha, en réaction au Second Empire, la Troisième République. Cette orthodoxie est synthétisée par les cinq principes classiques – principes véritablement constituants – du droit financier public, le principe de l'*autorisation budgétaire* – ou *antériorité* au sens le plus large –, l'*annualité* des autorisations, la *spécialité* des crédits, l'*universalité* et l'*unité* du budget[5]. Les réformes du droit budgétaire de 2001 et 2021 furent très expressément fondées par leurs initiateurs sur le projet, contre l'esprit originel de la Constitution de 1958, d'une restauration des pouvoirs budgétaires du Parlement, d'un retour aux grands principes, à l'orthodoxie financière du parlementarisme. La Restauration avait également posé le principe d'une *séparation des ordonnateurs et des comptables*. Ce principe, distinguant au sein de l'Etat le Trésor, permettait, à travers l'exigence de la justification des dépenses, un contrôle méticuleux de la conformité des opérations de payement au budget voté par le Parlement. Le mécanisme visait à contrôler, au stade

[3] C'est précisément dans la monarchie constitutionnelle et parlementaire de la Restauration, synthèse de la tradition monarchique et de l'idéal rationaliste des Lumières, que Hegel, dans ses *Principes de la philosophie du droit*, de 1821, crut observer l'avènement de la raison et la fin de l'histoire. Voir Hugues Rabault, *L'Etat entre théologie et technologie. Origine, sens et fonction du concept d'Etat*, Paris : L'Harmattan, 2007, p. 55-56.

[4] Sur l'esprit du parlementarisme, voir *ibid.*, p. 235-259.

[5] Pour une présentation synthétique classique, voir Edgard Allix, *Traité élémentaire de science des finances et de législation financière française*, Paris : Arthur Rousseau & Cie, 1931. Au début du XXe siècle la théorie des grands principes du droit budgétaire n'était pas stabilisée. René Stourm, *Cours de finances. Le budget*, Paris : Guillaumin & Cie, 1900, p. 142, formule la question de la façon suivante : « Les qualités que doit posséder un projet de budget ne sauraient être énumérées toutes : sincérité, clarté, unité, économie, équilibre, etc., la liste serait interminable. »

de l'exécution, le respect par les autorités exécutives des autorisations budgétaires. Les réformes récentes en matière de comptabilité publique n'ont pas porté atteinte à ce vieux principe.

La continuité marque peut-être davantage encore la comptabilité publique que le droit budgétaire. Si les régimes autoritaires tendent à s'affranchir du contrôle parlementaire, ils n'en ont pas moins besoin de contrôler le fonctionnement financier concret. La Cour des comptes crée sous l'Empire en 1807 ne faisait que revenir aux méthodes de contrôle des recettes et des dépenses opéré par les chambres de comptes de l'Ancien Régime. Si la comptabilité publique comporte aujourd'hui de nombreuses fonctions, notamment de connaissance du fonctionnement financier et d'information du public et des représentants, elle visait à l'origine à prévenir les malversations, la concussion, la corruption et le détournement des deniers publics. La source de la comptabilité publique moderne fut d'abord l'ordonnance concernant la comptabilité et la justification des dépenses publiques du 14 septembre 1822. Ce texte englobait des règles comptables et budgétaires, telles que la séparation des ordonnateurs et des comptables ou les principes de spécialité et d'annualité. Une ample codification, conçue par Charles-Louis-Gaston d'Audiffret[6], aboutit à l'ordonnance du roi du 31 mai 1838 puis, sous l'autorité d'Achille Fould, au décret impérial portant règlement général sur la comptabilité publique du 31 mai 1862. Ce texte demeura pendant un siècle la clef de voûte du droit français des finances publiques. Il apportait des définitions claires des concepts, notamment de deniers publics, de budget, d'exercice et de gestion, de séparation des ordonnateurs et des comptables ou de gestion de fait.

Le décret impérial portant règlement général sur la comptabilité publique du 31 mai 1862, qui ne faisait que réviser l'ordonnance du roi du 31 mai 1838, était déjà une manière de *constitution financière*. Il est frappant de constater d'ailleurs que la notion de comptabilité publique, incluant le droit budgétaire, y désigne en fait l'ensemble du droit des finances publiques. Son principal rédacteur voyait les finances publiques comme un *système*[7]. Loin de ne concerner que ce que nous appelons le droit de la comptabilité publique, le décret impérial de 1862 englobait le droit budgétaire, même si celui-ci n'y revêtait qu'un caractère embryonnaire. Sa lecture témoigne de l'unité profonde entre le droit budgétaire et la comptabilité publique. Le texte comporte la puissance des grands textes juridiques produits d'un véritable auteur[8]. Le marquis d'Audiffret est une figure typique de grand serviteur de l'Etat, d'un haut niveau intellectuel quoique pur praticien, capable de survivre aux changements régimes. Il avait débuté au Trésor sous l'Empire, était entré au Conseil d'Etat, devint sous la

[6] Voir Sébastien Kott, « Le système financier de la Restauration, entre rénovation et révolution », *in* Anne Dubet, Marie-Laure Legay (direction), *La comptabilité publique en Europe 1500-1850*, Rennes : Presses universitaires de Rennes, 2011, p. 201-216.

[7] Le texte est reproduit dans Charles-Louis-Gaston d'Audiffret, *Système financier de la France*, tome 5, Paris : Paul Dupont, Guillaumin & Cie, 1864.

[8] On songe à un autre grand texte en matière financière, l'actuel Code de procédure fiscale allemand (*Abgabenordnung*), issu de la *Reichsabgabenordnung* du 13 décembre 1919 demeurée en vigueur jusqu'en 1976 et conçue par Enno Becker, qui avait été d'abord juge administratif spécialisé dans le contentieux fiscal. En français, lire Renaud Bourget, *La science juridique et le droit financier et fiscal. Etude historique et comparative du développement de la science juridique fiscale*, Paris : Dalloz, 2012, p. 630-649.

Restauration président de la deuxième chambre de la Cour des comptes, et fut récompensé par la dignité de pair de France sous la Monarchie de juillet et de sénateur sous le Second Empire. Monarchiste de conviction, il s'était formé sous l'autorité du fameux baron Louis[9] et servit aussi bien l'ultraroyaliste Joseph de Villèle que, comme il a été dit, l'orléaniste, converti au bonapartisme, Achille Fould[10]. Le droit des finances publiques d'aujourd'hui porte encore son empreinte, nous le constaterons ultérieurement, à travers sa terminologie et ses définitions. On oublie un peu aujourd'hui que le droit des finances publiques de la République fut structuré par ce texte du Second Empire, qui fut appliqué, répétons-le, durant plus d'un siècle, et dont certaines dispositions sont encore en vigueur[11].

Partant d'un texte unifiant l'ensemble du droit des finances publiques, ce dernier fut subdivisé en deux sources distinctes, fondements, d'une part, du droit budgétaire, et, d'autre part, de la comptabilité publique au sens strict. Mais il reste important de garder à l'esprit cette unité originelle du droit financier public, parce qu'elle exprime le sens profond de la notion de constitution financière, qui représente la structure normative régissant le fonctionnement financier public, c'est-à-dire, en un mot, la circulation de la richesse au sein de l'Etat au sens le plus large, au sens de l'Etat et de toutes ses émanations, et entre l'Etat et la société. Cette circulation de richesse s'incarne dans les notions de recette et de dépense, de recouvrement et de payement, d'encaissement et de décaissement, de mouvements de fonds, etc. Le droit financier public structure donc profondément cette dimension de la vie de l'Etat. La notion de constitution financière désigne l'infrastructure normative, le soubassement, de ce fonctionnement financier. Si l'on se remet en mémoire la maxime de Jean Bodin selon laquelle « les finances sont le nerf de la république » tout cela n'est pas de peu d'importance.

Les sources actuelles du droit des finances publiques correspondent à l'actualisation d'une codification entreprise au début de la Cinquième République à travers l'ordonnance n° 59-2 du 2 janvier 1959 portant loi organique relative aux lois de finances. Cette ordonnance exigeait une adaptation de la comptabilité publique, qui fut réalisée par le décret n° 62-1587 du 29 décembre 1962 portant règlement général sur la comptabilité publique. L'ordonnance du 2 janvier 1959 résultait d'un besoin de codification de la pratique budgétaire de l'Etat qui avait abouti sous la Quatrième République au décret-loi organique n° 56-501 du 19 juin 1956 déterminant le mode de présentation du budget. L'article 16 de la Constitution de la Quatrième République disposait en effet en son alinéa 3 : « Une loi organique réglera le mode de présentation du budget. » Le décret du 29 décembre 1962, quant à lui, abrogea l'essentiel du décret impérial du 31 mai 1862. La loi organique relative aux lois de finances de 2001 et le décret relatif à la gestion budgétaire et comptable publique de 2012 applicables aujourd'hui doivent être considérés comme le produit de cette histoire.

---

[9] Voir le portrait dressé par Charles-Louis-Gaston d'Audiffret, *Souvenirs du baron Louis*, Paris : impr. de Crapelet, 1841.

[10] Renvoyons à Guy Antonetti et alii, *Les ministres des Finances de la Révolution française au Second Empire. Dictionnaire biographique 1814-1848*, trois tomes, Vincennes : Institut de la gestion publique et du développement économique, 2007.

[11] Notamment les dispositions sur la comptabilité des dépôts de mendicité, monts-de-piété et établissements généraux de bienfaisance et d'utilité publique.

La notion de *constitution financière* est couramment utilisée pour désigner la loi organique relative aux lois de finances de 2001[12]. C'est entendre la notion de constitution en un sens strictement formel. Nous invoquons ici cependant le concept de constitution en son *sens matériel*, c'est-à-dire, si l'on est en droit d'utiliser le lexique normativiste, au sens d'une « structuration normative ». Pour parler plus simplement nous aurons recours à l'expression de *grands principes juridiques* de la vie financière de l'Etat. Mais pour revenir à la langue ésotérique des normativistes nous pourrions parler de la constitution comme de la *structure formée par les normes qui norment la normation*. Existe-t-il une meilleure illustration de cette définition que la distinction entre la loi organique relative aux lois de finances et les lois de finances elles-mêmes ? C'est à partir de la Restauration qu'apparut la nécessité de distinguer le cadre normatif permanent des finances publiques et les lois de finances inscrites dans le rythme récurrent de l'annualité. La distinction entre *la constitution comme cadre* et *le droit mouvant des finances publiques* implique une différenciation en termes de fonction. Le cadre incarne la continuité de l'Etat, le droit mouvant s'adapte au rythme de la société.

Si nous envisageons le problème des finances publiques sous cet angle nous réalisons promptement que les grands principes des finances publiques ne sont pas concentrés dans la loi organique relative aux lois de finances de 2001. Ils ne résident pas non plus dans la seule Constitution ou dans son exégèse par le Conseil constitutionnel. Le principe de *spécialité* pourrait-il, par exemple, être compris indépendamment du principe de la *séparation des ordonnateurs et des comptables*[13]. Or ce dernier principe n'est présent dans la loi organique que de façon implicite et il ne connaît pas de consécration constitutionnelle. Pour trouver une expression claire du principe de séparation des ordonnateurs et des comptables, il faut se référer au décret relatif à la gestion budgétaire et comptable publique de 2012. Gaston Jèze voyait dans cette règle non un principe contingent mais une conséquence directe du principe de spécialité[14]. N'est-ce pas une singularité des finances publiques françaises que leur structure fondamentale soit largement inscrite dans un décret ?

Mais au-delà de cette constatation relative au droit positif, il est loisible d'admettre que les textes d'aujourd'hui ne sont qu'une *incarnation* de la constitution financière. Celle-ci n'est pas seulement l'effet de décisions politiques, elle est avant tout le produit de l'histoire. Pour comprendre la constitution financière il est donc important

---

[12] Voir *infra* note 35.

[13] Gaston Jèze, *Cours élémentaire de science des finances et de législation financière française*, Paris : M. Giard, 1931, fac-similé, Paris : La Mémoire du droit, 2013, p. 68-70. La notion originelle de comptabilité publique englobait en effet le droit budgétaire. Charles-Louis-Gaston d'Audiffret distinguait la comptabilité législative, la comptabilité administrative et la comptabilité judiciaire, selon une dynamique temporelle : vote, exécution et jugement des comptes. S'agissant de la comptabilité législative, il soulignait, *Système financier de la France*, *op. cit.*, p. 83 : « la comptabilité législative a pour objet de régler les rapports de finances de l'administration avec les chambres ». Cette conception unitaire du droit budgétaire et de la comptabilité publique marque encore la pensée de Jèze.

[14] Gaston Jèze esquisse une approche comparatiste, mais il convient d'avouer que le droit de la comptabilité publique comparé demeure aujourd'hui à notre connaissance *terra incognita*.

de se replonger dans l'histoire des finances publiques. La constitution financière n'est pas seulement le fait de la décision d'un législateur, elle est avant tout le produit d'une expérience institutionnelle[15]. Gaston Jèze montrait justement à cet égard que les grands principes du droit budgétaire ne sont pas propres à une tradition nationale mais sont partagés, sous un lexique parfois distinct, par les Etats s'inscrivant dans la tradition du parlementarisme[16]. Nous ne développerons pas cette idée pourtant stimulante, que nous n'illustrerons que par quelques exemples occasionnels, mais il serait possible, à travers le droit comparé ou l'étude des finances des organisations internationales, notamment le droit financier de l'Union européenne, d'évoquer la *dimension transnationale* de la constitution financière[17].

Il existe donc une manière d'immanence de la constitution financière à tous les niveaux de la vie publique. Ainsi le droit financier des organismes publics, des collectivités territoriales, des établissements publics, etc., reproduit-il au niveau infra-étatique les structures essentielles du droit des finances publiques étatiques. Il est loisible de parler d'une transversalité du droit public financier au sein de l'ensemble du droit public. On y retrouve partout de grands principes et des concepts structurants. Parfois ceux-ci restent exprimés dans leur forme classique, comme lorsque le budget des collectivités territoriales demeure subdivisé en *chapitres* et en *articles*, alors que la loi organique relative aux lois de finances a renoncé à ce lexique traditionnel pour un lexique « gestionnaire ». De même le décret relatif à la gestion budgétaire et comptable publique de 2012 révèle-t-il sa dimension structurante en ce qu'il est uniformément applicable, comme nous le verrons, à l'essentiel du secteur public, ce qui est un effet du principe, si propre à la France, d'*unité de trésorerie*. La constitution financière n'est donc pas un texte précis, mais un état d'esprit qui domine la vie des finances publiques. Pour présenter cette dimension des institutions il a été choisi ici non de rédiger un essai ou un traité mais de retourner *ad fontes*, de revenir aux textes mêmes, d'appeler le public à la connaissance de ces textes. Cela tient à la vocation pédagogique même de la démarche proposée, car le souci d'un retour aux textes, de leur lecture attentive, n'est-il pas le premier enseignement à tirer de la pratique juridique ?

§ 1 – Fonction de la constitution financière

La réflexion ici proposée ne relève pas des *finances publiques* au sens large, mais se trouve circonscrite au *droit des finances publiques*, ou *droit financier public*. La tradition des finances publiques est marquée par une habitude de pluridisciplinarité qui remonte au XIXe siècle. Le domaine des finances publiques implique des

---

[15] Paul Leroy-Beaulieu, *Traité de la science des finances*, tome 2, *Le budget et le crédit public*, Paris : Guillaumin & Cie, Félix Alcan, 1906, présente la théorie budgétaire classique comme correspondant à une pure rationalité économique.
[16] L'approche comparatiste fonde l'ouvrage de Gaston Jèze, *Traité de science des finances. Le Budget*, Paris : Giard & Brière, 1910. Jèze voit le droit budgétaire comme un fond commun de règles partagées par les démocraties.
[17] Selon la thématique proposée dans Gunther Teubner, *Fragments constitutionnels. Le constitutionnalisme sociétal à l'ère de la globalisation*, Paris : Classiques Garnier, 2016. Sur cet ouvrage, voir Hugues Rabault, « Le problème de la constitution dans le contexte de la globalisation », *Archives de philosophie du droit*, n° 60, 2018, p. 381-389.

connaissances relevant de l'histoire, de l'économie et du droit, comme en témoignent, au début du XXe siècle, les travaux fameux d'Adolph Wagner, auteur d'un *Traité de la science des finances* monumental, ou l'ouvrage du même titre de Paul Leroy-Beaulieu[18]. A la fin du XIXe siècle les finances publiques se trouvèrent à l'intersection de l'économie, parce qu'il y était question de finances, de la politique, car il s'agit des finances de l'Etat, et du droit. La fameuse « loi de Wagner » liait précisément le processus de civilisation au développement de l'Etat, qui supposait le poids croissant des finances publiques dans l'économie. Ce poids croissant des finances publiques revêtait un sens, insistons-y, proprement civilisationnel. Sous cet angle la dimension juridique peut sembler secondaire. Le droit des finances publiques n'est pas une fin en soi, il est au service d'un besoin, d'attentes des finances de l'Etat. Si l'on définit le droit comme recherche de la justice, force est de constater que cette préoccupation est, dans le droit des finances publiques, secondaire.

Le concept de budget est la clef de voûte du droit financier public. Le budget revêt, comme le rappelle la définition juridique, une double fonction de *prévision* et d'*autorisation* des recettes et des dépenses. L'article 5 du décret de 1862 formula la version classique de cette définition : « Le budget est l'acte par lequel sont prévues et autorisées les recettes et les dépenses annuelles de l'Etat ou des autres services que les lois assujettissent aux mêmes règles. »[19] Cette définition est retranscrite de façon plus abstraite à l'article 7 du décret n° 2012-1246 du 7 novembre 2012 relatif à la gestion budgétaire et comptable publique : « Le budget est l'acte par lequel sont prévues et autorisées les recettes et les dépenses. » A l'opposé de cette définition juridique, la loi organique relative aux lois de finances de 2001 formule, à l'article 6, alinéa 2, une définition économique : « Le budget décrit, pour une année, l'ensemble des recettes et des dépenses budgétaires de l'Etat. » La définition juridique est plus profonde qu'il n'y paraît au premier abord. Le thème de la prévision est ici fondamental. La formule de Colbert est restée dans la mémoire des finances publiques : « A l'égard de la dépense quoique cela ne me regarde en rien, je supplie seulement Votre Majesté de me permettre de lui dire qu'en guerre et en paix, Elle n'a jamais consulté ses finances pour résoudre ses dépenses. »[20] Cette plainte témoigne non seulement de l'humble critique d'un grand commis de l'Etat, mais plus profondément surtout d'un besoin de rationalisation des finances de l'Etat. Le développement de la comptabilité publique s'explique d'abord par une exigence de *connaissance* de l'état des finances. La discipline des finances publiques fut ainsi d'abord au service du processus de rationalisation de l'Etat moderne. A la fin de l'Ancien Régime, l'ouvrage de Jacques Necker, *De l'administration des finances de la France*, publié à Lausanne en 1785, témoigne d'un effort inédit d'analyse de l'état des finances de la monarchie[21].

---

[18] Adolph Wagner, *Traité de la science des finances*, 5 tomes, Paris : V. Giard et É. Brière, 1909-1913 ; Paul Leroy-Beaulieu, *op. cit.* La traduction de l'œuvre d'Adolph Wagner est due à l'initiative de Gaston Jèze.

[19] Charles-Louis-Gaston d'Audiffret, *Système financier de la France*, *op. cit.*, p. 129.

[20] Citation issue de Hubert Méthivier, *Le siècle de Louis XIV*, Paris : PUF, 1995, chapitre 7.

[21] Jacques Necker, *De l'administration des finances de la France*, 3 tomes, Lausanne : Jean-Pierre Heubach et Compagnie, 1785.

Nul doute que la discipline des finances publiques est un produit de l'évolution générale de la structure étatique. Schumpeter, dans sa précieuse *Histoire de l'analyse économique*, écrite à la fin des années quarante, montrait combien la question des finances publiques apparut avec l'Etat moderne, dès le début du XVIIe siècle, où des traités commencèrent à s'attacher au problème du Trésor public, en adaptant à l'Etat les notions issues des textes du droit romain d'*aerarium* et de *fiscus*[22]. Le développement des finances publiques, de l'Ancien Régime à nos jours, n'est donc pas tant le produit d'une rupture que d'une continuité. Le droit financier public français en témoigne par son vocabulaire. Il suffit de rappeler cet adage de la comptabilité publique, qui exprime le régime particulier de responsabilité applicable aux agents de l'Etat, selon lequel : « Les deniers publics brûlent les doigts de ceux qui les touchent. » Devant un public d'étudiants d'aujourd'hui le simple terme de « deniers » exige une explication. L'histoire des institutions témoigne de l'enracinement du vocabulaire des finances publiques dans la longue construction de l'Etat. Tout un langage pittoresque et souvent métaphorique, voire poétique, structure encore le droit financier public français : « assiette », « liquidation », « recouvrement », « débet », « concussion », « visite », etc. L'archéologie de ce langage nous ramène au temps de la monarchie.

Le développement des finances publiques s'explique par un souci primordial de *prévision.* L'idée d'*équilibre budgétaire*, clef de voûte de la théorie des finances publiques classiques, n'a d'autre raison d'être que l'expérience de l'incertitude dans laquelle plonge le déficit. Originairement la question de l'équilibre financier est étroitement liée au thème aristotélicien de la stabilité des régimes politiques. Machiavel mettait déjà en garde contre l'accumulation des déficits : « Aussi, à vouloir conserver parmi les hommes la réputation d'être généreux […] un prince […] sera finalement contraint […] de taxer son peuple de façon extraordinaire, d'avoir un fisc très lourd, et de faire tout ce que l'on peut faire pour avoir de l'argent. »[23] Cette maxime fait écho aux réactions « antifiscalistes » à l'encontre de l'Etat social[24]. Selon la tradition politique, le principal danger d'une politique financière dispendieuse est

---

[22] Joseph A. Schumpeter, *Histoire de l'analyse économique*, Paris : Gallimard, 1983, tome premier, p. 285, note 3, cite Christoph Besold, *De aerario publico discursus* [Discours sur le Trésor], Tubingae, 1619, et Kaspar Klock, *Tractatus juridico-politico-polemico-historicus de aerario* [Traité… sur le Trésor], Norimbergae, 1651, comme préfigurations des traités modernes de « jurisprudence financière » : « Cette branche des finances publiques qui au XIXe siècle atteindra des proportions qui la mettent hors de portée de quiconque, sinon des spécialistes à plein temps, ne devrait pas être rejetée si cavalièrement. » Partant de la notion de droit romain d'*aerarium* l'ouvrage de Kaspar Klock propose une théorie des recettes publiques à partir des pratiques des divers Etats. L'importance de la discipline dans l'espace austro-germanique au XIXe siècle résulte de la tradition économique du caméralisme. L'un des représentants de cette mouvance praticienne de la pensée économique, Johann Heinrich Gottlob von Justi, cité *ibid.*, p. 244, publia un *System des Finanzwesens*, Halle, 1766. Chez Justi les finances publiques s'inscrivent dans le contexte d'une véritable théorie d'économie politique. Voir, par exemple, Ulrich Adam, *The Political Economy of J. H. G. Justi*, Oxford, Bern, Berlin : Peter Lang, 2006.

[23] Machiavel, *Le prince*, chapitre XVI, in Id., *Œuvres*, Paris : Robert Laffont, 1996, p. 149.

[24] Voir Alexis Spire, *Résistances à l'impôt, attachement à l'État : enquête sur les contribuables français*, Paris : Éditions du Seuil, 2018 ; Kevin Bernard, Alexis Spire, « Les déterminants sociaux du sentiment d'injustice fiscale », *Revue de l'OFCE*, n° 161, 2019, p. 19-48.

la menace d'un effondrement du régime. Le prince prévoyant se doit d'être parcimonieux, économe, frugal. On peut lui reprocher son avarice, celle-ci est pourtant au service de la continuité de l'Etat. L'ancien adage « De méchant homme bon roi » exprime l'idée que la générosité n'est pas un gage de stabilité[25].

L'interrogation sur les finances publiques trouve ainsi son origine dans le problème, central dans la pensée politique, de la *stabilité des régimes*, ce qui s'exprime dans le vocabulaire moderne par l'idée de la continuité de l'Etat. Le souci de l'équilibre des finances est au service de ce principe. L'idée d'une « science des finances », chère aux spécialistes de la fin du XIXe siècle, n'est donc pas le pur produit du scientisme typique de cette époque. L'ouvrage évoqué plus haut de Necker témoignait du souci de mettre en regard les recettes et les dépenses, ce que le droit budgétaire a traduit dans sa langue technique par la notion d'universalité budgétaire. La première application du principe d'universalité budgétaire est attribuée à Loménie de Brienne, principal ministre de Louis XVI, dans son *Compte rendu au roi* de mars 1788[26]. Rendre prévisible la politique suppose la *connaissance* des recettes et des dépenses, répétons-le, mais aussi, et en conséquence, des paramètres de la vie économique, du taux de croissance, etc. C'est pourquoi les finances publiques mobilisent au plus haut niveau la *science* de l'époque, aujourd'hui l'économétrie, la statistique, etc.

Le droit financier public apparaît ainsi comme une infrastructure normative au service de la *connaissance* de l'état des finances et d'une fonction de *prévision*. La prévision financière est, à l'origine, dans le droit budgétaire classique, fondée sur l'idée d'annualité. Toutefois dans le droit des finances publiques contemporain l'annualité a cessé de constituer la seule temporalité de référence. L'annualité est à vrai dire bien suffisante dans la conception classique des finances publiques. Un budget équilibré se suffit d'une prévision à relativement court terme. En contexte de déficit chronique l'anticipation suppose un allongement de la temporalité. Dans la conception keynésienne on attend d'un déficit momentané une croissance future qui viendra le financer. En somme, le principe de l'annualité budgétaire est remis en cause par une politique reposant sur une théorie de cycles économiques. C'est ainsi que la volonté de maîtrise des déficits produit un lexique nouveau. On parle de « gouvernance », de « trajectoire », etc. Le droit budgétaire contemporain connaît donc une différenciation de sa temporalité. La loi organique relative aux lois de finances est un cadre stable. C'est en ce sens, comme il a été dit, qu'on peut parler à juste titre de *constitution financière*. La loi de finances s'inscrit au contraire dans le rythme récurrent de l'annualité. La vie financière fut décrite par le droit des finances publiques classique comme reposant sur le rythme des *quatre temps alternés* : préparation du budget par le gouvernement, vote par le Parlement, exécution par le gouvernement, vérification

[25] Dans l'imaginaire national la figure de Louis XI représente le modèle d'un monarque opiniâtre, rusé, cruel et pourtant l'un des fondateurs de l'Etat français, économe jusqu'à la pathologie. Nous devons son portrait aux *Mémoires* de Philippe de Commynes. Voir Albert Pauphilet (édition), *Historiens et chroniqueurs du Moyen âge : Robert de Clari. Villehardouin. Joinville. Froissart. Commynes*, Paris : Gallimard, Bibliothèque de la Pléiade, 2005, p. 945-1448. Voir notamment p. 1276-1284.
[26] Loménie de Brienne, *Compte rendu au roi, au mois de mars 1788, et publié par ses ordres*, Paris : Imprimerie royale, 1788.

des budgets réalisés par le Parlement. Les lois de programmation contemporaines s'efforcent de coordonner ce rythme à moyen ou long terme.

Le droit des finances publiques contemporain construit ainsi une temporalité qui n'est pas sans rappeler la temporalité de la planification soviétique, qui distinguait les plans fondés sur l'annualité, obligatoires, la planification quinquennale, plus prospective, et une planification à long terme. Nous constatons donc combien le système juridique se met au service d'une fonction d'anticipation. Mais la fonction d'anticipation relève plus spécifiquement, en pratique, de la science économique dans sa dimension prospective. Fournir une présentation exhaustive de l'état des finances, un cadre clair, constitue cependant un outil pour alimenter en données le travail économétrique et statistique. La prévision est aussi le moyen de répondre à une attente sociale de certitude. En démocratie la politique se doit d'être rassurante. Or l'avenir ne se laisse jamais prévoir que partiellement. Le choc pétrolier de 1973, les alternances politiques de 1981 et de 1986, rendirent caduque la planification quinquennale alors en vigueur. La crise financière de 2008 ou la pandémie virale de 2020 sont des exemples de phénomènes déjouant la programmation pluriannuelle des finances publiques. La programmation des finances publiques est mise en échec par une pluralités d'aléas, l'aléa des crises économiques ou financières, des écheances politiques, des crises diplomatiques ou sanitaires, etc. L'échec des tentatives pour prévoir l'avenir ne décourage cependant pas le besoin d'anticipation. L'avenir crée un besoin d'autant plus intense de prévision qu'il est plus incertain. C'est pourquoi l'échec des procédures juridiques garantissant la prévision à court, moyen et long terme, ne menace pas ces procédures de disparition. L'introduction par la loi organique n° 2012-1403 du 17 décembre 2012 relative à la programmation et à la gouvernance des finances publiques de la catégorie des « lois de programmation des finances publiques » fut un effet indirect de la crise financière de 2008. L'échec de la loi n° 2018-32 du 22 janvier 2018 de programmation des finances publiques pour les années 2018 à 2022, du fait de la pandémie virale de 2020, n'a pas découragé l'adoption de la loi n° 2023-1195 du 18 décembre 2023 de programmation des finances publiques pour les années 2023 à 2027.

Nombre d'institutions du droit des finances publiques sont au service de la fonction de prévision budgétaire. Les principes d'*unité* et d'*universalité* budgétaire garantissent la clarté et l'exhaustivité des données relatives à l'exercice à venir. Les recettes et les dépenses sont présentées dans un document unique et respectent un mode de présentation distinguant, sur le mode de la comptabilité en partie simple, les crédits et les débits. Dans les budgets contemporains, le montant des recettes fiscales ne peut faire l'objet d'une prévision exacte, mais seulement d'une évaluation. Longtemps l'idée a pu exister que les recettes devaient être prévues de façon rigoureuse. On utilisait alors la technique dite de *l'impôt de répartition*, qui permettait de répercuter sur les populations un montant préétabli. Outre cependant que cette méthode ne réussissait guère en pratique, l'impôt de répartition fut remplacé par *l'impôt de quotité*, à savoir un impôt fondé non sur un montant attendu, mais sur des règles d'assiette et de liquidation uniformes. Dans ce dernier type d'impôt, la prévision des recettes dépend de paramètres économiques. Certains impôts, comme l'impôt sur les sociétés, sont particulièrement sensibles aux fluctuations de l'économie. Leurs recettes ne peuvent être prévues, mais seulement évaluées. Le risque ici surgit d'un optimisme exagéré du gouvernement lors de la préparation du projet de loi de finances de l'année. L'institution du Haut Conseil des finances publiques par la loi organique n° 2012-1403 du 17 décembre 2012 relative à la programmation et à la gouvernance des finances publiques, de même que l'introduction du principe de sincérité budgétaire par la loi organique relative aux lois de finances de 2001, témoignent d'un souci croissant de contrôle des prévisions gouvernementales en matière de recettes budgétaires. Pour les dépenses, le droit budgétaire s'est dès l'origine efforcé d'établir un cadre de prévision exact, à travers le principe de *spécialité*, en vertu duquel l'autorisation de dépenser est limitée par l'objet et le montant. Pour autant des mécanismes existent, nous le verrons, pour les dépenses inattendues ou dont le montant ne peut être établi de façon certaine.

Le droit des finances publiques apparaît ainsi comme un ensemble de mécanismes juridiques au service de la *prévision*. Cette dimension du budget correspond étroitement à la notion de budget prévisionnel en comptabilité de l'entreprise. Le budget prévisionnel de l'entreprise retrace l'ensemble des produits et des charges de l'entreprise sur un exercice comptable. Mais, d'un point de vue juridique, l'entreprise n'est pas engagée par un budget prévisionnel. Celui-ci se conçoit comme un outil de pilotage. Or en droit financier public le budget n'est pas seulement un acte de prévision, il est également, selon sa définition juridique, un acte d'*autorisation*. En cela, le droit financier public exprime sa fonction de garantie du *contrôle démocratique*. Il convient cependant de ne pas réduire la fonction du droit des finances publiques à un tel contrôle. Il est indéniable que l'essor du droit budgétaire est lié au succès politique du parlementarisme. Dans cette perspective, le fonctionnement financier de l'Etat doit être étroitement contrôlé par le Parlement, conçu comme le miroir reflétant la composition de la société. « Le contrôle parlementaire, rappelait Gaston Jèze, est une nécessité. »[27] Les principes d'unité, d'universalité et de spécialité budgétaire servent de façon évidente l'objectif de contrôle parlementaire sur les finances publiques en ce qu'ils constituent le fondement de la transparence financière. Mais ce souci du contrôle démocratique n'est pas l'origine exclusive du droit des finances publiques. L'étude de l'histoire des finances publiques exprime le contraste entre la continuité de l'évolution du droit des finances publiques et les ruptures entre régimes politiques. L'essor du droit des finances publiques en France est associé à la Restauration. Il ne s'agit pas du moment le plus démocratique de l'histoire de France. Si le Consulat et l'Empire furent le moment d'une éclipse du contrôle parlementaire à travers le principe dit de l'abonnement, qui réduisait le consentement en matière budgétaire à une autorisation vague[28], ce ne fut pas moins une période de réorganisation financière, notamment du fait la création de la Cour de comptes en 1807. Cette institution n'était au demeurant que la résurrection des chambres des comptes de la monarchie absolue. De même le Second Empire contribua-t-il au

[27] Gaston Jèze, *Cours élémentaire de science des finances et de législation financière française*, *op. cit.*, p. 62.

[28] Constitution de l'an VIII, article 45 : « Le gouvernement dirige les recettes et les dépenses de l'État, conformément à la loi annuelle qui détermine le montant des unes et des autres ; il surveille la fabrication des monnaies, dont la loi seule ordonne l'émission, fixe le titre, le poids et le type. »

perfectionnement du droit des finances publiques, comme il a été dit, à travers le décret impérial du 31 mai 1862.

C'est que le droit des finances publiques n'est pas l'apanage des régimes démocratiques. Si les régimes autoritaires ont intérêt à dissimuler au public la réalité de la situation financière, ce que l'on constate avec le recours à des méthodes enfreignant les principes du droit budgétaire classique, telles que les budgets occultes, le « Trésor de l'armée » de l'Empire, la pluralité des budgets, qui atteint le nombre de six sous le Second Empire[29], ces régimes n'en ont pas moins intérêt, d'une part, à la prévision et, d'autre part, au contrôle des finances publiques. C'est pourquoi le droit français de la comptabilité publique doit beaucoup à l'Ancien Régime, au premier et au Second Empire. Le principe de la séparation des ordonnateurs et des comptables, par exemple, qui puise son origine dans la monarchie, garantit aujourd'hui le contrôle démocratique en assurant le respect par l'administration des autorisations budgétaires. Mais il assurait également, et dès l'origine, le contrôle de l'autorité supérieure sur les finances de l'Etat, et visait en particulier à éviter les malversations et la corruption parmi les agents publics. C'est ainsi qu'un principe juridique hautement technique contribue à la spécificité éthique de l'Etat, à la probité qui caractérise la fonction publique. Il ne s'agit pas là de la finalité du principe juridique, destiné primitivement à protéger l'autorité royale, mais, pour ainsi dire, d'un effet collatéral. On dispose ici d'une institution qui, à travers un système sophistiqué de surveillance, interdit à l'agent public d'espérer un gain quelconque de son activité au-delà de son traitement légitime. Mais il convient de souligner ce que ce mécanisme juridique doit, au-delà du droit, à un enracinement, pour ainsi dire, socio-historique. Dans le lexique de la sociologie de Bourdieu nous dirons que le principe de la séparation des ordonnateurs et des comptables a pu produire un habitus typique de la fonction publique d'Etat.

Nous analysons donc les finances publiques modernes comme un système répondant principalement à un besoin de prévisibilité et secondairement à un objectif de contrôle démocratique. Par la notion de système nous n'entendons pas seulement un système de concepts, ou un système de normes, même si le droit financier public représente de tels systèmes. Au-delà de cela, les finances publiques sont aussi dans l'Etat moderne un *système social*[30], au sens où elles constituent non seulement une structure de sens, mais aussi une structure sociale. Les finances publiques ne s'incarnent pas seulement dans des textes, une structure pérenne de textes, la constitution financière, organisant un flux dynamique de textes, les lois de finances, les décrets de répartition, etc., mais aussi dans une structure sociale spécialisée. L'administration financière, les commissions parlementaires, les organismes spécialisés dans la statistique, les scientifiques mêmes, économistes ou juristes, scrutant et interprétant le fonctionnement financier de l'Etat, participent des finances publiques comme système social. La fonction principale des finances publiques comme structure sociale nous semble résider dans l'anticipation, ou plutôt, car l'anticipation, nous l'avons dit, n'est

---

[29] Michel Bottin, *Histoire des finances publiques*, Paris : Economica, 1997, p. 52-53 et p. 78.

[30] Nous utilisons le concept dans le sens proposé par Niklas Luhmann, *Systèmes sociaux. Esquisse d'une théorie générale*, traduit de l'allemand par Lukas K. Sosoe, Québec : Presses de l'Université Laval, 2010.

pas effectivement possible, dans la *limitation de l'aléa*, dans la *réduction de la contingence* de l'avenir en train de se réaliser.

Le maître mot des inventeurs du système financier public français était celui de *confiance*. Le terme de crédit n'en est qu'un synonyme. Tout fut fait après la chute de l'Empire pour ne pas rééditer la banqueroute des deux tiers du 30 septembre 1797 (loi du 9 vendémiaire an VI)[31]. Dans un opuscule rendant hommage au baron Louis, ministre des finances sous la Restauration, le marquis d'Audiffret relate l'anecdote suivante. Alors que le baron Louis évoquait la nécessité de payer la dette de l'Etat, il se heurta aux réticences de Napoléon Premier : « Vous voulez donc me ruiner, lui dit l'Empereur [...]. Non, Sire, répondit le baron Louis, les Gouvernements ne se ruinent pas en payant légalement leurs dettes. Vous aurez un jour besoin de crédit ; vous ne pouvez le fonder que par une rigoureuse justice envers les créanciers de l'Etat. »[32] Toute l'œuvre du baron Louis, à savoir la création du Trésor public moderne, fut de restaurer la confiance dans les finances publiques, alors même que l'Etat français sortait d'une période troublée qui n'avait été le produit que de l'inconséquence financière de la monarchie : « Un Etat qui veut avoir du crédit doit tout payer, même ses sottises. »[33] Telle fut la maxime du baron Louis. Nul doute que le succès de ce financier sous la Restauration fut le produit d'une conscience politique aiguë de la nécessité de rétablir la confiance dans les finances publiques. La création d'un droit budgétaire solide, à travers la comptabilité publique largement conçue par le marquis d'Audiffret, fut, comme nous l'avons vu, le fait des régimes qui se succédèrent jusqu'à la Troisième République. Les finances publiques françaises leur doivent encore l'essentiel de leur structure.

C'est ainsi que la temporalité tient une place prépondérante dans le droit financier public. Celui-ci peut en effet s'entendre comme ayant pour fonction majeure la maîtrise de la temporalité. L'organisation juridique des finances endosse ainsi, notamment, la fonction produire de l'information exploitable par la prospective économique. Nous avons dit que le droit des finances publiques est régi par trois types de temporalité. Nous avons distingué la neutralité temporelle du cadre constitutionnel, l'annualité des lois de finances et la pluriannualité des lois de programmation. Les finances publiques ne se contentent pas d'administrer une temporalité qui leur échappe, elles produisent leur propre temporalité. Elles combinent la temporalité lente du droit, la temporalité accélérée de la politique et la temporalité cyclique de l'économie. Le droit tranche par sa temporalité lente avec la temporalité de la société[34]. Les procès arrivent en audience lorsque leur pertinence politique est épuisée. Le droit tend à la pérennité dans une société où tout se périme promptement. La constitution financière incarne la temporalité ralentie du droit. Les lois de finances et les collectifs budgétaires sont un moyen terme entre la temporalité ralentie du droit et la temporalité accélérée de la politique. La pluriannualité des lois de programmation

---

[31] Voir Jean-Antoine Benoît, « La révolution française et la dette publique », *Revue française de finances publiques*, n° 139, 2017, p. 219 et s.

[32] Charles-Louis-Gaston d'Audiffret, *Souvenirs du baron Louis*, *op. cit.*, p. 7-8.

[33] *Ibid.*, p. 7. Voir encore François Bonneville, « Le baron Louis : créancier de l'Etat et ministre des finances », *Revue française des finances publiques*, n° 130, 2015, p. 315 et s.

[34] Sur la temporalité de la modernité, voir l'essai de Hartmut Rosa, *Accélération. Une critique sociale du temps*, Paris : la Découverte, 2013.

est une tentative de coordination par le droit de la temporalité politique et de la conception cyclique du temps de l'économie.

La temporalité, et donc, répétons-le, son expression existentielle, la confiance en l'avenir, constituent la préoccupation centrale du droit financier public. Il s'agit d'une temporalité construite par le droit de la modernité. A l'origine, comme on sait, les institutions représentatives n'étaient pas permanentes. Leur réunion pouvait être de surcroît irrégulière. La permanence de la représentation a permis la récurrence du contrôle. Nous devons ajouter que cette structuration de la temporalité implique également une fonction importante de synchronisation au sein de la société. La synchronisation s'opère d'abord entre les finances de l'Etat et l'économie. C'est l'explication classique de l'alignement de l'exercice budgétaire sur l'année civile. Pourquoi pas un exercice budgétaire de six ou de dix-huit mois par exemple ? On admet habituellement que le principe d'annualité s'enracine dans le droit budgétaire classique où l'économie était principalement agricole. Le rythme de la vie budgétaire devait alors suivre le rythme des saisons, qui correspondait aussi au rythme des rentrées fiscales. Le rythme des finances publiques apparaît donc lié au rythme général du fonctionnement de l'économie.

D'une façon plus spécifique, le droit des finances publiques opère une synchronisation du rythme de l'ensemble du secteur public, ou, pour mieux dire, une synchronisation de l'Etat considéré de façon large, c'est-à-dire avec ses démembrements, ses diverses émanations. Au-delà de la diversité des régimes, et parfois du vocabulaire applicable, il apparaît que le droit des finances publiques repose sur un ensemble de concepts et de procédures homogène, applicable à toutes les entités publiques, l'Etat, les collectivités territoriales, les divers types d'établissements publics, etc. Nous avons déjà souligné qu'on retrouve aux divers niveaux du secteur public les grands principes du droit budgétaire : unité, universalité, spécialité, annualité et équilibre. De même, comme on le verra, la comptabilité publique forme un cadre commun à l'ensemble du fonctionnement financier des administrations publiques. C'est ainsi que, comme cadre, le droit des finances publiques, produit du droit budgétaire et comptable de l'Etat, remplit une fonction, répétons-le, de synchronisation de la vie financière d'une multitude d'organismes divers, publics ou parapublics. C'est aussi en cela qu'il est opportun de parler d'une *constitution financière*.

§ 2 – Sources constitutionnelles

- La notion de constitution financière

La constitution financière[35] peut être définie comme une composante de la constitution économique. Nous entendons par la notion de constitution économique

[35] Pour une présentation générale du concept et des références, renvoyons à Jérôme Germain, « Les trois significations de la constitution financière », *Politeia*, n° 34, 2018, p. 307-322. Du même auteur, voir encore « La constitution financière chez W. Eucken. Réflexions juridiques sur un objet économique », *in* Hugues Rabault (direction), *L'ordolibéralisme, aux origines de l'Ecole de Fribourg-en-Brisgau* (direction), Paris : L'Harmattan, 2016, p. 235-260. En France, la notion renvoie habituellement à la loi organique relative aux lois de finances de 2001, qualifiée à l'origine de « nouvelle constitution financière ». Éric Oliva, « Soixante ans de

l'infrastructure normative conditionnant la forme de l'ordre économique[36]. La constitution économique contient en ce sens le choix, parmi les formes économiques possibles, d'un type d'économie. Il va de soi que la constitution financière au sens où nous l'entendons résulte d'un choix économique d'ensemble. Nous avons présenté la constitution financière de la France comme un produit du parlementarisme du XIXe siècle. Or le parlementarisme est une expression de la forme économique libérale. La constitution financière représente sous cet angle le système de normes régissant, au sein du système économique, le fonctionnement économique de l'Etat au sens le plus large, c'est-à-dire en incluant dans la notion d'Etat toutes les émanations de l'Etat. La constitution financière apparaît donc comme le système normatif régissant la circulation de richesses au sein de l'Etat et entre l'Etat et l'économie. De ce point de vue cette constitution financière résulte de la structure propre à la société libérale, à savoir le dualisme Etat/société, ou plus largement le principe d'une distinction entre politique et économie. Aussi serait-il naïf de représenter, sur le mode politique, la constitution financière comme un choix propre à un Etat ou à une nation. La constitution financière est la conséquence d'une structuration de la société dépassant le contexte des économies nationales. Cela explique qu'il existe un noyau de constitution financière commun aux démocraties libérales, une constitution financière transnationale, dont on retrouve les structures fondamentales dans les constitutions des Etats aussi bien que des organisations internationales.

Nous définissons donc la constitution financière comme la structure normative régissant la circulation des richesses[37] au sein de l'Etat et entre l'Etat et l'économie. La constitution financière est donc, répétons-le, le produit d'une forme de société spécifique, où l'Etat comme structure sociale se distingue de l'économie. L'Etat symbolise la dimension politique de la vie sociale, et pourtant il n'échappe pas à la

---

constitution financière et fiscale : réflexions sur les développements du constitutionnalisme financier en France », *Gestion & Finances Publiques*, 2018, n° 6, p. 100-105, et, même revue, 2019, n° 1, p. 111-115, analyse la constitution financière comme l'ensemble des fondements constitutionnels des finances publiques, composés des textes à valeur constitutionnelle et de la jurisprudence constitutionnelle. Renvoyons encore à Pierre Koenig, « La constitution économique et financière », *Pouvoirs*, n° 66, 1993, p. 29-49 ; Alain Lambert, *Doter la France de sa nouvelle constitution financière. Un préalable à la réforme de l'Etat*, Sénat, rapport d'information, n° 37, 2000 ; Jean-Eric Schoetl, « La nouvelle constitution financière de la France », *Les Petites Affiches*, 13 septembre 2001, n° 183, p. 3 et s. ; Gil Desmoulin, « La loi organique relative aux lois de finances ou le renouveau de la règle des quatre temps alternés », *Revue du Trésor*, n° 8-9, 2004, p. 503-509 ; Francis Quérol, « Faut-il modifier la nouvelle 'constitution financière' pour contribuer à l'assainissement des finances publiques ? », *Revue du droit public*, 2006/5, p. 1393 et s.

[36] Pour une présentation générale du concept de constitution économique et des références bibliographiques, renvoyons Hugues Rabault, « Le concept de constitution économique : émergence et fonctions », *in* : Guillaume Grégoire, Xavier Miny (direction), *The Idea of Economic Constitution in Europe*, Leyde : Brill, 2022, p. 94-118 ; voir encore Id., « La notion de constitution économique : éléments d'introduction », *Politeia*, n° 34, 2018, p. 207-235.

[37] La notion de circulation des richesses est cependant trop vague. Elle demeure métaphorique. Si nous voulions être plus précis nous dirions que la constitution financière structure le *système des payements incluant l'Etat*. Pour une définition de l'économie fondée sur la notion de payement, voir Niklas Luhmann, *Die Wirtschaft der Gesellschaft*, Frankurt am Main : Suhrkamp, 1988.

vie économique. Sans aller jusqu'à la provocation libérale consistant à poser que l'Etat est une entreprise comme une autre, il faut admettre que l'Etat a une existence économique. C'est ainsi que la constitution financière permet de décrire la vie économique de l'Etat. Si nous voulions être complet, il nous faudrait intégrer dans la constitution financière ce qu'on désigne par la notion de constitution fiscale[38], à savoir la structure normative encadrant la fiscalité. La notion de constitution fiscale est utile pour comprendre nombre de problèmes, notamment la rigidité sociale à laquelle se heurte la politique fiscale. Comme la constitution financière, la constitution fiscale n'est pas exclusivement le produit de décisions politiques. La structure de la fiscalité est tributaire de l'histoire. L'intégration à la constitution financière de la constitution fiscale explique que, dans les ouvrages juridiques classiques, les finances publiques distinguent une partie budgétaire et comptable et une partie consacrée aux ressources[39]. La complexification croissante du droit financier a abouti à une autonomisation du droit fiscal qui explique que nous n'approfondissions pas ici la question de la constitution fiscale.

La constitution financière apparaît ainsi comme la structure normative régissant l'existence économique de l'Etat. La constitution financière semble donc propre, il convient d'insister sur ce point, à un certain type d'économie[40]. S'interroger sur la constitution financière de l'économie soviétique supposerait des investigations historiques et théoriques poussées. Il est cependant loisible de poser l'hypothèse que dans une économie totalement étatisée l'idée de finances publiques distinctes des finances privées n'aurait guère de sens. La notion de constitution financière au sens où nous l'entendons n'aurait pas de sens précis sans l'existence d'une économie privée distincte de l'Etat. Cette comparaison permet de mettre en valeur la nécessité régissant la constitution financière, son caractère non arbitraire. L'Etat libéral ne peut se passer d'une constitution financière. On comprend aussi l'importance de la dimension historique de la constitution financière. Si les constitutions financières des démocraties libérales se ressemblent c'est qu'elles sont le produit d'une histoire commune. En termes d'évolution, comme c'est le cas de l'évolution du droit en général, le mimétisme tient une place essentielle. La constitution financière est autant le produit de l'histoire que de choix constituants.

Toutes ces considérations expliquent que nous jugeons ici les définitions existantes en doctrine comme trop partielles pour être retenues. Il faut néanmoins rendre hommage aux auteurs qui ont contribué à attirer l'attention sur ce concept. La constitution financière, c'est un point important de l'approche ici proposée, n'est pas réductible à un texte, mais elle s'inscrit dans une pluralité de sources. De même la constitution financière ne saurait-elle se réduire aux sources constitutionnelles. Certains principes structurants des finances publiques n'apparaissent pas au niveau constitutionnel. C'est le cas, nous l'avons vu, de la séparation des ordonnateurs et des

---

[38] Voir, par exemple, Hermann-Wilfried Bayer, *Steuerlehre. Steuerverfassung – Steuergesetz – Steuergericht*, Berlin, New York : Walter de Gruyter, 1998.

[39] Par exemple, Gaston Jèze, *Cours élémentaire de science des finances et de législation financière française*, *op. cit.*

[40] Voir, par exemple, Günter Schmölders, « Steuersystem und Wettbewerbsordnung », *Ordo. Jahrbuch für die Ordnung von Wirtschaft und Gesellschaft*, Vol. 3 (1950), p. 135-171.

comptables. C'est ainsi que la constitution financière, de même que la constitution économique, n'est pas subordonnée à la constitution politique. La constitution économique de la France sous la Troisième République n'était pas inscrite dans les textes constitutionnels mais davantage dans le Code civil[41]. De même les principes structurants des finances publiques peuvent très bien, nous le constaterons, relever de textes législatifs, voire de sources strictement réglementaires. Ce qui importe ici n'est pas la place des règles dans la hiérarchie des normes, mais la fonction matérielle des principes. Il existe donc une relative autonomie technique de la constitution financière par rapport à la constitution politique[42].

- Le principe du contrôle démocratique sur les finances publiques

Les sources essentielles du droit français des finances publiques sont indiscutablement la loi organique n° 2001-692 du 1er août 2001 relative aux lois de finances (LOLF) et le décret n° 2012-1246 du 7 novembre 2012 relatif à la gestion budgétaire et comptable publique. Ces sources puisent certes un fondement de légitimité dans des textes à valeur constitutionnelle. L'hypothèse que nous défendons est cependant que la véritable structure du droit des finances publiques, la *constitution financière*, ne réside que partiellement dans la Constitution. Une part de la constitution financière relève de textes techniques qui sont même, dans la hiérarchie des normes, très éloignés de la Constitution elle-même, notamment le décret précité de 2012 relatif à la gestion budgétaire et comptable publique.

Quant à la Déclaration de 1789, c'est l'article 14 qui doit attirer l'attention en ce qu'il pose le principe du *contrôle démocratique sur les finances publiques*. Cette disposition peut être considérée comme la clef de voûte de l'ensemble du droit public financier. Son effet se fait sentir jusque dans le détail du droit budgétaire et de la comptabilité publique. L'article 14 pose le principe du contrôle parlementaire sur les finances publiques. La disposition précise que les « représentants » et les citoyens par leur intermédiaire ne se contentent pas seulement de « constater [...] la nécessité de la contribution publique » mais sont en droit d'« en suivre l'emploi », ce qui sous-entend le contrôle non seulement des recettes mais aussi des dépenses. La disposition montre cependant clairement, ce qu'atteste aussi l'histoire des institutions, que le droit budgétaire, dont l'objet privilégié est le contrôle des dépenses publiques, procède de l'idée de *consentement à l'impôt*. Nous laissons l'article 13 de la Déclaration de côté, malgré son importance, parce que nous n'abordons pas ici le volet fiscal des finances publiques. L'article 14 de la Déclaration de 1789 est une disposition essentielle en ce qu'il présuppose le caractère public des décisions en matière de finances publiques. La constitution financière proscrit ainsi les budgets occultes et les dépenses secrètes. Sous la Révolution, la disposition représente un choix constitutionnel fondamental, qui s'oppose à la tradition absolutiste du secret des finances publiques. Cette

[41] Voir Hugues Rabault, « La notion de constitution économique : éléments d'introduction », *op. cit.*, p. 209-211.

[42] Voir, par exemple, Georg Strickrodt, « Finanzverfassung als Selbständiges Normensystem », *JuristenZeitung*, vol. 10, no. 5/6, 1955, p. 129-138. Sur la relation entre constitution et finances publiques, voir Varii auctores, « Constitution et finances publiques », *Revue française des finances publiques*, n° 150, 2020, p. 3-151.

orientation amorce l'antinomie cardinale entre la tradition libérale et la conception autoritaire des finances publiques[43]. L'opposition entre la tradition de la transparence libérale et celle autoritaire du secret des finances publiques demeure une dimension centrale du droit financier public comparé[44]. Le choix d'une transparence des finances publiques n'est cependant plus aujourd'hui seulement une décision relative à la forme de l'Etat, c'est également une nécessité pour assurer l'accès des Etats au marché financier international. La transparence financière, et d'une façon générale la fiabilité du droit des finances publiques – solidité du système fiscal, accès à l'information, respect des engagements, etc. –, sont prises en compte par les agences de notation et les investisseurs. Elles sont une condition d'une « signature forte et respectée »[45] des Etats. L'opacité des finances publiques n'est donc pas seulement une atteinte à l'idée de démocratie, elle implique également des effets négatifs en termes d'accès au marché financier et de coût de l'endettement public.

L'article 15 de la Déclaration de 1789 en vertu duquel « la société a le droit demander compte à tout agent public de son administration » est souvent évoqué comme fondement de légitimité des mécanismes de la responsabilité financière des ordonnateurs et des comptables. Cette disposition est de surcroît interprétable comme le fondement constitutionnel de la comptabilité publique en tant que telle, et même du droit budgétaire dans le sens où celui-ci n'était à l'origine qu'une part de la comptabilité publique. Evidemment ce type d'approche n'est jamais que le produit d'une de ces constructions *ex post* dont l'herméneutique juridique a le secret, puisque la comptabilité publique que nous connaissons était inexistante au moment de l'édiction de la Déclaration de 1789. Le lien entre l'article 15 et le droit financier public apparaît comme une construction rétrospective, douteuse d'un point de vue chronologique, mais susceptible d'un sens juridique. L'article 15 de la Déclaration de 1789 semble ainsi le fondement du contrôle portant sur l'exécution, sur la dernière phase du processus budgétaire des *quatre temps alternés*, qui consistent, comme il a été vu, en l'élaboration du budget par le gouvernement, son vote par le Parlement, son exécution par le gouvernement et le contrôle sur l'exécution par le Parlement.

---

[43] Sur le choix d'une opacité financière sous le régime nazi, voir Hans-Peter Ullmann, *Der deutsche Steuerstaat. Geschichte der öffentlichen Finanzen*, München : C. H. Beck, 2005, p. 143 : « Le caractère public des finances publiques finit par disparaître : le budget et la comptabilité du Reich furent à partir de 1934 admis comme secrets. » Le conflit entre transparence et secret des finances publiques est ancien. La transparence financière peut être jugée dangereuse pour le bien commun. Dans la théorie de l'Etat absolutiste, les finances relèvent de la « raison d'Etat », du « secret d'Etat », des *arcana imperii*. Cette dimension de secret des finances publiques est inhérente au concept de souveraineté. Voir Hugues Rabault, *L'Etat entre théologie et technologie*, *op. cit.*, p. 100-106. Toutefois le « secret » n'exclut pas la « clarté » dans la présentation des comptes. Voir *infra* note 75.

[44] En 2023 le ministre des finances de la Russie a limité l'accès à l'information sur la structure des dépenses publiques de la Fédération de Russie. Selon l'analyse publiée par le journaliste Boris Grozovski, le 7 septembre 2023 sur le site du Kennan Institute, la proportion de dépenses classifiées dans le budget de la Fédération, relevant du « secret d'Etat », serait ainsi passée de 10 % dans les années 2000 à plus 22 % en 2023.

[45] Selon l'expression de Pierre Moscovici, lors de l'allocution de clôture du colloque « Les vingt ans de la LOLF », le 25 novembre 2021, Assemblée nationale, Hôtel de Lassay. *Revue française des finances publiques*, n° 158, 2022, p. 107-114. Voir p. 113.

« Demander compte à tout agent public de son administration » revient aujourd'hui à contrôler le respect par l'exécutif de l'autorisation budgétaire.

- Compétence du Parlement en matière financière

L'article 34 de la Constitution de 1958 fonde d'abord la *compétence du législateur en matière fiscale, monétaire et financière.* Cette compétence s'entend comme une compétence renforcée, notamment en matière fiscale, à l'instar de ce qui existe en droit pénal. Ce régime de compétence renforcée est précisé par les derniers alinéas de la disposition. L'article 34 prévoit l'existence d'un régime procédural propre aux *lois de finances*, détaillé par une loi organique, aujourd'hui la loi organique n° 2001-692 du 1er août 2001 relative aux lois de finances (LOLF). La disposition prévoit également l'existence de *lois de financement de la sécurité sociale*, dont le régime est également déterminé par une loi organique. La loi organique n° 2005-881 du 2 août 2005 relative aux lois de financement de la sécurité sociale applique aux choix relatifs au financement de la protection sociale nombre de principes inscrits dans la LOLF. L'article 34 de la Constitution fait plusieurs mentions du *principe d'équilibre financier*, qui vaut d'une façon générale (« équilibre des comptes des administrations publiques ») et en ce qui concerne le « financement de la sécurité sociale ».

Le droit budgétaire vise traditionnellement, nous l'avons vu, à la prévision et l'autorisation annuelle des recettes et des dépenses. Néanmoins l'évolution du droit budgétaire tend à induire la préoccupation d'une coordination des exercices budgétaires. Cela explique que l'article 34 de la Constitution prévoie enfin l'existence de « lois de programmation »[46]. La loi organique n° 2012-1403 du 17 décembre 2012 relative à la programmation et à la gouvernance des finances publiques a établi le régime de la *loi de programmation des finances publiques*. Ce régime à été intégré à la loi organique relative aux lois de finances par la loi organique n° 2021-1836 du 28 décembre 2021 relative à la modernisation de la gestion des finances publiques. Il est désormais déterminé par les articles 1 A et suivants de la LOLF. Nous trouvons ici l'expression de la triple temporalité du droit financier public contemporain, où se distingue un cadre normatif stable, que nous désignons par l'expression de constitution financière, la normativité du budget, limitée dans le temps par le principe d'annualité, et les normes, supposant l'échelle d'une pluriannualité, visant à coordonner les budgets.

- Continuité financière de l'Etat

En matière de procédure budgétaire, la disposition fondamentale est l'article 47 de la Constitution, qui fixe le cadre procédural de l'adoption des lois de finances. La disposition a pour principale fonction d'assurer la *continuité financière* de l'Etat. Toutefois l'alinéa premier, d'apparence anodine, est d'importance parce qu'il délègue au législateur organique la compétence pour établir le cadre de la procédure budgétaire, c'est-à-dire la fonction constituante en matière financière. Nous détaillerons donc les effets de cette disposition à l'occasion de l'étude de la LOLF.

---

[46] Loi constitutionnelle n° 2008-724 du 23 juillet 2008 de modernisation des institutions de la Cinquième République, article 11.

C'est ainsi que l'expression de lois de finances n'est pas définie par la Constitution. Le champ d'application est précisé à l'article premier de la LOLF. L'article 47 de la Constitution s'applique donc, en vertu de l'article premier de la LOLF, naturellement, à la loi de finances de l'année, mais aussi, notamment, aux lois de finances rectificatives et à la « loi relative aux résultats de la gestion et portant approbation des comptes de l'année », autrefois appelée loi de règlement[47]. L'article accorde un délai, d'une part, à chaque chambre, à l'alinéa 2 et, d'autre part, au Parlement, à l'alinéa 3, pour l'examen de la loi de finances. *Si l'organe en cause ne respecte pas le délai qui lui est imparti dans la procédure budgétaire, il se trouve dessaisi.* Le détail est précisé à l'article 40 de la LOLF. En fin de procédure, l'alinéa 3 dispose que, si le Parlement ne s'est pas prononcé à l'expiration du délai imparti, le gouvernement a la faculté de mettre en vigueur le projet de loi de finances par voie d'ordonnance. Ce mécanisme est destiné à garantir le respect du principe d'*antériorité* au sens le plus strict, à savoir le vote de la loi de finances avant le début de l'exercice auquel elle s'applique.

Toutefois, en vertu de l'alinéa 4, si le projet de loi de finances est déposé trop tardivement pour que la loi de finances soit votée avant le début de l'exercice budgétaire, il est admis que le débat parlementaire puisse, par dérogation, empiéter sur l'exercice en cause. Dans cette situation en effet le retard est imputable au gouvernement et non au Parlement. Dans ce cas, la disposition autorise le gouvernement à faire voter l'autorisation de percevoir les recettes fiscales et à s'ouvrir par décrets les crédits reconduisant les dépenses antérieures (services votés). L'exemple classique de recours à cette procédure résulta de l'annulation par le Conseil constitutionnel de la loi de finances pour 1980 pour non-conformité totale à l'ordonnance organique du 2 janvier 1959 (décision n° 79-110 DC du 24 décembre 1979 *Loi de finances pour 1980*)[48]. L'application de la disposition est précisée par l'article 45 de la LOLF.

Du point de vue de l'histoire du droit budgétaire français, les mécanismes procéduraux de l'article 47 sont une innovation de la Constitution de 1958. Ils font partie des procédures typiques d'un *parlementarisme rationalisé*, selon l'expression forgée par le constitutionnaliste Boris Mirkine-Guetzévitch en 1930[49]. Ce concept désigne les mécanismes constitutionnels créés pour, d'une part, stabiliser le gouvernement, et,

---

[47] Pour une application récente du principe aux lois de financements de la sécurité sociale (article 47-1), voir Conseil constitutionnel, décision n° 2023-849 DC du 14 avril 2023, *Loi de financement rectificative de la sécurité sociale pour 2023*. En revanche, la loi de programmation des finances publiques, qui n'est pas mentionnée par l'article premier de la LOLF, ne relève pas de la catégorie des lois de finances. Voir Conseil constitutionnel, décision n° 2023-857 DC du 14 décembre 2023, *Loi de programmation des finances publiques pour les années 2023 à 2027*.

[48] La procédure fut également utilisée pour la loi de finances pour 1963, à la suite de la dissolution de l'Assemblée nationale, conséquence du renversement du gouvernement de Georges Pompidou, en octobre 1962.

[49] Boris Mirkine-Guetzévitch, « Les nouvelles tendances du droit constitutionnel. Le renforcement de l'exécutif et le régime parlementaire », *RDP*, 1930, p. 520. Dès 1928, cet auteur avait parlé de « rationalisation du parlementarisme » dans la première édition de son ouvrage classique *Les constitutons de l'Europe nouvelle*. Voir Jean-Félix de Bujadoux, « Des rationalisations du parlementarisme en France », *Droits*, n° 71, 2020, p. 173-198.

d'autre part, permettre l'exercice de la fonction législative. Le dessaisissement du parlement en cas de non-respect du principe du vote de la loi de finances avant le début de l'exercice, de violation de ce qu'on désigne par la notion de *principe d'antériorité* au sens strict, ne trouve guère d'exemple en droit budgétaire comparé, parce qu'il est une violation radicale du principe de l'*autorisation* budgétaire imposée par l'orthodoxie du parlementarisme[50]. Dans la pratique budgétaire française ce mécanisme ne fonctionne cependant que comme une menace et, par comparaison à d'autres Etats[51], son efficacité pour le respect du principe d'antériorité est indéniable. Dans la pratique le mécanisme est combiné avec les autres procédures relevant du parlementarisme rationalisé. L'alinéa 4 de l'article 45 de la Constitution, autorisant le gouvernement à demander à l'Assemblée nationale de statuer définitivement en cas de désaccord entre les chambres, permet de surmonter une opposition du Sénat qui pourrait aboutir à un blocage du vote du budget. En cas de majorité incertaine à l'Assemblée nationale, l'article 49, alinéa 3, permet, par l'engagement de la responsabilité du gouvernement sur un projet de la loi de finances, d'éviter l'enlisement de la procédure budgétaire. Notons au passage que la procédure d'engagement de la responsabilité du gouvernement de l'article 49, alinéa 3, peut être utilisée sans restriction pour les lois de finances ou les lois de financement de la sécurité sociale[52]. C'est en définitive la combinaison de ces procédures qui explique qu'il n'y ait jamais eu de recours, dans l'histoire de la Cinquième République, au quatrième alinéa de l'article 47.

Dans la Constitution de 1958, c'est donc l'article 47 qui constitue la clef de voûte du droit budgétaire en ce qu'il fonde le principe d'*annualité* budgétaire. Il est toutefois notable que la disposition ne précise ni la durée ni la date du début de l'exercice. La notion d'annualité budgétaire relève de l'implicite, de pratiques budgétaires sous-entendues par le texte. La procédure se concentre sur la composante du principe d'annualité exprimée par la notion d'*antériorité* budgétaire, à savoir, comme il a été dit, le principe de l'adoption du budget avant le début de l'exercice budgétaire. Dans décret impérial de 1862 le principe d'annualité apparaissait à l'article 30 : « Les recettes et les dépenses publiques à effectuer pour le service de chaque exercice sont autorisées par les lois annuelles de finances. » Le principe d'antériorité budgétaire était implicitement posé à travers l'alinéa premier de l'article 32 : « Le budget général de l'Etat est présenté au Corps législatif avant l'ouverture de chaque exercice. » C'est la garantie procédurale du principe d'annualité à travers la menace de dessaisissement du Parlement qui constitue l'innovation de la Constitution de 1958.

---

[50] Voir, par exemple, Hugues Rabault, « Le droit public financier allemand. Un aperçu comparatiste », *Revue française de finances publiques*, n° 155, 2021, p. 183-200.

[51] Dans le cas de l'Allemagne le budget a pu être voté avec près de six mois de retard. Voir *ibid.*, p. 194. Un exemple extrême est donné par la Knesset, qui vota en novembre 2021 le budget de la même année, le premier depuis les trois années précédentes, mettant fin à une situation qualifiée alors par le Premier ministre Naftali Bennet, de « chaos » budgétaire (*The Time of Israël*, 4 novembre 2021).

[52] Loi constitutionnelle n° 2008-724 du 23 juillet 2008 de modernisation des institutions de la Cinquième République, article 24.

- Le principe de refus du budget

Dans de nombreux Etats, le principe d'antériorité n'est pas respecté de façon aussi stricte qu'en France. Historiquement, le *refus du budget* a pu être considéré comme une arme légitime du Parlement[53]. Dans le parlementarisme des origines un tel refus de budget pouvait être conçu comme la menace décisive face au risque d'un retour à l'absolutisme. La possibilité de refus du budget pouvait ainsi être interprétée comme un principe fondamental du droit budgétaire. Par ce principe l'exécutif se trouvait, pour ainsi dire, tenu en respect par la représentation nationale, parce que c'est aux représentants du peuple qu'il devait ses moyens d'existence. Le droit financier public opère donc un arbitrage entre le principe de l'*autorisation* budgétaire et celui de la *continuité de l'Etat*. A la vérité, ce conflit remonte aux racines de l'antagonisme entre absolutisme et parlementarisme. C'est précisément au nom de la continuité de l'Etat que les monarques absolutistes, au XVIIe siècle, entendirent soustraire la question des ressources fiscales aux organes représentatifs. Face à la menace extérieure, il n'était pas rationnel de retarder la prise de mesures par une négociation avec les factions représentantes[54].

Le principe de continuité de l'Etat oppose ainsi la rationalité de la concentration exécutive des pouvoirs financiers à l'irrationalité de la discussion parlementaire, il distingue l'intérêt général poursuivi par l'Etat, et les intérêts particuliers représentés par les partis. Mais inversement l'idée d'une rationalité discursive fonde la légitimité de la prééminence parlementaire[55]. La manifestation contemporaine du conflit entre ces deux légitimités théoriques s'exprime à travers le régime présidentiel, ou la forme dite mixte, ou encore qualifiée de dualiste, du parlementarisme. A partir du moment où la légitimité démocratique est incarnée aussi bien par le chef de l'Etat élu au suffrage universel que par le Parlement, la question du conflit entre exécutif et législatif se pose dans des termes nouveaux. C'est ce qui explique la réduction des pouvoirs du Parlement sous la Cinquième République, qui puise dans la critique du parlementarisme des années trente et la dénonciation du gouvernement des partis. Dès lors il convient de trouver le moyen de neutraliser le Parlement par des mécanismes de « rationalisation » du parlementarisme. L'article 47 de la Constitution incarne la dimension financière de cette logique.

Que se passe-t-il si le Parlement ne vote pas le budget ? Un exemple classique fut le produit de la confrontation entre le chancelier Bismarck et la chambre des députés de Prusse à propos d'une réforme de l'armée prussienne à partir de 1862[56]. Face à l'opposition de la chambre des députés, dominée par les libéraux, le roi eut recours à

---

[53] René Stourm, *op. cit.*, p. 383-393 ; Edgard Allix, *op. cit.*, p. 253-256.

[54] Sur la tradition de la rationalité supérieure de la prééminence exécutive, voir Hugues Rabault, *L'Etat entre théologie et technologie, op. cit.*, p. 100-106 ; 129-132 ; 203-208.

[55] Pour une théorie contemporaine de la rationalité discursive, voir Jürgen Habermas, *Droit et démocratie. Entre faits et norme*, Paris : Gallimard, 1997. Pour une critique de la théorie de la rationalité discursive du parlementarisme, voir Carl Schmitt, *Parlementarisme et démocratie*, Paris : Seuil, 1988.

[56] Voir, par exemple, Dietmar Willoweit, *Deutsche Verfassungsgeschichte. Vom Frankenreich bis zur Widereinigung Deutschland*, München: C. H. Beck, 2001, p. 276-278 ; Werner Frotscher, Bodo Pieroth, *Verfassungsgeschichte*, München : C.H. Beck, 2002, 196-197.

deux reprises, sans succès, à la dissolution de la chambre. Bismarck se résolut à un « gouvernement sans budget ». En définitive c'est la victoire militaire contre l'Autriche lors de la bataille de Sadowa, le 3 juillet 1866, qui débloqua la situation. Le budget fut légalisé *ex post*. L'incertitude de la situation résultait d'un vide constitutionnel. Rien ne déterminait dans la Constitution le traitement d'un tel blocage. La théorie qui l'emporta fut qu'en cas de « lacune » constitutionnelle le principe monarchique attribuait la décision au monarque. Dans ce contexte, le phénomène du « gouvernement sans budget » n'avait pas porté atteinte au fonctionnement de l'Etat, car celui-ci disposait du contrôle de l'administration financière. L'opposition du Parlement n'empêcha pas, dans ce cas, le gouvernement de lever les impôts et d'en affecter le montant à sa guise. Le problème affecta donc moins le fonctionnement financier en tant que tel que sa légitimité politique. Rappelons qu'il exista, à partir du XIVe siècle, des tensions entre les Etats généraux et le monarque pour le contrôle de l'administration de l'impôt. La monarchie française finit par prendre le contrôle des finances extraordinaires, qui avaient dans un premier temps été directement administrées par les Etats généraux[57]. Un élément fondamental pour l'issue des conflits financiers entre le Parlement et l'exécutif est donc la maîtrise de la trésorerie.

Aux Etats-Unis, le budget fédéral est, en principe, voté par le Congrès avant le début de l'exercice, qui débute au premier octobre. Mais le Président des Etats-Unis peut alors exercer son droit de véto. Le véto peut être surmonté par le Congrès à la majorité qualifiée. En cas de désaccord persistant, du fait soit du désaccord entre l'exécutif et le Congrès, soit du désaccord entre les chambres, c'est-à-dire lorsque le budget n'est pas promulgué avant le début de l'exercice, l'Etat fédéral se trouve matériellement privé de crédits. Cette situation est désignée par l'expression de *government shutdown*[58]. La notion de « parlementarisme rationalisé » désigne les mécanismes procéduraux neutralisant ce type de risque en vue de garantir la continuité de l'Etat. Le droit constitutionnel américain admet donc que le vote du budget intervienne après le début de l'exercice. Dans cette hypothèse le Congrès peut cependant voter une autorisation législative (*continuing resolution*) pour assurer la continuité financière. Ce type de loi de finances prolonge l'autorisation budgétaire de l'exercice antérieur. Le droit budgétaire de l'Union européenne prévoit un mécanisme de douzièmes provisoires que nous présenterons ultérieurement.

- Initiative gouvernementale et priorité de la chambre basse

L'article 47 de la Constitution pose encore un principe implicite lorsqu'il utilise la notion de *projet de loi de finances*. Il sous-entend en effet le *principe de l'initiative gouvernementale* en matière de lois de finances. Le principe est concrétisé par la LOLF en son article 38 : « Sous l'autorité du Premier ministre, le ministre chargé des finances prépare les projets de loi de finances, qui sont délibérés en conseil des ministres. » Ce principe est commun aux droits budgétaires des démocraties libérales.

---

[57] Voir, par exemple, Pierre Clément Timbal, André Castaldo, *Histoire des institutions publiques et des faits sociaux*, Paris : Dalloz, 1979, p. 377-379.

[58] Voir Ramu de Bellescize, « Le conflit budgétaire : moteur de la démocratie américaine », *Revue française de finances publiques*, n° 139, 2017, p. 109 et s.

Il est issu du parlementarisme du XIXe siècle. Le décret impérial de 1862, que nous avons présenté comme la constitution financière de la France jusqu'à l'adoption sous la Quatrième République, en application du troisième alinéa de l'article 16 de la Constitution de 1946, du « décret organique » de 1956, détaillait ainsi en son article 31, alinéa premier, la procédure de préparation du budget : « Chaque année les différents ministres préparent le budget de leur département respectif. Le ministre des finances centralise ces budgets, et y ajoute celui des recettes pour compléter le budget général de l'Etat. » En Grande-Bretagne le principe de l'initiative gouvernementale remonte à Robert Walpole, chancelier de l'Echiquier dans les années 1720.

L'article 39 de la Constitution utilise également, en son deuxième alinéa, la notion de *projet de loi de finances* et pose de surcroît le principe de la priorité de l'Assemblée nationale dans la discussion au Parlement. Ici encore la Constitution ne fait que reprendre une pratique ancienne. En France, la priorité de la chambre basse en matière financière remonte à la Restauration. L'article 17 de la Charte de 1814 disposait en effet : « La proposition de la loi est portée, au gré du roi, à la Chambre des pairs ou à celle des députés, excepté la loi de l'impôt, qui doit être adressée d'abord à la Chambre des députés. » Le primat de la chambre basse dans la discussion des lois de finances résulte de ses prérogatives en ce qui concerne le vote des impôts. Le principe fut consacré sous la Troisième République par l'article 8 de la loi du 24 février 1875 relative à l'organisation du Sénat : « Le Sénat a, concurremment avec la Chambre des députés, l'initiative et la confection des lois. Toutefois, les lois de finances doivent être, en premier lieu, déposées à la Chambre des députés et votées par elle. » De même l'article 16 de la Constitution de 1946 disposait-il en son alinéa premier : « L'Assemblée nationale est saisie du projet de budget. » La compétence financière de la Chambre basse, représentation par excellence des contribuables, est commune au parlementarisme du XIXe siècle et se trouvait déjà consacrée dans l'Angleterre du XVIIe siècle.

- Limitation du pouvoir parlementaire

L'article 40 de la Constitution vise à encadrer l'initiative parlementaire en matière financière dans l'objectif de garantir l'*équilibre budgétaire*. Il prohibe les propositions et amendements émanant du Parlement qui menacent de diminuer les recettes ou d'accroître les dépenses. Il s'entend également comme un élément de parlementarisme rationalisé. Il permet de brider l'imagination des parlementaires trop prompts à suggérer des politiques dispendieuses. L'interprétation de la disposition est plutôt tolérante pour les recettes puisqu'elle admet qu'une baisse de ressources compensée par d'autres ressources est licite. L'article 47 de la LOLF interprète l'article 40 de la Constitution en ce sens que « tout amendement doit être [...] accompagné des développements des moyens qui le justifient ». En revanche toute aggravation des charges est proscrite (Conseil constitutionnel, décision 76-64 DC du 2 juin 1976, *Résolution tendant à modifier et à compléter certains articles du règlement du Sénat*). Ce type de mécanisme est courant dans les systèmes parlementaires contemporains. Ainsi l'article 113 de la Loi fondamentale allemande comporte-t-il une fonction analogue. Il prévoit en son alinéa premier que les lois qui augmentent les dépenses du budget ou créent directement ou indirectement de nouvelles dépenses exigent l'approbation du gouvernement fédéral. Le principe vaut également pour les lois qui diminueraient directement ou indirectement les ressources fédérales. Les lois en causes sont implicitement celles émanant de l'initiative parlementaire. Le mécanisme procédural vise à la protection de la politique gouvernementale d'équilibre financier.

La jurisprudence du Conseil constitutionnel censure également les dispositions non financières contenues dans une loi de finances, qu'on désigne par l'expression de « cavaliers budgétaires »[59]. Le principe reste implicite dans la Constitution et la LOLF. Cette proscription était consacrée par l'article 16, alinéa 2, de la Constitution de 1946 : « Cette loi ne pourra comprendre que les dispositions strictement financières. » Ce type de proscription est commune en droit budgétaire. Ainsi l'article 110, alinéa 4, de la Loi fondamentale allemande dispose-t-il dans sa première phrase : « La loi de finances ne doit contenir que des dispositions se rapportant aux recettes et aux dépenses de la Fédération et à la période pour laquelle elle est adoptée. » Le vocabulaire budgétaire français utilise pour désigner l'objet de la proscription une expression métaphorique. Nous avons vu que la loi de finances bénéficie pour son examen d'une procédure accélérée. Il est donc tentant d'y insérer des dispositions diverses pour les faire bénéficier de la temporalité rapide de la vie financière, garantie par le principe d'antériorité. Par analogie on utilise la notion de « cavalier social »[60] pour une disposition introduite dans une loi de financement de la sécurité sociale, ou de « cavalier législatif » pour une disposition étrangère à l'objet d'une loi ordinaire.

- Autres dispositions constitutionnelles

L'article 47-1 de la Constitution fut créé par la loi constitutionnelle n° 96-138 du 22 février 1996 instituant les *lois de financement de la sécurité sociale*. Ne posant que des principes procéduraux, il est clairement calqué sur l'article 47. Il attribue au Parlement un délai à l'issue duquel « les dispositions du projet [de loi de financement de la sécurité sociale] peuvent être mises en œuvre par ordonnance ». Cette catégorie de lois semble assez propre à la France et paraît l'expression d'une étatisation prononcée de la protection sociale. La relation entre lois de financement de la sécurité sociale et lois de finances se caractérise donc par un effet de mimétisme, et témoigne d'une tendance à généraliser les mécanismes du parlementarisme rationalisé. L'article L. O. 111-3 du Code de de la sécurité sociale distingue ainsi la « loi de financement de la sécurité sociale de l'année », la « loi de financement rectificative de la sécurité sociale » et la « loi d'approbation des comptes de la sécurité sociale ». La distinction est calquée sur la classique distinction entre loi de finances de l'année, loi de finances rectificatives et loi de règlement[61]. La loi de finances devient alors un modèle d'organisation procédurale, étendu au-delà des questions budgétaires. L'accélération des mécanismes d'adoption des lois a pu être identifiée à un processus de

[59] Par exemple, Conseil constitutionnel, décision n° 2023-862 DC du 28 décembre 2023, *Loi de finances pour 2024*, le Conseil constitutionnel censure douze « cavaliers budgétaires ».

[60] Anne-Claire Dufour, « Le juge constitutionnel saisi des finances de la sécurité sociale », *Politeia*, n° 34, 2018, p. 349-363. Voir, par exemple, Conseil constitutionnel, décision n° 2023-849 DC du 14 avril 2023, *Loi de financement rectificative de la sécurité sociale pour 2023*. Le Conseil constitutionnel écarte les critiques tirées de l'irrégularité de la procédure suivie pour son adoption, mais censure six séries de « cavaliers sociaux ».

[61] L'introduction d'une « loi de règlement » en matière sociale est une innovation de la loi organique n° 2022-354 du 14 mars 2022 relative aux lois de financement de la sécurité sociale.

« motorisation »[62] de la procédure législative, ce qui est une façon de mettre en valeur la dynamique associant l'accélération de la vie politique et la concentration des pouvoirs aux mains de l'exécutif. Notons cependant que la spécificité des procédures des articles 47 et 47-1 les soustrait à l'éventualité du recours aux ordonnances de l'article 38, qui constitue une autre forme de « motorisation » de la procédure législative.

L'article 47-2 de la Constitution, créé par la loi constitutionnelle n° 2008-724 du 23 juillet 2008 de modernisation des institutions de la Cinquième République, n'apporte quant à lui rien de nouveau dans le droit des finances publiques. Son intérêt consiste dans la constitutionnalisation des grands principes et de la pratique de la comptabilité publique à travers la consécration de la fonction de contrôle, exercé par la Cour des comptes, de l'exécution du budget, et du principe de « sincérité » comptable[63]. C'est sous la Restauration que la Cour des comptes est devenue, par le contrôle de la conformité des comptes à l'autorisation parlementaire, un instrument décisif de la séparation des pouvoirs en matière financière. Le statut constitutionnel de l'examen des comptes et de l'existence de la haute juridiction des comptes représente aujourd'hui un standard de l'Etat de droit. Il se trouva d'abord inscrit dans l'article 47 de la Constitution, qui reproduisait en cela l'article 18 de la Constitution de 1946. On le trouve consacré, par exemple, dans la Loi fondamentale allemande de 1949 à l'article 114 ou dans la Constitution espagnole de 1978 à l'article 136.

Les articles 45 et 61 de la Constitution ne sont pas spécifiques aux finances publiques, mais ils y revêtent une grande importance pratique. L'article 47 et la LOLF renvoient explicitement à l'article 45 en ce qui concerne le dialogue entre les chambres sur les projets de loi de finances. Comme les articles 40, 47 et 47-1, l'article 45 de la Constitution relève du parlementarisme rationalisé en ce qu'il permet au gouvernement de surmonter un conflit entre les chambres, susceptible, comme on l'a vu dans le cas des Etats-Unis, de bloquer la procédure budgétaire. Cette disposition est donc le complément nécessaire de la procédure prévue à l'article 47. Les situations de *government shutdown* aux Etats-Unis peuvent en effet résulter de la combinaison de désaccords entre l'exécutif et le législatif ou entre les chambres. Notons enfin que la pratique a fait du Conseil constitutionnel un organe intégré à la procédure budgétaire dans la mesure où il est systématiquement saisi par la voie de l'alinéa 2 de l'article 61, dans sa rédaction issue de la réforme constitutionnelle de 1974, à l'initiative de l'opposition, pour l'examen de la constitutionnalité des lois de finances.

---

[62] La formule de « législateur motorisé » ou de « législation motorisée » est utilisée par Carl Schmitt, *Die Lage der Europäischen Rechtswissenschaft*, Tübingen : Internationaler Universitäts-Verlag, 1950, p. 18-21.

[63] Voir, *Revue française des finances publiques*, n° 144, 2018, p. 137-184, dossier spécial « L'article 47-2 de la Constitution, un cadre suffisant pour la Cour des comptes ? » par Xavier Cabannes, Michel Bouvier, Danièle Lamarque et Matthieu Conan.

Constitution de la République de Weimar (1919)

Article 83

Les droits de douane et les impôts de consommation sont administrés par les autorités du Reich. Pour l'administration des recettes du Reich par des autorités du Reich, des arrangements doivent être prévus pour permettre à chaque Land de défendre ses intérêts particuliers dans le domaine de l'agriculture, du commerce, des métiers et de l'industrie.

Article 84

Le Reich édicte par des lois les prescriptions sur : 1. L'organisation de l'administration des recettes du Land dans la mesure nécessaire à l'exécution uniforme et proportionnelle des lois sur les recettes du Reich ; 2. L'organisation et les attributions des autorités auxquelles sont confiées la surveillance et l'exécution des lois sur les recettes du Reich ; 3. Les décomptes avec les Laender ; 4. Les bonifications des frais d'administration pour l'exécution des lois de recettes du Reich.

Article 85

Toutes les recettes et les dépenses du Reich doivent être proposées pour chaque année comptable et figurer au budget.
Le budget est établi par une loi avant le commencement de l'année comptable.
Les dépenses sont, en règle générale, consenties pour un an ; elles peuvent, dans des cas particuliers, l'être aussi pour une période plus longue. En outre, sont interdites dans le budget du Reich des dispositions qui s'étendent au-delà de l'année comptable ou qui ne se rapportent pas à des recettes ou dépenses du Reich ou à leur gestion.
Le Reichstag ne peut dans le projet de budget augmenter les dépenses ni en introduire de nouvelles sans l'accord du Reichsrat.
L'accord du Reichsrat peut être remplacé conformément aux dispositions de l'article 74.

Article 86

Le ministre des finances du Reich justifie de l'emploi de toutes les recettes du Reich par un compte soumis, au cours de l'année comptable suivante, au Reichstag et au Reichsrat, pour la décharge du gouvernement. L'apurement du compte se fait par une loi du Reich.

Article 87

Des ressources ne peuvent être créées par la voie du crédit que pour faire face à des besoins extraordinaires et en règle générale que pour des dépenses à but productif. Une telle création ainsi que la prestation de garanties à la charge du Reich ne peuvent résulter que d'une loi du Reich.

La Constitution de la République de Weimar[64] est considérée comme le moment d'apparition du parlementarisme rationalisé. D'inspiration libérale, cette constitution est également un moment de constitutionnalisation des principes fondamentaux du droit public financier. De façon très synthétique l'article 85 résume les principes d'*unité*, d'*universalité*, d'*annualité* et d'*antériorité*. On trouve encore dans cette disposition la proscription des « cavaliers budgétaires ». L'article 87 pose le principe

[64] Source : Digithèque MJP.

d'*équilibre* budgétaire. Il sous-entend la subordination de l'emprunt au financement de dépenses d'investissement. L'article 86 pose le principe de l'existence d'une loi de règlement. Les articles 83 et 84 témoignent de la dimension fédérale de la constitution financière. D'une part, les impôts restent levés en principe par les Etats fédérés (*Länder*). D'autre part, la coordination des finances nationales s'effectue par l'intermédiaire de lois fédérales. Nous avons vu qu'à la même époque le texte fondamental en droit financier français demeurait le décret impérial de 1862, complété par de nombreuses dispositions issues des lois de finances. La limite de la Constitution de Weimar en termes d'effectivité juridique tenait cependant au fait qu'elle ne prévoyait pas de contrôle de constitutionnalité ce qui limitait en pratique la contrainte constitutionnelle. Dans la Loi fondamentale allemande d'aujourd'hui, à la différence de la constitution française, la constitution financière fait l'objet d'un titre de la constitution, qui détermine, principalement, d'une part, les modalités d'adoption du budget fédéral et, d'autre part, la répartition du pouvoir fiscal et financier entre l'Etat fédéral et les Etats fédérés. Notons que les Etats fédérés, disposant de leur propre constitution, ont une constitution financière propre. Une loi sur les principes fondamentaux du droit budgétaire de la Fédération et les *Länder*, remontant à 1969 et régulièrement actualisée depuis, est destinée à l'harmonisation des droits publics financiers pour l'ensemble de l'Allemagne[65].

§ 3 – La loi organique n° 2001-692 du 1er août 2001 relative aux lois de finances

- Notion de loi de finances

Depuis la loi organique n° 2021-1836 du 28 décembre 2021 relative à la modernisation de la gestion des finances publiques, l'article premier de la loi organique n° 2001-692 du 1er août 2001 relative aux lois de finances (LOLF) distingue principalement quatre catégories de lois de finances : la « loi de finances de l'année », les « lois de finances rectificatives », la « loi de finances de fin de gestion » et la « loi relative aux résultats de la gestion et portant approbation des comptes de l'année ». Cette nouvelle typologie modifie le tryptique traditionnel distinguant trois types de lois de finances : la *loi de finances de l'année*, les *lois de finances rectificatives* et la *loi de règlement*.

La typologie traditionnelle exprimait la doctrine des *quatre temps alternés* régissant la vie d'un budget : conception du projet de budget par le gouvernement (projet de lois de finances), vote du budget par le Parlement (loi de finances initiale), exécution du budget par le gouvernement (avec les modifications éventuelles en cours d'exécution par les lois de finances rectificatives) et contrôle de l'exécution postérieur à l'exercice budgétaire (loi de règlement). La loi de finances de l'année, votée avant l'exercice budgétaire, déterminait le contenu du budget. Celui-ci pouvait être modifié en cours d'année par des lois de finances rectificatives. La loi de règlement constatait l'exécution du budget à l'issue de l'exercice. Nouvelle catégorie de loi de finances, la

[65] Voir Hugues Rabault, « Le droit public financier allemand. Un aperçu comparatiste », *op. cit.*

« loi de finances de fin de gestion »[66] s'apparente à la catégorie des lois de finances rectificatives dans la mesure où elle vise à effectuer les ajustements indispensables à la gestion de la fin de l'année. De fait dans la rédaction actuelle de la LOLF le régime juridique de la « loi de finances de fin de gestion » n'est pas distingué de celui des lois de finances rectificatives. On peut donc analyser le nouveau type de loi de finances comme une sous-catégorie de la loi de finances rectificative. La « loi relative aux résultats de la gestion et portant approbation des comptes de l'année » n'est que la dénomination compliquée de l'ancienne « loi de règlement ». La nouvelle dénomination témoigne toutefois du souci, de la part du législateur organique, de revaloriser la fonction de la loi de règlement, qui tout au long de son histoire s'est trouvée fort négligée. La principale conséquence du statut juridique de « lois de finances » permet aux lois de bénéficier de la temporalité accélérée prévue par l'article 47 de la Constitution[67]. Non évoquée à l'article 1er de la LOLF, la loi de programmation des finances publiques (article 1 A à 1 K) ne relève pas de la catégorie des lois de finances[68].

La distinction entre diverses catégories de lois de finances est classique en droit budgétaire. Le droit américain reconnaît ainsi trois types de lois de finances (*appropriations bills*), les *regular appropriations bills*, les *continuing resolutions* et les *supplemental appropriations bills*[69]. On retrouve la distinction entre l'idée de loi de finances initiale (*regular appropriations bills*) et les lois de finances rectificatives ou *collectifs budgétaires* (*supplemental appropriations bills*). Les *continuing resolutions*, qui sont des lois de finances opérant la soudure entre deux exercices budgétaires, s'expliquent par le caractère récurrent de la violation du principe d'antériorité budgétaire aux Etats-Unis. On peut donc considérer que la notion de *loi de finances* désigne tous les textes de loi portant sur le budget de l'Etat.

C'est pourquoi l'article 1er de la LOLF précise que constituent aussi des lois de finances les autorisations parlementaires destinées à assurer la continuité financière en cas de violation du principe d'antériorité, à savoir l'autorisation de percevoir les recettes et la prolongation de l'autorisation de dépenser, émises en cas d'absence de vote de la loi de finances avant le début de l'exercice (article 47, alinéa 4, de la Constitution). Aux termes de l'article 45 de la LOLF, sont donc des lois de finances les textes résultant, en cas d'absence d'adoption du budget au début de l'exercice, soit du « vote séparé sur l'ensemble de la première partie de la loi de finances de l'année » (« projet de loi partiel »), soit, en cas d'échec de cette procédure, la « loi spéciale

[66] La première loi adoptée de ce type est la loi n° 2023-1114 du 30 novembre 2023 de finances de fin de gestion pour 2023.

[67] L'analogie peut être effectuée avec les lois de financement de la sécurité sociale. Dans sa décision n° 2023-849 DC du 14 avril 2023, *Loi de financement rectificative de la sécurité sociale pour 2023*, le Conseil constitutionnel a rappelé, au point 17, que « les délais d'examen ainsi prévus sont applicables à la loi de financement de l'année comme aux lois de financement rectificatives, qui modifient en cours d'année les dispositions de cette dernière, et que l'urgence ne constitue pas une condition de leur mise en œuvre. » La rédaction des dispositions constitutionnelles n'est au demeurant pas parfaitement univoque.

[68] Voir Conseil constitutionnel, décision n° 2023-857 DC du 14 décembre 2023, *Loi de programmation des finances publiques pour les années 2023 à 2027*.

[69] Ramu de Bellescize, *Le système budgétaire des Etats-Unis*, Paris : LGDJ, 2015, p. 119-122.

[autorisant le gouvernement] à continuer à percevoir les impôts existants jusqu'au vote de la loi de finances de l'année » (« projet de loi spéciale »). La LOLF prévoit encore le dépôt d'un « projet de loi spéciale » dans le cas de la déclaration par le Conseil constitutionnel de l'inconstitutionnalité générale de la loi de finances. Cette hypothèse répond au précédent de la censure de la loi de finances pour 1980 (décision n° 79-110 DC du 24 décembre 1979, *Loi de finances pour 1980*). En application de l'alinéa 4 de l'article 47 de la Constitution, l'article 45 de la LOLF autorise dans ces circonstances le gouverment à prendre des décrets ouvrant les crédits applicables aux seuls services votés, à savoir à prolonger les autorisations consenties par la loi de finances de l'exercice antérieur.

La LOLF a raffiné la définition antérieurement prévue par l'article 2 de l'ordonnance n°59-2 du 2 janvier 1959 portant loi organique relative aux lois de finances, qui n'incluait dans la notion de loi de finances que la loi de finances de l'année, les lois de finances rectificatives et la loi de règlement. La LOLF n'intègre cependant pas dans la catégorie des lois de finances l'ordonnance promulguant le projet de loi de finances lorsque le gouvernement doit suppléer à la défaillance du Parlement (article 47, alinéa 3, de la Constitution). D'un point de vue théorique, ce texte pourrait également être analysé comme une loi de finances, non pas au sens organique d'un texte voté par le Parlement, mais au sens matériel d'un texte régissant le budget à la façon d'une loi de finances ordinaire. Compte tenu de l'expérience, on peut distinguer aujourd'hui trois types de lois de finances. Seules la loi de finances de l'année, les lois de finances rectificatives, si l'on inclut dans cette catégorie la loi de finances de fin de gestion, et la loi de règlement (« loi relative aux résultats de la gestion et portant approbation des comptes de l'année ») correspondent à la réalité de la pratique. Il s'agit, pour ainsi dire, de la loi de finances « en acte ». La notion de lois de finances comporte par ailleurs une sphère prévue pour des situations potentielles. On peut parler de loi de finances « en puissance ».

L'article 1er de la LOLF formule de surcroît le sens attribué en droit budgétaire français au *principe d'équilibre budgétaire.* Celui-ci ne s'entend pas comme principe d'équilibre strict, au sens d'une égalité du montant des recettes et des dépenses. Il s'agit d'un « équilibre budgétaire et financier ». Les lois de finances doivent, selon les termes de la LOLF, « tenir compte » d'un « équilibre économique ». D'un point de vue économique, on peut parler d'une conception dynamique de l'équilibre budgétaire, permettant des politiques de déficit conjoncturel. La notion d'équilibre en droit positif s'oppose à l'orthodoxie du droit budgétaire classique. Mais d'un point de vue politique, la LOLF, refusant toute procédure relevant de ce que le droit budgétaire allemand désigne comme le « frein à l'endettement », laisse, en définitive, au gouvernement et au Parlement, une grande liberté pour voter un budget en déséquilibre. La constitution financière française se caractérise par la garantie d'un principe de souveraineté de l'Etat en matière de politique budgétaire. Pourtant, l'idée d'équilibre apparaît comme inhérente à la notion de loi de finances. Aux termes de l'article 1er de la LOLF, l'équilibre fait partie de la téléologie immanente de la loi de finances. La loi de finances a pour fonction intrinsèque l'objectif d'équilibre. Mais le droit budgétaire français refuse de transformer l'objectif d'équilibre en contrainte juridique. L'objectif d'équilibre inhérent à la loi de finances est neutralisé par sa formulation juridique. La LOLF consacre le primat d'une acception politique de l'équilibre sur les acceptions juridique ou économique. C'est pour limiter les effets d'une telle conception de l'équilibre budgétaire qu'a été introduite la catégorie des lois de programmation des finances publiques (aujourd'hui intégrée à la LOLF, articles 1 A à 1 K) par la loi organique n° 2012-1403 du 17 décembre 2012 relative à la programmation et à la gouvernance des finances publiques. Nous reviendrons sur ce point ultérieurement.

- La notion de budget

L'article 6 de la LOLF est central dans le système financier public car, définissant la notion de *budget*, il renvoie aux principes classiques du droit budgétaire. Le budget est décrit comme le « compte » (alinéa 3) « retraçant » (alinéa 1) les ressources et les charges budgétaires de l'Etat sous forme de recettes et de dépenses. Nous avons vu que depuis le XIXe siècle le budget était conçu comme un acte de prévision et d'autorisation des recettes et des dépenses[70]. Cette définition avait été reprise par l'article 1er du « décret organique » de 1956, qui disposait : « Le budget de l'Etat prévoit et autorise, en la forme législative, les charges et les ressources de l'Etat. Il est arrêté par le Parlement dans la loi de finances qui traduit les objectifs économiques et financiers du Gouvernement. » Le budget est analysé par la LOLF plutôt comme un acte « descriptif » (alinéa 2). Pour la dimension juridique d'autorisation, il convient donc de lier l'article 6 de la LOLF et l'article 7 du décret n° 2012-1246 du 7 novembre 2012 relatif à la gestion budgétaire et comptable publique, que nous retrouverons ultérieurement, qui reprend l'ancienne définition du décret impérial de 1862. Une distinction nette apparaît donc entre la notion de *budget*, qui désigne, répétons-le, une description des recettes et des dépenses, et celle de *loi de finances*, qui désigne le texte juridique contenant, pour ainsi dire, le budget.

La distinction entre budget et loi de finances apparaît explicitement formulée par l'article 110 de la Loi fondamentale allemande que nous reproduisons plus loin. Comme le soulignent les commentateurs allemands, la distinction entre loi de finances et budget n'a pas de portée pratique. Elle est néanmoins instructive au sens où elle exprime la double signification de la vie budgétaire, économique et juridique, voire une certaine tension entre économie et droit. Comme nous l'avons vu, une pluralité de lois de finances régissent un seul budget. La notion de budget au sens de la LOLF exprime plutôt la dimension économique, alors que la notion de lois de finances renvoie à la dimension juridique de l'acte budgétaire. On peut ajouter que dans un troisième sens, d'un point de vue politique, le budget peut être défini comme une *décision* relative aux finances de l'Etat. Sous cet angle la notion de budget comporterait une triple dimension. Dans le contexte de l'annualité, c'est une *décision politique* sur la vie financière de l'Etat. C'est encore une *description économique* de l'état des finances à un moment donné. C'est enfin une *autorisation juridique* temporaire de lever des recettes et d'effectuer des dépenses.

[70] Voir Edgard Allix, *op. cit.*, p. 1-3.

- Le principe d'unité budgétaire

Le principe d'*unité budgétaire*[71] correspond à l'idée d'une unicité du budget. Il est implicitement exprimé à travers la formulation de l'article 6 de la LOLF selon laquelle le budget général constitue un « compte unique » (alinéa 3). Le principe vise à donner une vision d'ensemble des finances de l'Etat à un moment donné. L'histoire des finances publiques témoigne d'une tendance des autorités à scinder les budgets, voire à admettre des budgets occultes, en sorte de dissimuler l'état réel des finances. A l'origine du droit budgétaire la question fut cependant posée du choix entre le principe d'unité et celui de « spécialisation » ou de « pluralité » des budgets[72]. Le principe d'unité budgétaire fut abandonné sous le Second Empire et réinstauré par la Troisième République. Il caractérise la tradition continentale par opposition à la tradition issue du droit britannique. La notion de spécialisation résulte de la volonté d'établir une correspondance entre des recettes et des dépenses déterminées. Toutefois, dans le système mis en place par la LOLF, la présentation du budget combine en réalité les deux solutions, en distinguant le budget général, appelé parfois autrefois « budget ordinaire », les budgets annexes, et les « comptes spéciaux » autrefois désignés par les notions de « services spéciaux du Trésor » ou de « comptes spéciaux du Trésor ». Ces derniers relevant de « services hors budget » furent à l'origine « rangés à part, en dehors même de la comptabilité budgétaire »[73].

Dans une perspective théorique, le principe d'unité budgétaire comporte plusieurs dimensions. Au *sens matériel* le budget est un acte englobant l'ensemble des recettes et des dépenses de l'Etat. Le budget s'interprète alors juridiquement comme une norme définie par son contenu. Cette dimension de sens intrinsèque à la notion de budget se trouve développée ultérieurement à travers le principe d'universalité. Au *sens formel* le budget est un document. L'unité du budget signifie que les recettes et les dépenses annuelles de l'Etat sont retracées dans un document unique. L'unicité formelle du budget est une expression de l'idéal de transparence et de contrôle. Pour parler par métaphore, le budget est un point d'observation, il concentre l'auto-observation de l'Etat comme structure sociale, il centralise le point de vue réflexif de l'Etat. Par transposition du lexique de Michel Foucault, disons qu'il garantit la possibilité d'un « regard panoptique » sur l'Etat, c'est-à-dire, indirectement, sur l'Etat dans ses relations avec la société[74]. Dans la perspective de l'unité budgétaire comme dogme, tout ce qui vient diviser ou complexifier le regard porté sur les finances est à rejeter. L'idéal de l'unité budgétaire comporte donc le sens d'une rationalisation du point de vue[75]. Le mode de présentation du budget s'apparente ainsi à un dispositif de

---

[71] *Ibid.*, p. 74-81.

[72] Voir René Stourm, *op. cit*, p. 142-167 ; Edgard Allix, *op. cit.*, p. 75-81.

[73] Edgard Allix, *op. cit.*, p. 77.

[74] A travers le budget et les comptes qui alimentent en données le budget, l'Etat n'observe que l'information qu'il produit lui-même. Son regard sur la société n'est pas direct, mais est le produit d'une opération réflexive d'auto-observation du système politique. Nous étendons à la notion de budget la perspective ouverte par Niklas Luhmann, *Die Politik der Gesellschaft*, Frankfurt am Main : Suhrkamp, 2000, p. 319-371.

[75] Déjà sous la monarchie absolue l'unité formelle du compte des recettes devait permettre au souverain de connaître l'état de ses moyens. Voir Anne Dubet, « Les voie du secret de l'argent du roi dans l'Espagne de Philippe V », *in* Sylvain André, Philippe Castejón, Sébastien

technologie optique. L'idée d'unité du budget repose sur le lien entre la forme et la fonction. L'unité du budget comporte d'abord un sens purement comptable. Mais la comptabilité, comme le souligne l'ingénieur Fayol, dans un ouvrage fondateur du management, est un « puissant moyen de direction »[76]. Dans l'idéal rationaliste, voire scientiste, du parlementarisme de la fin du XIXe siècle, l'unité budgétaire est l'instrument formel de vision qui permet au Parlement, tout à la fois miroir et organe de direction de la société, de piloter le corps social[77].

Un aspect trop souvent négligé consiste dans la *dimension temporelle* de l'unité budgétaire. L'idée d'unité du budget symbolise l'identité entre la décision budgétaire et l'exercice financier. Chaque exercice ne devrait connaître, idéalement, qu'un budget. C'est pourquoi, comme acte de prévision, le budget ne devrait pas connaître de modification au cours de l'exercice auquel il s'applique. Ainsi, toutes les dépenses nouvelles, tout ajout ou suppression de recette, qu'ils soient le fait de l'exécutif ou même votés par le Parlement, apparaissent comme suspects. La modification du budget en cours d'exercice, c'est-à-dire la distinction entre la loi de finances de l'année et les lois de finances rectificatives, constitue déjà en ce sens une infraction au principe de l'unité budgétaire. Pourquoi la multiplication des lois de finances dans le temps porte-t-elle atteinte à l'orthodoxie budgétaire ? C'est la dimension de prévision du budget qui se trouve ici remise en cause. Le budget comme acte de programmation des dépenses publiques est un engagement, il produit des attentes, des anticipations. Toute modification du budget est susceptible de susciter des déceptions, d'affecter la confiance envers l'Etat. L'idée de l'unicité du budget dans le temps garantit le caractère prévisible des dépenses et, surtout, des recettes. L'unité du budget est alors l'expression, parmi les quatre maximes fiscales d'Adam Smith, du principe de certitude. Dans sa conception la plus radicale, le budget devrait permettre l'anticipation des charges publiques de sorte que l'agent économique puisse les intégrer à ses plans. Si les charges budgétaires ne sont pas intangibles, les agents économiques auront à épargner en vue d'éventuels prélèvements, ce qui affecte la *neutralité économique du budget*. C'est pourquoi dans la logique budgétaire la modification du budget en cours d'exercice, même législative, ne se justifie que par des circonstances particulières.

L'idéal, politique, économique et juridique, de l'unité budgétaire se trouve donc, on le constate immédiatement, très au-dessus de la capacité du droit positif et de la pratique. Le principe d'unité budgétaire peut paraître dogmatique, mais il se justifie avant tout par le risque de dissimulation de l'état réel des finances de l'Etat. Dans

---

Malaprade, *Arcana Imperii. Gouverner par le secret à l'époque moderne (France, Espagne, Italie)*, Paris : Les Indes savantes, 2018, p. 31-46.

[76] Henri Fayol, *Administration industrielle et générale*, Paris : Dunod & Pinat, 1917, p. 10, évoque ainsi la « fonction de la comptabilité » : « C'est l'organe de vision des entreprises. Elle doit permettre de savoir à tout instant où l'on en est et où l'on va. Elle doit donner sur la situation économique de l'entreprise des renseignements exacts, clairs, précis. Une bonne comptabilité, simple et claire, qui donne une idée exacte des conditions de l'entreprise, est un puissant moyen de direction. »

[77] Emile Durkheim, *De la division du travail social* (1893), Paris : PUF, 1998, p. 198, contemporain, comme Henri Fayol, des premiers théoriciens du droit budgétaire, définissait l'Etat comme le « système cérébro-spinal de l'organisme social ».

l'histoire budgétaire française, le principe d'unité budgétaire s'oppose à la distinction traditionnelle entre finances *ordinaires* et *extraordinaires*. Cette dualité de régimes financiers remonte à l'Ancien Régime où les finances extraordinaires désignaient les levées d'impôt, à l'origine exceptionnelles, au bénéfice du monarque, par opposition aux ressources du domaine. Au XIXe siècle les gouvernements revinrent à la distinction entre ordinaire et extraordinaire à travers l'opposition entre le budget général, ou « ordinaire », de l'Etat et des *budgets extraordinaires* finançant soit des dépenses militaires, par exemple sous l'Empire, soit des dépenses d'investissement, telles que des grands travaux, par exemple sous la Monarchie de juillet. Nous avons dit que le Second Empire rejeta, sous l'influence d'Achille Fould, le dogme de l'unité budgétaire. Au début de la Troisième République encore, on eut recours à la technique du budget extraordinaire à travers un « compte de liquidation des charges de la défaite ». Le retour à l'orthodoxie de l'unité budgétaire remonte à 1892[78].

Le principe d'unité budgétaire est donc en France fortement associé au choix constitutionnel de la forme républicaine. Il en est une expression, un symbole financier. De fait, la pratique des budgets extraordinaires manifesta souvent la volonté de masquer aux yeux de l'opinion publique les situations de déséquilibre financier[79]. Pour autant, le dogme de l'unité budgétaire n'est pas partagé par toutes les traditions de droit budgétaire. La pluralité des lois de finances (*appropriations bills* aux Etats-Unis, *appropriation acts* au Canada[80]) caractérise la tradition parlementaire d'origine anglaise où l'on ne craint pas d'inscrire les recettes et les dépenses dans des textes divers ou de laisser se succéder une pluralité de lois de finances[81]. Le principe d'unité budgétaire, qu'on retrouve, comme on le verra un peu plus loin, dans le droit budgétaire allemand ou espagnol, semble donc davantage un acquis du parlementarisme de l'Europe continentale, où il constitue à l'origine un instrument de prévention des dérives autoritaires, dont la multiplication des budgets fut toujours le symptôme dans le domaine des finances publiques.

---

78 Michel Bottin, *op. cit.*, p. 79. Voir René Stourm, *op. cit*, p. 214-239, ou Edgard Allix, *op. cit.*, p. 97-105.

79 Plus récemment, la loi constitutionnelle du 28 juin 2022, modifiant l'article 87a de la Loi fondamentale allemande, a autorisé la mise en place par l'Etat fédéral d'un « fond spécial pour l'armée fédérale » d'un montant maximal de crédits de 100 milliards d'euros pour le « renforcement de la capacité d'alliance et de défense » de la République fédérale. Cette débudgétisation du financement de la défense s'explique par la volonté d'échapper à la contrainte du « frein à l'endettement » des articles 109, aliné 3, et 115, alinéa 2.

80 Voir Chantal Jacquier, Marc Grandisson, « Les lois de finances au Canada : de l'élaboration à l'entrée en vigueur », *Revue française de finances publiques*, °140, 2017, p. 7 et s. Voir encore Ramu de Bellescize, *Le système budgétaire des Etats-Unis*, *op. cit.*, p. 109-133 ; Id., *Le système budgétaire du Royaume-Uni*, Paris : LGDJ, 2019, p. 103-104.

81 Voir, par exemple, Alexandre Guigue, *Les origines et l'évolution du vote du budget de l'Etat en France et en Angleterre*, thèse dactylographiée, Université de Savoie, 2005, p. 467-470. Plusieurs actes constituent le budget britannique : les *Consolidated Fund Acts*, l'*Appropriation Act* et le *Finance Act*.

- Le principe d'universalité budgétaire

Le principe d'universalité fut longtemps confondu avec le principe d'unité budgétaire[82]. Edgard Allix appelait au début des années trente à distinguer clairement les deux principes : « les questions essentielles en jeu, soulignait-il, ne sont pas les mêmes »[83]. La pluralité des budgets n'exclut en effet pas le principe d'universalité, à condition qu'elle retrace l'intégralité des recettes et des dépenses de l'Etat. Inversement, un budget unique pourrait violer le principe d'universalité, notamment en ignorant le principe de non-contraction entre recettes et dépenses. En vertu du principe d'universalité budgétaire[84], selon l'article 6 de la LOLF, le budget doit retracer « l'ensemble des recettes et des dépenses » (alinéa 2), « toutes les recettes et toutes les dépenses » (alinéa 3) de l'Etat. Le principe d'universalité complète donc le principe d'unité budgétaire en précisant le contenu de la norme budgétaire, en mettant l'accent sur l'intégration au budget de l'Etat du *détail des recettes et des dépenses de l'Etat*.

La spécificité du principe d'universalité budgétaire apparaît à travers ses composantes. En vertu du principe de *non-contraction* (ou de *non-compensation*) le budget retrace séparément les recettes et les dépenses, et non sous la forme d'un solde, d'un résultat (alinéa 3). La technique s'inspire des règles classiques de la comptabilité, fondées sur la distinction entre les créances (recettes) et les dettes (dépenses). Le budget pourrait en effet être présenté sous la forme d'un résultat, d'un solde. Auquel cas le Parlement aurait seulement à se prononcer sur la situation d'équilibre, de déficit ou d'excédent. Pour comprendre cette éventualité, il faut garder à l'esprit que l'idée d'une transparence des finances publiques n'est pas universelle. La présentation du budget sous forme de soldes pourrait correspondre, nous l'avons vu plus haut, à un objectif de protection du secret des finances publiques, ou encore au principe d'un caractère discrétionnaire de l'administration par le gouvernement des recettes et des dépenses[85].

Le principe de *non-affectation* apparaît implicitement dans l'expression selon laquelle « l'ensemble des recettes [assure] l'exécution de l'ensemble des dépenses » (alinéa 3). Les recettes sont en effet supposées financer l'ensemble des dépenses et ne sont donc pas affectées à des dépenses déterminées. La pratique consistant à identifier les recettes à des besoins déterminés est ancienne, car elle permet de légitimer les prélèvements fiscaux. Le danger de l'affectation de recettes fiscales à des dépenses précises tient à l'incertitude des recettes. Certaines recettes sont sensibles à la conjoncture économique. C'est le cas si l'on compare aujourd'hui la TVA et l'impôt sur les sociétés. Le chiffre d'affaires des entreprises est moins fluctuant que leurs bénéfices. L'affectation des recettes à des dépenses créerait donc une inégalité entre les services de l'Etat, les uns bénéficiant de ressources sûres et les autres de ressources aléatoires. Le principe de *non-affectation* fait cependant l'objet de nombreuses dérogations. En premier lieu ce principe est peu contraignant au plan juridique. Les

---

[82] Voir René Stourm, *op. cit.*, p. 142-167.
[83] Edgard Allix, *op. cit.*, p. 74, note 1.
[84] Voir Edgard Allix, *op. cit.*, p. 56-73.
[85] Par exemple, article 45 de la Constitution de l'an VIII. Voir *supra* note 28.

recettes fiscales sont souvent affectées à des dépenses particulières[86]. La fiscalité sur le tabac ou l'alcool finance ainsi la sécurité sociale[87]. L'affectation des recettes fiscales demeure un outil, efficace d'un point de vue politique quoique condamnable du point de vue de la technique financière, de légitimation des impôts. Par ailleurs, la compétence du Parlement en matière fiscale, combinée avec le principe d'unité de trésorerie, suppose que les impôts créés et recouvrés par l'Etat puissent être affectés aux collectivités territoriales ou à d'autres entités publiques (alinéa 4 de l'article 6 de la LOLF). Dans certains cas, les recettes fiscales peuvent être affectées à des personnes privées dont l'activité est jugée d'intérêt public. Le Centre national du cinéma et de l'image animée ou l'Association pour le soutien du théâtre privé sont financés par des taxes prélevées sur la billetterie des spectacles. Le premier de ces organismes est un établissement public, le second une association relevant du régime de la loi de 1901. Le droit budgétaire français n'a pas élaboré de critères de contrôle strict de l'affectation des recettes fiscales. Toutefois le principe de non-affectation est dans l'ensemble respecté au sein de l'Etat, où les administrations ne peuvent se voir attribuer, sauf procédures dérogatoires, des recettes fiscales déterminées.

La loi organique n° 2021-1836 du 28 décembre 2021 relative à la modernisation de la gestion des finances publiques a entendu renforcer le principe de non-affectation en encadrant la pratique à travers la nouvelle rédaction l'article 2 de la LOLF. La possibilité d'affectation des recettes fiscales est admise par principe au bénéfice des collectivités territoriales et des organismes de sécurité sociale. Par ailleurs, les recettes fiscales peuvent encore être affectées à des tiers à la double condition que « ce tiers [soit] doté de la personnalité morale » et que « ces impositions [soient] en lien avec les missions de service public qui lui sont confiées » (article 2, II, alinéa 2). Enfin l'affectation des recettes fiscales relève de la compétence exclusive de la loi de finances. La LOLF confirme ici le tournant pris en 2001 avec la suppression du régime des taxes parafiscales de l'article 4 de l'ordonnance organique n° 59-2 du 2 janvier 1959, qui permettait au gouvernement d'affecter des prélèvements, dans un simple « intérêt économique ou social », à des organismes divers, publics ou privés. L'évolution du droit budgétaire témoigne en ce sens du souci, de la part du législateur organique, d'un retour aux grands principes du droit budgétaire, c'est-à-dire à

[86] A l'image de l'impôt des Turcs instauré par la diète de l'Empire romain germanique en 1529. Voir Rachel Renault, *La permanence de l'extraordinaire. Fiscalité, pouvoirs et monde social en Allemagne aux* XVIIe-XVIIIe *siècles*, Paris : Editions de la Sorbonne, 2017. Sous l'Ancien Régime l'affectation des recettes fiscales correspondait à l'idée du caractère extraordinaire de l'impôt. L'impôt royal en France, ou impérial en Allemagne, n'était à l'origine légitime qu'associé à un but précis. Le principe de non-affectation correspond à une représentation où l'impôt devient une ressource courante et non plus exceptionnelle. On voit bien cependant qu'à chaque création d'impôt les autorités sont tentées de renouer avec l'idée que le prélèvement est extraordinaire, qu'il doit servir à financer une politique de santé publique (accises sur l'alcool et le tabac), de solidarité (ISF), etc.

[87] Voir Sénat, *Fiscalité et santé publique : état des lieux des taxes comportementales*, rapport n° 399, 2014. Parmi les organes financés, la Caisse nationale de l'assurance maladie, la Caisse nationale des allocations familiales, la Caisse centrale de la mutualité sociale agricole, l'Institut national de prévention et d'éducation pour la santé. Le rapport dénonçait les perturbations induites par ce type de pratique.

l'orthodoxie financière du parlementarisme. Pour autant, une marge de manœuvre importante demeure au profit des lois de finances.

- Procédures d'affectation des recettes

Parmi les dérogations au principe de non-affectation, l'article 4 de la LOLF établit le régime des *redevances ou rémunérations pour services rendus* perçues par l'Etat. Les redevances pour service rendu constituent le prix payé par les usagers en échange de prestations relevant de services publics de nature non industrielle et commerciale. On peut mentionner à titre d'exemple les droits d'inscriptions acquittés par les étudiants dans les universités publiques[88]. Notons que, d'une façon générale, ce type de prélèvement relève d'un régime essentiellement jurisprudentiel. La fonction concrète de la disposition tient à ce qu'elle précise les conditions de procédure propres aux redevances pour service rendu créées au bénéfice des services de l'Etat. Contrairement aux prélèvements fiscaux, auxquels s'applique le principe de non-affectation, les redevances ou rémunérations pour service rendu sont nécessairement affectées à des dépenses spécifiques. La jurisprudence du Conseil d'Etat pose que les redevances pour service rendu, en tant que contrepartie pécuniaire, doivent financer des services déterminés[89]. L'affectation est une des conditions de validité des redevances pour service rendu, qu'elles soient créées par l'Etat, les collectivités territoriales ou d'autres entités administratives. S'agissant des redevances créées par l'Etat, le contrôle du respect de l'orthodoxie financière est confié au Conseil d'Etat. Les critères jurisprudentiels qu'il applique visent à garantir que la création par le gouvernement de redevances pour service rendu ne soit un moyen détourné de créer des « impositions de toutes natures » au sens de l'article 34 de la Constitution. La loi organique n° 2021-1836 du 28 décembre 2021 ne modifie pas le mécanisme existant mais renforce, en la matière, l'information du Parlement.

Outre les redevances pour service rendu, les articles 16 à 24 de la LOLF prévoient divers mécanismes d'affectation des recettes publiques. L'article 17 de la LOLF distingue trois procédures. Dans ces procédures, l'affectation des recettes est effectuée par décret (fonds de concours, attribution de produit) ou par arrêté (rétablissement de crédits). Les *fonds de concours* sont des procédures permettant d'affecter à des

---

[88] Le régime juridique des droits d'inscription à l'université demeure toutefois incertain. Voir Cour des comptes, *Les droits d'inscription dans l'enseignement supérieur public. Communication à la commission des finances, de l'économie générale et du contrôle budgétaire de l'Assemblée nationale*, Paris, 2018, p. 92. La marge de manœuvre laissée au gouvernement pour en déterminer le tarif exclut qu'il s'agisse d'une taxe administrative, c'est-à-dire que les droits d'inscription relèvent de la catégorie des « impositions de toutes natures ». La contribution de vie étudiante et de campus créée par la loi du 8 mars 2018 relative à l'orientation et à la réussite des étudiants, encadrée par la loi (Code de l'éducation, article L. 841-5), relève en revanche de la catégorie des taxes administratives. Il s'agit d'une taxe affectée aux Centres régionaux des œuvre universitaires et scolaires (CROUS).

[89] Par exemple, Conseil d'Etat, 21 mai 2010, *Société polynésienne des eaux et de l'assainissement*, req. n° 309734 : « une redevance pour service rendu doit essentiellement trouver une contrepartie directe dans la prestation fournie par le service ou, le cas échéant, dans l'utilisation d'un ouvrage public et, par conséquent, doit correspondre à la valeur de la prestation ou du service ».

dépenses particulières des fonds versés par des personnes morales, publiques ou privées, ou physiques, pour « concourir à des dépenses d'intérêt public ». Cette procédure existait déjà dans le décret impérial de 1862, où elle était spécifiquement prévue au profit « des départements, des communes ou des particuliers » (article 52). La procédure permet ainsi d'associer des personnes publiques pour la réalisation de projets communs ou d'affecter les contributions d'Etats étrangers ou d'organismes internationaux conformément aux engagements de la France. Elle ne vaut que pour des versements non fiscaux et vise, par exemple, à garantir le respect de l'intention de la partie versante, notamment dans le cas d'une libéralité. Les *rétablissements de crédits* permettent de la même façon l'affectation de recettes, par exemple dans le cas de sommes payées à tort par le Trésor public et restituées à l'administration (même article). La notion de rétablissement de crédits provient également du décret impérial de 1862 (article 47). Les *attributions de produits* permettent d'affecter à un service les recettes qu'il tire de prestations qu'il fournit, par exemple des sommes perçues sur les usagers, à condition que ces recettes soient accessoires. La notion codifie des pratiques autrefois qualifiées de fonds de concours « par assimilation ».

L'article 18 de la LOLF prévoit le régime propre aux *budgets annexes*. Les budgets annexes sont des budgets individualisés au sein du budget de l'Etat, propres à des services étatiques. En ce sens ils constituent une dérogation au principe d'unité budgétaire. L'existence d'un budget annexe se justifie, aux termes de la disposition, par une activité de « production de biens ou de prestation de services » donnant lieu à une contreprestation pécuniaire. Le budget annexe permet donc l'affectation de recettes à des dépenses et l'évaluation de l'équilibre de l'activité en cause. Les budgets annexes se sont multipliés à partir de la Troisième République[90]. Ils pouvaient correspondre aux activités économiques de l'Etat comme dans le budget annexe des P.T.T., créé en 1923 et supprimé suite à la réforme des postes et télécommunications de 1990[91]. Edgard Allix évoque, pour l'entre-deux-guerres, le budget annexe des chemins de fer de l'Etat, le budget annexe du service des poudres ou le budget de l'exploitation du monopole des tabacs.

La LOLF a entendu diminuer le nombre des budgets annexes, qui ne correspondaient parfois à aucune logique véritable (par exemple le budget annexe de la Légion d'honneur, ou celui de l'Ordre de la Libération). Cette évolution s'inscrit dans une volonté de retour à l'orthodoxie financière du parlementarisme. Les budgets annexes sont aujourd'hui au nombre de deux, le budget annexe des Publications officielles et information administrative et le budget annexe Contrôle et exploitation aériens. C'est en ce sens que la LOLF a contribué à un retour à l'orthodoxie budgétaire. Mais l'évolution des budgets annexes est également significative de l'évolution de la fonction économique de l'Etat. Edgard Allix parlait des budgets annexes comme de « budgets industriels ». La multiplication des budgets annexes sous la Troisième République correspond à la montée en puissance de l'Etat industriel, assumant directement, sous l'autorité de ministères, des activités économiques à vaste échelle.

---

[90] René Stourm, *op. cit.*, p. 246-252. Edgard Allix, *op. cit.*, p. 151-183.

[91] Pierre Musso, « Aux origines de 'l'autonomie' des télécommunications françaises, la loi de 1923 », *Réseaux*, volume 12, n° 66, 1994, p. 99-117. En 1889 avait été créé un budget annexe des téléphones, qui fut supprimé en 1893.

La disparition des budgets annexes correspond donc, d'une part, au repli de l'Etat de la vie économique, et, d'autre part, à une tendance à la décentralisation fonctionnelle ou à la privatisation des anciennes activités économiques étatiques. Les activités industrielles et commerciales de l'Etat se sont trouvées ainsi progressivement débudgétisées par délégation à des organismes extérieurs, constitués soit en établissements publics industriels et commerciaux[92], soit en sociétés de droit privé.

L'article 19 de la LOLF prévoit le régime des *comptes spéciaux*. Les comptes spéciaux concernent des activités exigeant d'établir un lien entre les recettes et les dépenses. La nécessité de ce lien entre recettes et dépenses permet l'appréciation de l'équilibre financier d'une activité ou de tenir compte des décalages temporels entre recettes et dépenses. Les avances remboursables pour soutenir l'activité économique, les avances aux collectivités territoriales, ne sont pas des dépenses au sens le plus strict. Le compte d'avance aux collectivités territoriales, par exemple, retrace les avances de l'Etat aux collectivités et est abondé par les recettes de la fiscalité locale. La LOLF distingue quatre catégories de comptes spéciaux, les *comptes d'affectation spéciale* (article 21, par exemple : Contrôle de la circulation et du stationnement routiers ; Développement agricole et rural ; Financement des aides aux collectivités pour l'électrification rurale ; Gestion du patrimoine immobilier de l'Etat), les *comptes de commerce* (article 22, par exemple : Approvisionnement de l'Etat et des forces armées en produits pétroliers et énergies alternatives, biens et services complémentaires ; Exploitations industrielles des ateliers aéronautiques de l'Etat ; Gestion de la dette et de la trésorerie de l'Etat ; Lancement de certains matériels de guerre et matériels assimilés ; Opérations commerciales des domaines), les *comptes d'opérations monétaires* (article 23, par exemple : Émission des monnaies métalliques ; Opérations avec le Fonds monétaire international ; Pertes et bénéfices de change) et les *comptes de concours financiers* (article 24, par exemple : Accords monétaires internationaux ; Avances à l'audiovisuel public ; Avances aux collectivités territoriales ; Prêts à des Etats étrangers ; Prêts et avances à des particuliers ou à des organismes privés)[93].

Désignées par la notion de « services spéciaux du Trésor » ce type d'activités correspondait à l'origine à des opérations financières non retracées par le budget. L'explication donnée par Edgard Allix[94] tenait au fait que ces opérations apparaissaient comme budgétairement neutre. Il pouvait s'agir d'opérations temporaires, comme des opérations de prêt ou d'avance destinées à faire l'objet d'un remboursement. Il pouvait encore s'agir d'opérations industrielles et commerciales par nature équilibrées. C'est ainsi que l'on avait affaire à une activité du Trésor qui ne semblait pas devoir mériter un contrôle approfondi. Cette approche portait néanmoins atteinte au principe d'universalité budgétaire. L'importance de ces activités croissant, la comptabilisation de ces opérations a fini par se trouver intégrée au budget sous la catégorie de « comptes spéciaux du Trésor ». La classification actuelle reste fidèle au « décret organique » de 1956 (articles 37 à 48). La distinction

---

[92] Voir *infra* le statut la Monnaie de Paris, autrefois budget annexe de la Direction des monnaies et médailles relevant du Ministère et de l'économie et des finances.
[93] Les exemples sont issus de la loi n° 2023-1322 du 29 décembre 2023 de finances pour 2024 (état D et E).
[94] Edgard Allix, *op. cit.*, p. 106-125.

entre budgets annexes et comptes spéciaux du Trésor n'a pas toujours été des plus nettes. En ce qui concerne les opérations industrielles et commerciales, l'intégration aux « comptes spéciaux » se justifie par le caractère « accessoire » de ces activités (article 22 de la LOLF, article 40 du décret organique de 1956). Dans le cas où de telles activités deviennent essentielles, le compte retraçant les opérations devrait devenir un « budget annexe ». La logique des comptes de commerces s'apparente donc certes à celle des budgets annexes, mais la différence reste que les recettes industrielles et commerciales y revêtent le caractère de recettes accessoires à un autre type d'activité (par exemple en matière de défense).

- Principe de spécialité

L'article 7 de la LOLF pose la base du principe de *spécialité budgétaire*. La notion de spécialité traduit la contrainte constituée par l'autorisation budgétaire. Celle-ci implique trois dimensions. En termes de dépense, l'autorisation budgétaire est d'abord limitée à un *objet* déterminé. L'autorisation budgétaire porte en second lieu sur un *montant* déterminé. L'autorisation de dépenser s'apparente en ce sens à un devis, prévoyant une prestation et son prix. En troisième lieu l'autorisation budgétaire ne vaut que pour une certaine *durée*. On dit que les *crédits* sont spécialisés, c'est-à-dire, répétons-le, que les autorisations budgétaires valent pour un objet, un montant et une durée. L'unité de spécialisation privilégiée fut autrefois le *chapitre* budgétaire. A l'origine, comme c'est encore le cas du budget des collectivités territoriales, les budgets étaient structurés en chapitres et en articles. Depuis la LOLF la spécialisation est fondée sur les notions de « *programme* » ou de « *dotation* ». Les programmes et les dotations sont des *crédits* regroupés par « *missions* ». Les notions de « *mission* » et de « *programme* » visent, à la différence de l'ancienne terminologie, à préciser l'autorisation en termes d'objectif politique. Le contrôle n'aspire plus à porter sur le pur respect de l'autorisation de dépenser, mais sur la poursuite et la réalisation des objectifs correspondant à la « mission ». C'est pourquoi l'on parle du passage d'une logique « juridique » à une logique « managériale », d'un contrôle des « moyens » à un contrôle du « résultat ». D'une part, à travers les « programmes », l'autorisation budgétaire apparaît plus souple – on parle de « fongibilité » –, d'autre part, elle ne vise plus à un contrôle de stricte légalité mais de « performance ». Les missions regroupent l'action d'un ou plusieurs ministères. La répartition des crédits au sein des missions s'effectue en principe par les « programmes », qui répondent étroitement au principe de spécialité. Les dotations sont destinées à des dépenses imprévibles par leur objet et leur montant ou par leur montant (article 7 de la LOLF). Ils correspondent à l'ancienne pratique des « chapitres réservoirs ».

Parmi les missions les mieux dotées mentionnons quelques intitulés[95] : « Enseignement scolaire » (environ 87 milliards d'euros de crédits de paiement pour 2024) ; « Engagements financiers de l'Etat » (60 milliards) ; « Défense » (56 milliards) ; « Recherche et enseignement supérieur » (31 milliards) ; « Solidarité, insertion et égalité des chances » (31 milliards) ; « Sécurités » (24 milliards) ; « Ecologie, développement et mobilité durables » (21 milliards) ; « Cohésion des territoires » (19 milliards) ; « Justice » (12 milliards). Au sein des missions les crédits sont répartis en « programmes ». Les dénominations sont souvent vagues, mais leur

[95] Les exemples sont issus de la loi n° 2023-1322 du 29 décembre 2023 de finances pour 2024 (état B).

précision permet parfois de bien appréhender la structuration entre « missions » et « programmes ». Par exemple, dans la mission « Sécurités » sont distingués les crédits affectés à la police nationale et ceux affectés à la gendarmerie. Dans la mission « Enseignement scolaire » sont distingués l'enseignement scolaire public du premier degré, l'enseignement scolaire public du second degré, l'enseignement privé du premier et du second degrés et l'enseignement technique agricole. La mission « Engagements financiers de l'Etat » distingue notamment la charge de la dette et trésorerie de l'Etat, de la charge de la dette de SNCF Réseau reprise par l'Etat. Une mission modeste, « Conseil et contrôle de l'Etat » (moins de 900 millions) finance le Conseil d'Etat et autres juridictions administratives, la Cour des comptes et autres juridictions financières et le Conseil économique, social et environnemental.

L'idée d'autorisation budgétaire est synthétisée dans la notion de *crédit*. Au sens du droit budgétaire, les crédits s'entendent comme des *autorisations* de dépenser, soumises, comme il a été dit, à des conditions déterminées en termes d'objet, de montant et de durée[96]. L'article 9 de la LOLF pose ainsi le principe du caractère limitatif des crédits (*crédits limitatifs*). Le décret impérial du 31 mai 1862 disposait en son article 41 : « Les ministres ne peuvent, sous leur responsabilité, dépenser au delà des crédits ouverts à chacun d'eux. » Les dépenses ne peuvent être engagées ou payées (article 8 de la LOLF) que dans la limite de leur objet et de leur montant. Néanmoins, pour des raisons pratiques, le caractère limitatif des crédits ne peut être absolu. Par dérogation, l'objet de certains crédits est indéterminé (*dépenses accidentelles* ou *imprévisibles*, article 7). Certains crédits dérogent par ailleurs au caractère limitatif, par exemple « les crédits relatifs aux charges de la dette de l'Etat » (article 10). Ils sont qualifiés de *crédits évaluatifs*. La notion de crédits évaluatifs signifie la possibilité pour l'exécutif d'engager ou de payer des dépenses en dépassement du montant prévu. L'article 10 précise les conditions de procédure pour ces dépassements. Les crédits évaluatifs correspondent à des *dépenses juridiquement obligatoires* pour l'Etat, comme les crédits relatifs à la charge de la dette de l'Etat. L'article 11 de la LOLF prévoit la procédure de spécialisation des dotations pour dépenses accidentelles et imprévisibles.

La distinction entre crédits limitatifs et crédits évaluatifs remonte à la pratique parlementaire du XIXe siècle[97]. René Stourm définissait la distinction de la façon suivante : « Les crédits limitatifs déterminent, d'une manière définitive, la nature des services et la somme qui leur sera consacrée. Les crédits évaluatifs spécifient les services, en se bornant à évaluer la somme que coûtera leur exécution. »[98] L'idée d'une obligation inconditionnelle de l'Etat envers ses créanciers est le produit de l'histoire. L'Etat se conçut comme en devoir d'éviter tout défaut de payement, en particulier pour conserver la confiance des prêteurs. La Constitution de 1791 disposa ainsi : « Sous aucun prétexte, les fonds nécessaires à l'acquittement de la dette nationale et au paiement de la liste civile, ne pourront être ni refusés ni suspendus. »

---

[96] On peut parler d'une « programmation conditionnelle » de la dépense publique, typique de la modernité juridique. Voir Hugues Rabault, « La machine comme modèle : programmation et algorithmisation de la vie sociale par le droit », *in* Lukas K. Sosoe (direction), *Systèmes psychiques et systèmes sociaux*, Hildesheim, Zürich, New York : Georg Olms Verlag, 2017, p. 19-57.
[97] René Stourm, *op. cit.*, p. 187-196.
[98] *Ibid.*, p. 191.

La Charte de 1814 disposait en son article 70, repris par la Charte de 1830 à l'article 61 : « La dette publique est garantie. Toute espèce d'engagement pris par l'Etat avec ses créanciers est inviolable. » Le principe, aujourd'hui disparu, fut encore proclamé à l'article 14 de la Constitution de 1848. L'admission du caractère strictement « évaluatif » des crédits participe de la consécration de l'obligation de l'Etat envers ses créanciers.

La notion de dépenses accidentelles ou imprévisibles limite la contrainte budgétaire de l'autorisation en termes d'objet. La notion de crédits évaluatifs limite cette contrainte en termes de montant. L'article 8 de la LOLF, distinguant deux types de crédits, les *autorisations d'engagement* et les *crédits de payement*, ouvre une marge de liberté dans le temps. Les définitions proposées par la disposition sont quelque peu tautologiques. La distinction implique des conséquences concrètes quant au contenu de l'autorisation budgétaire. Les crédits d'engagement, à la différence des crédits de payement, permettent de prévoir des dépenses qui seront effectuées sur plusieurs exercices. La distinction est éclairée par le décret n° 2012-1246 du 7 novembre 2012 relatif à la gestion budgétaire et comptable publique en ses articles 29 et suivants. Nous reviendrons donc, à l'occasion de ce texte, sur la distinction comptable entre *engagement* et *payement*. Le développement d'une logique de l'engagement s'inscrit dans la dynamique d'une recherche de la coordination des exercices budgétaires à travers l'idée de pluriannualité.

- Mutation du principe de spécialité

Si l'on s'interroge sur la modification du droit budgétaire par la LOLF et les textes ultérieurs, c'est la transformation du principe de spécialité qui semble contenir la philosophie de la mutation en cours. Les commentateurs parlent du passage d'une conception juridique et comptable à une « logique de gestion ». La rhétorique accompagnant la LOLF recourait aux expressions de « logique de performance, d'efficacité et de responsabilité », de « gestion par la performance », d'« efficience de l'action publique », de « responsabilité managériale ». Tout un lexique surgissait qui tranche avec celui du droit budgétaire classique. On parle désormais de « gouvernance », de « trajectoire », de « programmation », etc. Au plan technique, la répartition des autorisations de dépenser abandonne, comme nous l'avons vu, les notions traditionnelles de « chapitres » et d'« articles », pour recourir aux notions de « missions », de « programmes » et de « dotations » (article 7 de la LOLF[99]). Il ne s'agit pas ici seulement d'un changement de terminologie. C'est, de façon sous-jacente, la philosophie du contrôle parlementaire qui apparaît révisée. L'ancien lexique insistait sur la précision juridique de l'autorisation. Au plan budgétaire, la politique de l'Etat était fractionnée entre, pour ainsi dire, des micro-autorisations. Cette méthode visait à garantir le contrôle détaillé de l'exécution des missions de l'Etat. Une telle logique correspondit, à l'origine, au fonctionnement libéral, à l'idée

[99] Aux termes de la disposition, la notion de « dotation » désigne des crédits qui ne sont pas destinés à une évaluation en termes de performance, tandis que les « programmes [concourent] à une politique définie ».

d'un « Etat limité »[100]. La sphère d'action d'un Etat réduit aux fonctions régaliennes était étroite. La mission de l'Etat apparaissait simple, il s'agissait avant tout de protéger l'ordre public, à travers la police, la défense et la justice. La théorie libérale de l'Etat, où la liberté était la règle et sa restriction l'exception, se suffisait d'un nombre réduit de ministères : intérieur, guerre, justice, finances, diplomatie, la structure exécutive demeurait, de même que ses missions, élémentaire. Cinq ministères pouvaient être chargés de servir trois missions essentielles. D'où la possibilité d'un contrôle ponctuel sur l'action de l'Etat à travers une autorisation détaillée. L'idée d'inscrire les dépenses d'activités non régaliennes, comme les travaux publics, dans un budget extraordinaire était alors logique.

La critique du chapitre budgétaire, pont-aux-ânes de l'enseignement des finances publiques d'avant la LOLF, s'explique par la croissance de l'Etat. Dès le XIXe siècle, les chapitres se multiplièrent, si bien qu'au XXe siècle le droit budgétaire dut adopter des mécanismes divers permettant de globaliser l'autorisation budgétaire, notamment dans les périodes de crise, ou comme dans la notion de « services votés », désignant les dépenses reconduites d'une année sur l'autre à l'article 33 de l'ordonnance organique du 2 janvier 1959[101]. Le chapitre cessa d'être une unité de vote pour devenir simple unité d'exécution. A travers la notion de « mission », présentée de façon vague comme désignant une « politique définie » (dans le I de l'article 7 de la LOLF), on passe d'un contrôle du respect d'une autorisation au contrôle de la poursuite d'objectifs. On entre dans une logique inspirée de la théorie du management. Le budget devient alors le centre de pilotage de la vie sociale. Le droit budgétaire ratifie ainsi avec un demi-siècle de retard le passage de l'Etat libéral à l'Etat social, de l'« Etat limité » à un Etat qui ne se conçoit plus comme garant d'un fonctionnement social spontané, mais qui entend diriger la société à travers des politiques diverses, économiques, sociales, culturelles, environnementales, sanitaires, etc. Le lexique rénové du droit budgétaire exprime cette conception, où l'Etat n'est plus un simple « veilleur de nuit », selon l'ironique formule de Ferdinand Lassale, mais le véritable pilote de la vie sociale[102]. Le nouveau droit budgétaire veut ériger, par son lexique, le Parlement restauré, insistons-y, en pilote des politiques étatiques et de l'existence sociale.

Cette évolution se fait à travers la transposition aux finances publiques du vocabulaire du management[103]. Elle repose sur le mythe de la rationalisation continue des pratiques budgétaires. Le droit budgétaire classique, nous l'avons vu, n'avait rien d'archaïque. Il incarnait tout au contraire un projet de modernité. L'Etat

---

[100] L'idée d'« Etat limité » vient de Wilhelm von Humboldt, *Essai sur les limites de l'action de l'Etat*, Paris : Les belles lettres, 2004, ouvrage publiée originellement en 1851, mais rédigé vers 1792, qui marqua notamment John Stuart Mill, dans son essai *On Liberty* (1859). Voir Olivier Agard, François Lartillot (direction), *Le libéralisme de Wilhelm von Humboldt. Autour de l'*Essai sur les limites de l'action de l'Etat, Paris : L'Harmattan, 2015.

[101] « Les services votés représentent le minimum de dotations que le Gouvernement juge indispensable pour poursuivre l'exécution des services publics dans les conditions qui ont été approuvées l'année précédente par le Parlement. »

[102] Voir Hugues Rabault, *L'Etat entre théologie et technologie*, *op. cit.*, p. 106-114.

[103] Voir Varii auctores, « Manager la LOLF », *Revue française de finances publiques*, n° 137, 2017, p. 3-96.

constitutionnel du XIXe siècle se concevait comme un aboutissement. La philosophie de l'Etat de Hegel – le « philosophe de l'Etat prussien » –, projet de synthèse de l'autoritarisme et de la rationalité des Lumières, incarnait magistralement cette idée de l'Etat comme réalisation en acte de la Raison. C'est pourquoi la réforme du droit budgétaire, comme auparavant le projet des années soixante-dix de la « rationalisation des choix budgétaires », apparaît comme la rationalisation d'un système déjà conçu comme rationnel. Aussi l'on peut parler d'une hyper-rationalisation, d'une rationalisation de la rationalisation, d'une modernisation de la modernité, qui exprime une complexification interne du système financier public face à la complexité croissante de sa relation à son environnement social. Sous l'effet de cette rationalisation continue, le principe de spécialité devient plus indéterminé quant à l'objet (« programmes » et « dotations ») et la durée (pluriannualité), alors que le contrôle veut s'étendre de l'emploi des deniers publics à la poursuite des finalités des politiques. Avec le recul, le projet de modernisation du droit budgétaire révèle ses limites, mais aussi la dimension d'utopie technocratique de ce projet d'une rationalisation toujours à venir de la constitution financière[104]. On peut cependant relever l'effacement, en France comme ailleurs, de la théorie budgétaire classique, qui reposait sur une conception juridique rigoureuse, au profit d'un esprit managérial beaucoup plus confus.

- Modification de l'autorisation budgétaire

Nous avons montré combien les principes fondamentaux du droit budgétaire imposent la proscription de la modification de l'autorisation budgétaire. Pourtant la tendance exécutive à s'affranchir du joug du budget et la tendance législative à réviser les autorisations contenues dans le budget ne disparurent jamais. L'article 152 de la loi de finances du 25 mars 1817 permit d'accorder par ordonnance royale des crédits ministériels dans les « cas extraordinaires et urgents » sous réserve d'une ratification ultérieure. Ce type de pratique se prolongea jusque sous la Troisième République, qui, plus soucieuse d'orthodoxie budgétaire, soumit l'ouverture de crédits en cours d'exercice à autorisation législative[105]. La loi du 14 décembre 1879 sur les crédits supplémentaires et extraordinaires disposa en son article premier : « Il ne peut être accordé de crédits supplémentaires et extraordinaires qu'en vertu d'une loi. »[106] La Première Guerre mondiale cependant, la crise des années trente, la taille croissante des budgets, le recours aux lois de pleins pouvoirs et aux décrets-lois comme instruments de gouvernement, furent autant d'occasions d'infidélité de la République à l'orthodoxie budgétaire[107]. La possibilité de modifier l'autorisation budgétaire était autrefois traitée sous l'expression générale de « crédits additionnels »[108]. Cette

---

[104] Voir Assemblée nationale, *Rapport d'information sur les décisions d'attribution des moyens budgétaires*, n° 3644, 2011. Le rapport se félicite de la « culture de la performance et du 'management' au sein de l'administration » introduite par la LOLF, mais diagnostique à travers l'examen de sa mise en œuvre une « ambition contrariée » et une « démarche perfectible ». Selon les termes de Stéphanie Damarey, *Droit financier public*, Paris : Dalloz, 2018, p. 77 : « l'optimiste initial a disparu laissant la place à des bilans parlementaires très mitigés ».

[105] Michel Bottin, *op. cit.*, p. 74.

[106] *Ibid.* ; Edgard Allix, *op. cit.*, p. 236.

[107] Michel Bottin, *op. cit.*, p. 93.

[108] Voir René Stourm, *op. cit.*, p. 350-382 ; Edgard Allix, *op. cit.*, p. 236-252.

question englobait les autorisations législatives, ou « budgets rectificatifs », ou encore, selon une expression issue du langage de la haute administration financière, les « collectifs[109] » budgétaires, aussi bien que les initiatives exécutives. Le Second Empire utilisa la notion de « virements », en principe pour traiter de passage d'autorisation d'un service à l'autre, mais cette procédure fut couramment détournée pour ouvrir des crédits nouveaux. Sous la Troisième République on utilisait, comme on a vu, les notions de « crédits extraordinaires », de « crédits supplémentaires », ou encore, celle de « crédits complémentaires ». Sous la Cinquième République, on aboutit à une distinction nette entre les lois de finances et la loi ordinaire, et à la protection constitutionnelle des lois de finances. On peut parler d'une sanctuarisation de l'autorisation budgétaire. En principe seule une loi de finances peut modifier le budget. Mais des procédures spécifiques, strictement encadrées, permettent à l'exécutif d'adapter l'autorisation budgétaire tout au long de l'exercice.

La LOLF reprend des procédures codifiées par l'ordonnance organique du 2 janvier 1959. L'article 12 de la LOLF prévoit des procédures de modification de l'objet des crédits. Les procédures de *virement* permettent de modifier l'objet des crédits au sein d'un même ministère. Les virements sont assujettis à des limites quantitatives. Les procédures de *transfert* modifient l'affectation de crédits d'un ministère à l'autre sans modification de l'objet de la dépense. Elles permettent en particulier d'adapter le budget à des remaniements ministériels. Les procédures de virement ou de transfert supposent l'édiction d'un décret. En général les décrets de virement ou de transfert comportent trois articles, le premier annule un montant de crédits, le second ouvre le même montant de crédit et le troisième confie l'exécution du décret au ministre du budget. Un état annexé détaille l'objet et le montant des crédits[110].

L'article 13 de la LOLF concerne l'ouverture par *décrets d'avance* de crédits non prévus par la loi de finances[111]. La procédure suppose l'urgence et le respect de l'équilibre budgétaire, sauf en cas « d'urgence et de nécessité impérieuse d'intérêt national ». Dans ce dernier cas les décrets d'avance doivent être ratifiés par loi de finances. La ratification doit intervenir « dans le plus prochain projet de loi de finances afférent à l'année concernée », c'est-à-dire, en cours d'exercice, au moyen d'une loi de finances rectificative. La loi organique n° 2021-1836 du 28 décembre 2021 relative à la modernisation de la gestion des finances publiques introduit une nouvelle possibilité, la ratification par la « loi de finances de fin de gestion », dont la fonction est précisément de légaliser les modifications introduites dans l'autorisation budgétaire par le gouvernement. L'équilibre budgétaire peut être garanti par une annulation de crédits. Cette procédure s'effectue sous le regard des commissions parlementaires compétentes, qui doivent formuler un avis. En pratique les décrets d'avance impliquent généralement, pour garantir l'équilibre budgétaire, une

[109] La modification du budget synthétisant les demandes d'une pluralité de ministères.

[110] Par exemple, décret n° 2023-510 du 27 juin 2023 portant virement de crédits ; décret n° 2023-511 du 27 juin 2023 portant transfert de crédits.

[111] Voir Olivier Boyer, « La pratique des décrets d'avance depuis l'entrée en vigueur de la LOLF (2006-2022) », *Revue française de finances publiques*, n° 163, 2023, p. 225 et s. ; Clément Lechaire, Geoffroy de Vitry, « Pratique et limites des décrets d'avance sous l'empire de la loi organique relative aux lois de finances », *Revue française de finances publiques*, n° 145, 2019, p. 237 et s.

annulation de crédits équivalente aux crédits ouverts. Ces décrets servent généralement à modifier l'objet de la dépense au-delà de ce que rendent possible les procédures de virement ou de transfert. De tels décrets sont, dans leur rédaction, structurés de façon analogue aux décrets de virement ou de transfert. Pour la période récente, mentionnons le décret n° 2022-512 du 7 avril 2022 portant ouverture et annulation de crédits à titre d'avance, qui visait à faire face aux conséquences de la guerre en Ukraine et notamment à apporter un soutien aux ménages et aux entreprises affectés par la hausse des prix de l'énergie et des matières premières. Cet important décret d'avance a obtenu un avis favorable des commissions des finances parlementaires, assorti, pour la Commission des finances du Sénat, de réserves. La Cour des comptes constate dans son rapport que le décret respecte les conditions de légalité prévues par la LOLF[112].

L'ouverture de crédits par décrets d'avance a pu donner lieu à critique de la part des commissions parlementaires. L'avis de la Commission des finances du Sénat sur le décret n° 2017-1182 du 20 juillet 2017 portant ouverture et annulation de crédits à titre d'avance, constatait, par exemple, qu'en ce qui concerne certaines dépenses « la nécessité budgétaire d'ouvrir des crédits additionnels dès le mois de juillet n'apparaît pas manifeste ». La Commission « relève que l'ampleur du […] décret d'avance est inédite au regard des décrets d'avance pris au cours de la décennie écoulée » et conteste « l'imprévisibilité de la majeure partie des dépenses ». La commission sénatoriale critiqua donc non seulement la pertinence du décret d'avance mais également sa légalité. Saisi par des membres de la Commission des finances de l'Assemblée nationale, le Conseil d'Etat admit sa compétence pour contrôler la légalité d'un décret d'avance, mais la haute juridiction administrative reconnut la latitude du gouvernement pour interpréter les conditions de mise en œuvre de la procédure, notamment la condition d'urgence[113]. La Cour des comptes admet quant à elle, dans certains cas, le caractère « discutable » de l'appréciation par le gouvernement des conditions d'urgence. Par ailleurs les décrets d'avance peuvent parfois s'expliquer, selon la Cour des comptes, par la « sous-budgétisation » de certaines missions. Ces décrets peuvent ainsi se justifier par l'injonction contradictoire adressée au gouvernement de réaliser des objectifs avec des moyens insuffisants[114]. Il serait loisible en dernier lieu de s'interroger sur la double compétence du Conseil d'Etat, saisi, d'une part, pour avis sur les décrets d'avances (article 13, alinéa 1, de la LOLF), et, d'autre part, le cas échéant, dans le cadre d'un recours contentieux contre les mêmes décrets[115].

---

[112] Voir Cour des comptes, *Rapport sur les crédits du budget de l'Etat ouverts par décret d'avance*, Paris, 2022, établi conformément au 6° l'article 58 de la LOLF.

[113] Christophe Pierucci, « Les parlementaires face aux décrets d'avance devant le juge administratif », *Revue française de finances publiques*, n° 140, 2017, p. 249 et s.

[114] Cour des comptes, *Rapport sur les crédits du budget de l'Etat ouverts par décret d'avance*, Paris, 2017.

[115] Il s'agit ici d'un conflit entre organes constitutionnels qui fait l'objet d'un contentieux administratif. Pour une situation analogue, voir, par exemple, Hugues Rabault, « Le Conseil d'Etat juge constitutionnel », note sous Conseil d'Etat 13 décembre 2017, req. n° 411788, *Président du Sénat*, *Les Petites Affiches*, 26 mars 2018, n° 61, p. 13-19.

Conseil d'Etat, 16 décembre 2016, requête n° 400910 : « Considérant que, cependant, la condition d'urgence posée par le 1er alinéa de l'article 13 de la loi organique du 1er août 2001 relative aux lois de finances est une condition objective qui doit être regardée comme remplie dès lors que, à la date de publication du décret portant ouverture de crédits à titre d'avances, les crédits disponibles ne permettent pas de faire face à des dépenses indispensables ; que les requérants n'allèguent pas que les crédits ouverts par le décret attaqué ne répondent pas à cette condition ainsi définie ; que, s'ils soutiennent que ces mesures auraient pu être inscrites dans un projet de loi de finances rectificatives, une telle circonstance est inopérante dans l'appréciation de la condition d'urgence à laquelle est subordonnée l'adoption d'un décret portant ouverture et annulation de crédits à titre d'avance ; que le moyen tiré de l'absence d'urgence doit dès lors être écarté ».

La modification de l'autorisation budgétaire par le gouvernement est une violation patente de l'orthodoxie budgétaire. Le décret impérial de 1862 prévoyait les procédures de virement mais limitait les possibilités d'ouverture de suppléments de crédits. L'article 55 disposait en son alinéa premier : « Des décrets spéciaux [...] peuvent autoriser des virements d'un chapitre à un autre dans le budget de chaque ministère. » L'article 57 précisait : « Il ne peut être accordé de suppléments de crédits qu'en vertu d'une loi ou par un décret de virement. » Le décret de 1862, comme en témoigne le commentaire du marquis d'Audiffret, dans une phase de libéralisation du régime, avait voulu remettre de l'ordre dans les pratiques de Second Empire[116]. Mais la procédure de virement resta un moyen détourné d'ouvrir de nouveaux crédits, ce qui aboutit sous la Troisième République à la proscription de ce mécanisme[117]. Le « décret organique » de 1956 opéra la résurrection de la notion de virement à l'article 21. Le décret ne prévoyait cependant ni décrets de transfert ni décrets d'avance. C'est donc l'ordonnance organique du 2 janvier 1959 qui élargit au bénéfice de l'exécutif les possibilités légales de modifier l'autorisation parlementaire. La LOLF poursuit ce mouvement d'assouplissement de l'autorisation budgétaire, notamment avec la notion de « programme » et ce que le vocabulaire contemporain désigne par la notion de « fongibilité » des crédits.

Les ouvertures de crédits nouveaux par l'exécutif en cours d'exercice peuvent cependant être interprétées comme une nécessité de l'Etat contemporain, dont les missions sont multiples et les ressources limitées, et qui fait l'objet d'intenses attentes sociales. La Loi fondamentale allemande[118], pourtant plus soucieuse d'orthodoxie budgétaire que la LOLF, prévoit un mécanisme analogue à la procédure française des décrets d'avance. Depuis 1969, la constitution allemande admet un assouplissement de la règle de l'autorisation budgétaire, dans des situations exceptionnelles, pour des dépenses imprévues en termes de montant ou d'objet. Les dépassements de crédits

[116] Charles-Louis-Gaston d'Audiffret, *Système financier de la France*, *op. cit.*, p. 116. Le décret de 1862 codifiait le sénatus-consulte du 31 décembre 1861. L'article 3 de ce texte disposait : « Il ne pourra être accordé de crédits supplémentaires ou de crédits extraordinaires qu'en vertu d'une loi. » L'article 2 ajoutait : « Des décrets spéciaux, rendus dans la même forme, peuvent autoriser des virements d'un chapitre à un autre dans le budget de chaque ministère. »
[117] Edgard Allix, *op. cit.*, p. 246-248 : « le régime des virements [...] ne survécut pas à l'Empire, et la loi du 16 septembre 1871, qui a fait prévaloir la spécialité par chapitres, les a formellement supprimés par son article 30 : 'Aucun virement de crédits ne peut avoir lieu d'un chapitre à un autre'.»
[118] Source : BIJUS - Centre juridique franco-allemand, Université de la Sarre.

sont placés sous le contrôle du ministre des finances. A la différence de la France, la procédure fait l'objet d'un contrôle de constitutionnalité pointilleux. La Cour constitutionnelle fédérale pose la condition d'une nécessité impérative en termes de temps et d'objet : « La compétence du ministre des finances pour accorder des dépenses supplémentaires à la place du législateur suppose que le besoin ne soit pas seulement imprévu mais encore inévitable. »[119] On peut noter au passage deux différences essentielles en ce qui concerne ces procédures analogues. En France, la procédure de dépassement de crédits par l'exécutif est soustraite au contrôle de constitutionnalité, qui ne porte que sur les lois. De surcroît, la condition d'urgence posée par la LOLF demeure vague et limite les possibilités de contrôle juridique sur l'appréciation du gouvernement. Le contrôle exercé par le juge administratif est nécessairement restreint.

Loi fondamentale allemande, article 112 [Dépassements de crédits et dépenses extraordinaires] [1]Les dépassements de crédits et les dépenses extraordinaires doivent être approuvés par le ministre fédéral des finances. [2]Cette approbation ne peut être donnée qu'en cas de nécessité imprévue et impérieuse. [3]Les modalités pourront être réglées par une loi fédérale.

L'article 14 de la LOLF prévoit des procédures d'*annulation de crédits*. L'annulation de crédits a pour fonction de permettre la suppression de dépenses ou, comme nous l'avons vu, la réaffectation de crédits. Dans le cas d'une annulation par le gouvernement, le décret d'annulation apparaît comme le symétrique inverse du décret d'avance[120]. Pour autant la procédure d'annulation de crédits semble moins litigieuse que les procédures d'ouverture de crédit par l'exécutif. La question a pu être posée à l'origine du droit budgétaire de savoir si le crédit constituait une simple autorisation de dépenser ou s'il pouvait impliquer une obligation de consommer les crédits. L'enjeu théorique du problème n'est pas négligeable[121]. Le parlementarisme le plus exigeant supposerait que les représentants pussent non seulement autoriser mais également enjoindre. Dans ce cas le crédit ne serait plus une simple autorisation mais correspondrait à une obligation consécutive des injonctions d'agir du Parlement. La pratique cependant aboutit à conclure à l'absurdité du principe de l'obligation de dépenser. D'un point de vue théorique l'absence d'obligation de dépenser s'explique par la combinaison des principes de l'autorisation budgétaire et de l'équilibre financier, ou, dans le lexique allemand, le principe d'économie, comme on le verra un peu plus tard. La LOLF a toutefois renforcé la contrainte de l'autorisation budgétaire en établissant une limite quantitative à l'annulation de crédits.

L'article 15 prévoit une procédure de *report de crédits*. La disposition rappelle d'abord le principe de l'annualité des crédits, c'est-à-dire la limitation dans le temps

[119] BVerfGE 45, 1/36. Importante décision *Haushaltsüberschreitung* [dépassement de budget] du 25 mai 1977 : « Die Kompetenz des Bundesministers der Finanzen, Mehrausgaben an Stelle des Gesetzgebers zu bewilligen, setzt voraus, daß das Bedürfnis nicht nur unvorhergesehen ist, es muß auch unabweisbar sein. »

[120] Voir, par exemple, décret n° 2024-124 du 21 février 2024 portant annulation de crédits. L'annulation porta sur un montant de dix milliards d'euros, en conséquence d'une révision des prévisions officielles de croissance.

[121] Matthieu Conan, *La non-obligation de dépenser*, Paris : LGDJ, 2004.

de l'autorisation budgétaire. En conséquence de ce principe, les reports de crédits sont par principe proscrits. Cela signifie que les crédits non consommés au cours d'un exercice sont reversés aux recettes du budget de l'exercice suivant. Néanmoins les dérives d'une interdiction trop stricte de reports de crédits ont souvent été dénoncées. Les administrations peuvent se trouver incitées à consommer leurs crédits plutôt que de les économiser, ou à mettre en œuvre des méthodes discutables pour conserver leurs crédits. Ainsi les comptes spéciaux du Trésor ont-ils pu être utilisés pour permettre des reports de crédits. Aussi la LOLF a-t-elle renforcé et systématisé l'encadrement juridique des reports de crédits. La LOLF distingue les autorisations d'engagement de dépenses, dont le régime est assez libéral dans la mesure où celles-ci permettent une planification pluriannuelle de la dépense, et celui des crédits de paiement. Dans la seconde procédure, les reports de crédits sont possibles dans des limites quantitatives strictes. La procédure est assez légère puisqu'elle ne suppose qu'un arrêté conjoint du ministre des finances et du ministre intéressé.

- Principe de sincérité budgétaire

L'article 27 de la LOLF pose le principe de la *sincérité des comptes*[122]. La notion de sincérité en matière financière et comptable remonte au XIXe siècle. L'article 27 du décret impérial de 1862 proclamait déjà ce principe : « Les comptes affirmés sincères et véritables, sous les peines de droit, datés et signés par les comptables, sont présentés à l'autorité chargée du jugement, dans les formes et dans les délais prescrits par les règlements. » Le principe de sincérité fait partie des principes comptables communs à la comptabilité publique et à la comptabilité générale (Code de commerce, article L. 123-14). L'article 32 de la LOLF étend le principe de sincérité de la matière comptable au domaine budgétaire. La consécration du principe de sincérité comme grand principe du droit budgétaire est une innovation de la LOLF. Les principes classiques du droit budgétaire étaient, comme on a vu, les principes d'*unité*, d'*universalité*, de *spécialité* et d'*annualité*. Ces quatre principes semblaient contenir de façon implicite l'idée de sincérité budgétaire de sorte que la proclamation du principe peut paraître inutile. Sauf à réduire le principe de sincérité budgétaire aux principes préexistants, d'unité et d'universalité notamment, il faut convenir que les contours juridiques du principe de sincérité demeurent vagues.

La valeur constitutionnelle du principe de sincérité budgétaire fut d'abord consacrée par le Conseil constitutionnel (surtout la décision 94-351 DC du 29 décembre 1994, *Loi de finances pour 1995*, admettant ouvertement l'examen de la « sincérité de la présentation générale de la loi de finances ») sans que cela aboutisse à une censure de la loi de finances[123]. La jurisprudence du Conseil constitutionnel ne permet pas d'établir en matière de sincérité budgétaire une limite claire entre le licite et l'illicite, alors même que la Cour des comptes a pu relever l'insincérité des budgets votés par

---

[122] Voir *Revue française des finances publiques*, n° 111, 2010, numéro consacré au principe de sincérité.

[123] De même, décision n° 97-395 DC du 30 décembre 1997, *Loi de finances pour 1998*, considérant 14 : « l'atteinte ainsi portée à la sincérité de la loi de finances ne conduit pas pour autant, en l'espèce, à déclarer la loi déférée contraire à la Constitution ».

le Parlement[124]. La Cour des comptes n'ayant pas la compétence pour sanctionner l'autorité budgétaire et le Conseil constitutionnel s'y refusant, le principe de sincérité apparaît donc comme un objectif à atteindre plus que comme une contrainte juridique effective. L'émergence du principe de sincérité en matière budgétaire s'explique par la tendance des concepteurs du budget à la manipulation des paramètres économiques. Très souvent ceux-ci sont exagérément optimistes en sorte de minorer le déficit annoncé[125]. Au plan national, le principe de sincérité de la loi de finances et des comptes de l'Etat suppose l'indépendance des organismes experts en économie ou en finances, tels que l'INSEE, la Banque de France ou la Cour des comptes[126]. Les organismes internationaux, tels que le FMI ou la Commission européenne, contribuent également à garantir le respect du principe de sincérité financière. En d'autres termes, les pratiques d'opacité financières sont aujourd'hui rendues difficiles par l'internationalisation des relations politiques, économiques et juridiques. L'Etat-nation à tendance autarcique du XXe siècle, notamment l'« Etat total »[127], pouvait délibérément choisir de se refuser à toute transparence financière[128]. Le principe de sincérité devient désormais une norme de finances publiques transnationale, imposée aux Etats de l'extérieur.

En conséquence du principe de sincérité comptable, les articles 27 à 31 de la LOLF prévoient les règles de comptabilisation des recettes et des dépenses. Dans le cadre du contrôle de l'exécution du budget, le problème classique se pose du rattachement des recettes et des dépenses à l'exercice budgétaire. La question est donc posée de déterminer si l'exécution des recettes et des dépenses doit être rapportée au budget qui les prévoit ou à l'exercice en cours. Deux possibilités existent. La dépense peut être rapportée à l'autorisation, même si le payement s'effectue postérieurement à cet exercice. De même la recette peut-elle être rapportée à l'exercice qui l'autorise. Cette technique de comptabilisation est désignée par la notion de *système de l'exercice*. Inversement il est possible de se contenter de la date où sont effectuées les opérations d'encaissement ou de décaissement. On parle alors de *système de la gestion*. La première méthode a le mérite de mieux contrôler le respect de l'exécution de l'autorisation budgétaire, mais elle s'avère complexe car le payement des dépenses peut s'échelonner sur des exercices postérieurs à celui de la loi de finances qui les avaient autorisées. C'est pourquoi l'on dit que cette méthode prolonge inutilement l'existence du budget.

---

[124] Voir Chloë Geynet-Dussauze, « A la recherche du principe de sincérité des lois de finances. Réflexions à partir des saisines parlementaires des projets de loi de finances pour 2020 et 2021 », *Revue française de finances publiques*, n° 158, 2022, p. 173-192 ; Jean-Philippe Vachia, « Le Conseil constitutionnel, la Cour des comptes et la sincérité budgétaire », *Les Petites Affiches*, 10 mai 2000, n° 93, p. 4 et s.

[125] René Stourm, *op. cit.*, p. 115-141 ; Edgard Allix, *op. cit.*, p. 24-37.

[126] Voir Haut conseil des finances publiques, avis n° HCPF-2023-8 relatif aux projets de lois de finances et de financement de la sécurité sociale pour l'année 2024. Le Haut conseil relevait : « Pour 2024, le Haut Conseil estime que la prévision de croissance (+1,4 %), supérieure à celles du consensus des économistes (+0,8 %) et des organismes qu'il a auditionnés, est élevée. »

[127] Sur la notion, voir Hugues Rabault, « Etat total », in : Pascal Mbongo, François Hervouët, Carlo Santulli (dir.), *Dictionnaire encyclopédique de l'Etat*, Paris : Berger-Levrault, 2014, p. 395-399.

[128] Voir *supra*, note 43.

La LOLF dispose à l'article 28 que « les recettes sont prises en compte au titre du budget de l'année au cours de laquelle elles sont encaissées par un comptable public » et que de façon équivalente « les dépenses sont prises en compte au titre du budget de l'année au cours de laquelle elles sont payées par les comptables assignataires ». Il est précisé que ce système vaut « quelle que soit la date de la créance ». La LOLF fait le choix du système de la gestion. Cette solution a le mérite de la simplicité. Ces règles valent pour la *comptabilisation des recettes et des dépenses budgétaires*. Parallèlement, une comptabilité distincte, désignée par la notion de *comptabilité générale de l'Etat*, repose sur un principe inverse de rattachement en fonction de « la constatation des droits et obligations » (article 30). La LOLF a donc innové en opérant le choix délibéré du système de la gestion, alors que la tradition française avait privilégié le système de l'exercice, puis sous l'égide de l'ordonnance organique du 2 janvier 1959 un système intermédiaire. Edgard Allix relevait déjà dans les années trente : « L'argument le plus impressionnant qu'on puisse faire valoir en faveur de la réforme, c'est que la France et la Belgique sont à peu près seules restées fidèles à la comptabilité d'exercice et que presque tous les autres pays ont adopté la gestion. »[129] En somme, la comptabilité publique est passée d'une logique budgétaire à une logique proprement comptable.

- Procédure budgétaire

La procédure de vote de la loi de finances reste fidèle à la pratique issue de l'ordonnance organique du 2 janvier 1959. L'article 34 de la LOLF précise la structure de la *loi de finances de l'année*. La première partie de la loi de finances contient les prévisions de recettes et d'équilibre budgétaire. Elle « autorise, pour l'année, la perception des ressources de l'Etat et des impositions de toutes natures affectées à des personnes morales autres que l'Etat » et « fixe les plafonds des dépenses du budget général et de chaque budget annexe, les plafonds des charges de chaque catégorie de comptes spéciaux ». Par ailleurs, elle « comporte l'évaluation de chacune des recettes budgétaires ». C'est pourquoi cette partie « arrête les données générales de l'équilibre budgétaire » et « comporte les autorisations relatives aux emprunts et à la trésorerie de l'Etat ». La seconde partie porte sur les autorisations de dépenses. Cette organisation de la loi de finances vise à garantir l'*équilibre budgétaire*, les dépenses ne pouvant être votées avant les recettes. L'article 42 de la LOLF précise en effet : « La seconde partie du projet de loi de finances de l'année et, s'il y a lieu, des projets de loi de finances rectificative ou de fin de gestion, ne peut être mise en discussion devant une assemblée avant l'adoption de la première partie. » Nous avons vu que l'équilibre budgétaire en droit public français n'implique guère de contrainte de fond. Ce principe induit cependant une conséquence de procédure. La structure de la loi de finances est donc l'expression procédurale de l'idée d'équilibre budgétaire.

L'article 35 de la LOLF détermine le régime des *lois de finances rectificatives* et des *lois de fin de gestion*, qui « sont présentées en partie ou en totalité dans les mêmes formes que la loi de finances de l'année ». Nous avons vu que l'idée d'une modification de la loi de finances ne va pas de soi. La notion de lois de finances

---

[129] Edgard Allix, *op. cit.*, p. 33.

rectificatives désigne les textes, également appelés en vertu d'une tradition administrative *collectifs budgétaires*, permettant de modifier la loi de finances de l'année en cours d'exercice. Elles peuvent être rendues nécessaires par des circonstances imprévues, comme dans le cas de la pandémie de Covid-19, mais la LOLF ne pose aucune condition juridique limitant la décision d'y recourir[130]. En ce qui concerne leur structure, la LOLF transpose à ces textes les exigences applicables à la loi de finances initiale. C'est ainsi que la loi de finances rectificative prévoit dans une première partie les « conditions générales de l'équilibre financier » et dans une seconde partie les « moyens des politiques publiques » notamment les nouvelles « autorisations budgétaires »[131].

L'article 37 de la LOLF détermine le régime de la *loi de règlement*, qui devient, dans le lexique de la loi organique n° 2021-1836 du 28 décembre 2021 relative à la modernisation de la gestion des finances publiques, « loi relative aux résultats de la gestion et portant approbation des comptes de l'année ». Nous avons vu la place stratégique de ce texte dans la philosophie financière originelle du parlementarisme. Elle concluait la dynamique dite des *quatre temps alternés* en exprimant le contrôle parlementaire sur l'exécution de la loi de finances. En pratique la loi de règlement n'a jamais accédé à la fonction correspondant à sa théorie. Il est significatif que la LOLF ait revalorisé la fonction de la loi de règlement en précisant son contenu et prévoyant qu'elle s'accompagne d'un ensemble d'informations annexées obligatoirement au projet. Cette évolution témoigne d'une volonté sous la Cinquième République de revenir à la philosophie originelle du parlementarisme. L'article 46 de la LOLF prévoit les modalités de dépôt du *projet de loi de règlement*. Le projet est déposé dans le cours de l'année suivant l'exercice budgétaire. Aux termes de la disposition le gouvernement dispose donc d'un délai de quatre mois pour réunir les informations relatives à l'exécution du budget. La procédure vise ici à garantir la bonne information du Parlement. La version initiale de l'article 46 de la LOLF prévoyait un dépôt du projet de loi de règlement avant le « 1er juin de l'année suivant celle de l'exécution du budget auquel il se rapporte ». Le délai laissé au gouvernement a été réduit d'un mois, la date limite étant désormais fixée au 1er mai. L'article 41 précise que « le projet de loi de finances de l'année ne peut être mis en discussion devant une assemblée avant le vote par celle-ci, en première lecture, sur le projet de loi relative aux résultats de la gestion et portant approbation des comptes de l'année afférent à l'année qui précède celle de la discussion dudit projet de loi de finances ». Les réformes successives visent ainsi à rendre à la loi de règlement sa fonction théorique.

---

[130] Le Conseil constitutionnel se contente de déduire des textes le monopole du gouvernement pour le dépôt d'un projet de loi de finances. Voir, par exemple, décision n° 2003-488 DC du 29 décembre 2003, *Loi de finances rectificative pour 2003*, considérant 4 et 5 : « si, en cours d'exercice, les grandes lignes de l'équilibre de la loi de finances s'écartent sensiblement des prévisions, il appartient au gouvernement de soumettre au Parlement un projet de loi de finances rectificative ; [...] l'absence de dépôt d'un projet de loi de finances rectificative en temps utile, si critiquable soit-elle, est sans effet sur la constitutionnalité de la loi déférée ».

[131] Dans le cadre de l'épidémie de Covid-19, le Parlement adopta quatre lois de finances rectificatives pour 2020 : loi n° 2020-289 du 23 mars 2020 ; loi n° 2020-473 du 25 avril 2020 ; loi n° 2020-935 du 30 juillet 2020 ; loi n° 2020-1473 du 30 novembre 2020.

La notion de loi de règlement remonte aux origines du droit budgétaire. La loi de règlement remplissait initialement une fonction de régularisation. L'article 32 du décret impérial de 1862 prévoyait déjà le triptyque *loi de finances de l'année, loi de finances rectificative, loi de règlement* : « Le budget général de l'Etat est présenté au Corps législatif avant l'ouverture de chaque exercice. Le budget peut être rectifié, s'il y a lieu, pendant le cours de l'exercice. Les opérations de régularisation postérieures à la clôture de l'exercice sont l'objet de propositions spéciales dans la loi de règlement. » L'article 107 du décret insistait sur l'autonomie de la loi de règlement : « Le règlement définitif des budgets est l'objet d'une loi particulière. » Dans la théorie budgétaire du XIXe siècle la loi de règlement devait, répétons-le, jouer un rôle essentiel en termes de contrôle sur l'exécutif. En pratique le rôle de la loi de règlement est cependant rapidement devenu relatif[132]. Edgard Allix remarquait sous la Troisième République : « La faute [...] incombe surtout au Parlement qui se désintéresse de cette loi, laisse sommeiller le projet dans les cartons et ne voit dans son vote qu'une formalité. »[133]

Le titre IV de la LOLF concrétise la procédure d'adoption de la *loi de finances de l'année* prévue à l'article 47 de la Constitution. L'article 38 pose le principe classique de la compétence de l'exécutif pour la préparation des *projets de lois de finances*. L'article 39 fixe la date de dépôt du projet de loi de finances, qui doit être « déposé au plus tard le premier mardi d'octobre de l'année qui précède celle de l'exécution du budget » en vue du respect du délai attribué au Parlement. Ces dispositions précisent donc le contenu du principe d'annualité. Si le principe de l'annualité de l'exercice budgétaire est généralement admis par les démocraties libérales, la date de début de l'exercice est variable selon les Etats[134]. Aux Etats-Unis la date retenue est le premier octobre. L'exercice budgétaire est en France traditionnellement aligné sur l'année civile, ce qui n'est pas précisé dans la Constitution.

L'article 40 de la LOLF concrétise l'article 39 de la Constitution en attribuant à l'Assemblée nationale la priorité pour examiner le projet de loi et établit les délais attribués respectivement à chacune des chambres. Après examen par chaque chambre, la LOLF renvoie à la procédure législative régie par l'article 45 de la Constitution. Le respect du délai dans lequel est enserrée la procédure est garanti par la sanction prévue par le troisième alinéa de l'article 47 de la Constitution et repris par l'article 40 de la LOLF. La LOLF prévoit un délai de vingt jours pour le Sénat au lieu du délai de 15 jours prévu par la Constitution. Ce délai est accordé pour le cas où l'Assemblée

---

[132] René Stourm, *op. cit.*, p. 606-623 ; Edgard Allix, *op. cit.*, p. 426-436.

[133] Edgard Allix, *op. cit.*, p. 430. Voir encore François Bonneville, « L'évolution du processus de règlement des comptes. De l'Ancien Régime à la Quatrième République », *Revue française de finances publiques*, n° 133, 2016, p. 333 et s. Les récents projets de loi de règlement du budget et d'approbation des comptes prennent surtout la forme d'un document promotionnel, exercice d'autosatisfaction d'un gouvernement destiné à sa majorité. Les projets de loi de règlement des années 2021 et 2022 ont été rejetés par les deux chambres. Le gouvernement n'a pas jugé utile d'engager la procédure de l'article 49, alinéa 3. Voir Jean-Pierre Camby, « Le rejet de la loi de règlement : un inédit à ne pas réitérer ! », *Revue française de finances publiques*, n° 160, 2022, p. 169 et s.

[134] Egard Allix, *op. cit.*, p. 43-46, évoque une loi du 27 décembre 1929 qui reporta l'ouverture de l'année financière au 1er avril 1930.

nationale se serait prononcée en moins de quarante jours. En cas de violation par le débat parlementaire du délai prévu par les textes, la mise en vigueur du projet de loi de finances peut être effectuée par voie d'ordonnance. Le Parlement se voit alors, comme il a été vu, dessaisi de sa compétence financière. L'article 42 de la LOLF impose le vote des recettes préalablement à celui des dépenses. Ce principe résulte de la structure du budget (article 34 de la LOLF). Il s'agit de l'expression procédurale du principe d'équilibre budgétaire. Le Conseil constitutionnel a consacré, comme cela a été vu, la valeur constitutionnelle de cet élément de procédure dans la fameuse décision 79-110 DC du 24 décembre 1979, *Loi de finances pour 1980*. L'article 43 détaille l'ordre des votes.

L'article 44 de la LOLF prévoit l'existence de *décrets de répartition*. Les autorisations prévues dans la loi de finances de l'année en matière de dépenses restent assez générales. Les décrets de répartition précisent les autorisations pour les services de l'Etat. Des *arrêtés de répartition* sont en outre pris par les ministres. Ce mécanisme de répartition remonte à l'origine du droit budgétaire français. Le décret impérial de 1862 disposait dans son article 54 : « [...] Le budget de chaque ministère est voté par sections [...]. La répartition par chapitres, des crédits accordés pour chaque section, est réglée par décret de l'Empereur rendu en conseil d'Etat. » L'article 60 prévoyait une répartition par articles par les ministres. Ces procédures demeurent aujourd'hui. Le Parlement dispose d'un contrôle sur la répartition des crédits à travers les annexes explicatives complétant le projet de loi de finances. Le gouvernement est, pour la répartition des crédits par décret, en situation de compétence liée. Les ministres disposent d'une plus large initiative pour les arrêtés de répartition. Les décrets de répartition sont adoptés immédiatement à la suite de l'entrée en vigueur de la loi de finances de l'années[135].

L'article 45 de la LOLF prévoit la procédure applicable en cas de retard dans le dépôt du projet de loi de finances. Dans une telle situation, qui peut être, par exemple, l'effet d'une dissolution de l'Assemblée nationale, la loi de finances de l'année risque de ne pas être votée avant le début de l'exercice. Les mécanismes de procédure permettent alors d'assurer la continuité financière. La LOLF précise ici la procédure examinée à l'occasion de l'article 47 de la Constitution. Le gouvernement peut faire voter la première partie de la loi de finances de l'année (« projet de loi partiel »), ou, à défaut, obtenir le vote d'une autorisation de percevoir les recettes fiscales (« projet de loi spéciale »). De la même façon, lorsque la loi de finances de l'année a été déclarée inconstitutionnelle, le gouvernement doit déposer un projet de loi visant à autoriser la perception des recettes fiscales (« projet de loi spéciale »). Si la loi de finances n'a pas été votée dans sa totalité, le gouvernement peut autoriser un ensemble de dépenses par voie de décrets. Ces dépenses sont désignées par la notion de *services votés*. La disposition précise que les services votés correspondent au « minimum de crédits que le gouvernement juge indispensable pour poursuivre l'exécution des services publics dans les conditions qui ont été approuvées l'année précédente par le Parlement », c'est-à-dire à la reconduction des dépenses antérieures. La LOLF a complété la

---

[135] Décret n° 2023-1327 du 29 décembre 2023 pris en application de l'article 44 de la loi organique n° 2001-692 du 1er août 2001 relative aux lois de finances au titre de la loi n° 2023-1322 du 29 décembre 2023 de finances pour 2024.

procédure antérieurement prévue par l'ordonnance organique du 2 janvier 1959, qui se limitait au cas du dépôt tardif du projet de loi de finances, en traitant l'hypothèse d'une censure de la loi de finances par le Conseil constitutionnel.

L'article 47 de la LOLF limite l'effet de l'irrecevabilité de l'article 40 de la Constitution dans le cadre de la procédure budgétaire. Là où la Constitution proscrivait la « diminution des ressources publiques » et « l'aggravation d'une charge publique », la LOLF prévoit que « tout amendement doit être motivé et accompagné des développements des moyens qui le justifient ». L'amendement peut, par exemple, créer des programmes à l'intérieur d'une mission en prélevant sur les autres programmes de la mission. Le Conseil constitutionnel, par la décision n° 2005-530 DC du 29 décembre 2005, *Loi de finances pour 2006*, interprète, au vingt-quatrième considérant, l'irrecevabilité de la façon suivante : « en vertu de la première phrase du deuxième alinéa du I de l'article 7 de la même loi organique : 'Une mission comprend un ensemble de programmes concourant à une politique publique définie' ; [...] son article 47, combiné avec les dispositions figurant à cet article 7, offre aux membres du Parlement la faculté nouvelle de présenter des amendements majorant les crédits d'un ou plusieurs programmes ou dotations inclus dans une mission, à la condition de ne pas augmenter les crédits de celle-ci ; [...] il résulte de ces dispositions que, comme le font valoir les requérants, une mission ne saurait comporter un programme unique ». Si les propositions d'amendement peuvent redistribuer les crédits entre programmes, la redistribution ne saurait aboutir à réduire la mission à un seul programme. La non-conformité à la LOLF est également instituée par l'article 47 en cause d'irrecevabilité.

Les articles 48 à 56 imposent au gouvernement des obligations relatives à l'information du Parlement. L'information du Parlement s'effectue à travers des rapports (articles 48, 50, 53 et 54) et des annexes à la loi de finances de l'année (articles 51), aux lois de finances rectificatives (article 53) ou à la loi de règlement (article 54). Les commissions parlementaires peuvent adresser au gouvernement des questions. Les articles 57 à 60 donnent des instruments supplémentaires de contrôle au bénéfice du Parlement. L'article 57 confie le suivi de l'exécution des lois de finances aux commissions permanentes spécialisées des chambres parlementaires (Commission des finances au Sénat, Commission des finances, de l'économie générale et du contrôle budgétaire à l'Assemblée nationale). L'article 58 attribue à la Cour de comptes la mission d'assister ces commissions[136].

Les articles 25 à 31 posent les bases de la comptabilité publique, qui sont précisées dans le décret n° 2012-1246 du 7 novembre 2012 relatif à la gestion budgétaire et comptable publique. Ils constituent donc le fondement du statut juridique du Trésor public. Les articles 25 et 26 définissent des attributions propres au Trésor public. Le Trésor est compétent pour l'administration des deniers publics et la gestion de la dette de l'Etat (article 25, 4°). Le régime juridique de la dette de l'Etat est soumis aux autorisations parlementaires, mais la mise en œuvre concrète est de la compétence du

[136] Sous la Troisième République les commissions parlementaires jouaient un rôle important. Gaston Jèze, *Traité de science des finances. Le Budget*, *op. cit.*, p. 207-229, évoque un « système mixte de l'initiative gouvernementale et de l'initiative parlementaire ».

Trésor. Les dispositions prévoient le principe de l'*unité de trésorerie* (article 25, 3° ; article 26, 3°)[137]. Celui-ci pose que le Trésor public administre les fonds de l'ensemble des collectivités publiques. Celles-ci sont désignées par la notion de « correspondants ». Parmi les fonds administrés par le Trésor on distingue donc ceux relevant de l'Etat et ceux relevant des *correspondants* du Trésor. Les correspondants sont les collectivités publiques (déposants obligés), tenues de déposer leur fond au du Trésor, à l'exception, notamment, des établissements publics industriels et commerciaux, ou d'autres entités telles que des Etats étrangers ou des entreprises (déposants contractuels). Nous reviendrons sur ces aspects à l'occasion de l'étude du décret n° 2012-1246 du 7 novembre 2012 relatif à la gestion budgétaire et comptable publique.

- Comparaison

La structure du droit budgétaire français ne diffère pas profondément du droit budgétaire des grandes démocraties libérales. On peut parler d'une culture commune à l'Etat de droit de l'Europe continentale issue du constitutionnalisme et du parlementarisme de la Restauration[138]. Ainsi l'article 110 de la Loi fondamentale allemande[139] donne-t-il valeur constitutionnelle aux grands principes du droit budgétaire également reconnus par le droit financier public français. On retrouve à l'alinéa premier les principes d'*unité* et d'*universalité*. On utilise encore la notion d'*exhaustivité* (*Vollständigkeit*). Le principe de *non-contraction* (*Brutto-Prinzip*) résulte du principe d'exhaustivité. Si l'alinéa 2 prévoit la possibilité d'une pluriannualité, principe d'*annualité* prévaut en pratique. La disposition prévoit encore l'interdiction des *cavaliers budgétaires* à l'alinéa 4, à savoir la proscription de dispositions étrangères à la loi de finances. Nombre d'éléments relevant en France de la LOLF sont donc élevés en Allemagne au plan constitutionnel. Au niveau fédéral le détail de l'application est précisé par l'« ordonnance fédérale sur le budget de l'Etat » (*Bundeshaushaltsordnung - BHO*), notamment le principe de *non-affectation* (§ 8) et le principe de *spécialité* (§ 45). Signalons que le droit budgétaire allemand reconnaît également un principe d'*économie* (*Sparsamkeit*, § 7) qui suppose qu'entre plusieurs possibilités d'action une administration doit choisir la moins coûteuse. Ajoutons que le fédéralisme allemand implique l'autonomie du droit budgétaire des Etats régionaux allemands (*Länder*). Les droits budgétaires fédéral et régionaux sont toutefois unis par des principes communs garantis par une « loi sur les principes fondamentaux du droit budgétaire de la Fédération et des Länder » (*Haushaltsgrundsätzegesetz - HGrG*) issue d'une réforme financière de 1969. Les grands principes du droit budgétaire sont formulés de façon identique dans l'ordonnance fédérale sur le budget de l'Etat et dans la loi sur les principes fondamentaux du droit budgétaire de la fédération et les Länder[140].

---

[137] Xavier Cabannes, *Le principe de l'unité de trésorerie en droit public financier*, Paris : LGDJ, 2000.

[138] Voir Hugues Rabault, *L'Etat entre théologie et technologie*, *op. cit.*, p. 55-56 et 235-242.

[139] S'agissant du droit budgétaire allemand nous renvoyons à Hugues Rabault, « Le droit public financier allemand. Un aperçu comparatiste », *op. cit.*

[140] Cette loi, coordonnant les constitutions financières fédérale et des Etats fédérés, pose un singulier problème en termes de hiérarchie des normes. Ce n'est cependant pas le lieu de détailler cette question théorique.

Loi fondamentale allemande, article 110 [Budget de la Fédération] (1) [1]Toutes les recettes et dépenses de la Fédération doivent être inscrites au budget ; dans le cas des entreprises fédérales à gestion commerciale et des patrimoines à affectation spéciale, il suffit d'inscrire les crédits venant du budget général ou les versements au budget général. [2]Les recettes et les dépenses doivent s'équilibrer. (2) [1]Le budget est établi sur une base annuelle pour une ou plusieurs années budgétaires et arrêté par la loi de finances avant le début de la première année. [2]Il peut être prévu que certaines parties du budget valent pour des durées différentes, divisées en années budgétaires. (3) Conformément à l'alinéa 2, 1ère phrase, le projet de loi de finances ainsi que les projets de loi de finances rectificative et les projets de rectification du budget sont déposés au Bundestag en même temps qu'ils sont transmis au Bundesrat ; le Bundesrat est en droit de prendre position sur ces projets dans un délai de six semaines, réduit à trois semaines pour les projets rectificatifs. (4) [1]La loi de finances ne doit contenir que des dispositions se rapportant aux recettes et aux dépenses de la Fédération et à la période pour laquelle elle est adoptée. [2]La loi de finances peut prévoir que ses dispositions ne deviendront caduques qu'avec la promulgation de la loi de finances suivante, ou à une date ultérieure en cas d'autorisation dans le cadre de l'article 115.

L'alinéa 2 de l'article 110 de la Loi fondamentale[141] prévoit la composante du principe d'annualité que constitue le principe d'*antériorité*. Cependant il résulte également de l'article 110 que la loi de finances ne peut prendre la forme que d'une loi fédérale. Une délégation de la compétence législative, et donc l'adoption du budget sous forme d'un règlement ou d'une ordonnance, sont exclues. Selon une expression de la doctrine, le Parlement reste « maître du budget ». La constitution financière allemande ne tolèrerait donc pas la menace à l'encontre du Parlement résultant de l'article 47 de la Constitution de 1958. Si la Cour constitutionnelle fédérale considère l'infraction au principe d'antériorité comme une violation des obligations constitutionnelles, elle n'en déduit pas pour autant l'inconstitutionnalité de la loi de finances en cause. Dans une décision importante de 1977 la Cour relevait que si la compétence pour établir le budget appartient exclusivement au législateur, la pratique aboutissait à ce que ce le budget fût alors voté avec un retard moyen d'environ six mois[142].

L'article 134 de la Constitution espagnole de 1978[143] est également un résumé du fond constitutionnel commun aux finances publiques européennes. On y retrouve le principe de l'*initiative exécutive* en matière financière combiné avec celui du *contrôle parlementaire* (alinéa 1), les principes d'*annualité*, d'*unité* et d'*universalité* (alinéa 2). Le principe d'*antériorité* est garanti par l'obligation incombant à l'Etat de déposer le projet de loi de finances de l'année au moins trois mois avant l'expiration du budget de l'année précédente (alinéa 3). Toutefois si le budget n'est pas adopté au début de l'exercice la Constitution prévoit un mécanisme de prorogation des autorisations antérieures en sorte de garantir la *continuité financière de l'Etat* (alinéa 4). Comme en Allemagne, si le gouvernement peut proposer une modification du budget entraînant l'augmentation des dépenses, les initiatives parlementaires équivalentes supposent l'accord de l'exécutif (alinéa 5 et 6).

---

[141] Source : BIJUS - Centre juridique franco-allemand, Université de la Sarre.
[142] BVerfGE 45, 1/33, décision précitée.
[143] Source : Digithèque MPJ.

Constitution espagnole de 1978, article 134 1. Il incombe au gouvernement d'élaborer le budget général de l'État, et aux Cortès générales de l'examiner, de l'amender et de l'adopter. 2. Le budget général de l'État a un caractère annuel ; il inclut la totalité des dépenses et des recettes du secteur public d'État, et dans celles-ci on mentionnera le montant des avantages fiscaux qui affectent les impôts de l'État. 3. Le gouvernement doit présenter le budget général de l'État devant le Congrès des députés au moins trois mois avant l'expiration du budget de l'année précédente. 4. Si la loi de finances n'est pas adoptée le premier jour de l'exercice budgétaire correspondant, on considère que le budget de l'année précédente est automatiquement prorogé jusqu'à l'adoption du nouveau. 5. Lorsque le budget général de l'État est adopté, le gouvernement peut présenter des projets de loi qui entraînent une augmentation des dépenses publiques ou une diminution des recettes correspondant au même exercice budgétaire. 6. Toute proposition de loi ou tout amendement qui suppose une augmentation des crédits ou une diminution des recettes budgétaires exige l'accord du gouvernement pour être examiné. 7. La loi de finances ne peut créer d'impôts. Elle peut les modifier lorsqu'une loi fiscale spécifique le prévoit ainsi.

Le droit budgétaire des organisations internationales s'inspire du droit budgétaire des Etats. Cela témoigne de la dimension transnationale de la constitution financière. Ainsi le Traité sur le fonctionnement de l'Union européenne prévoit-il en son article 310, paragraphe premier, les principes d'*unité*, d'*universalité* et d'*équilibre* budgétaire. Les articles 310, paragraphe 2, et 313 posent le principe d'*annualité*. Néanmoins l'article 315 prévoit la procédure applicable en cas de violation du principe d'*antériorité*. Le mécanisme repose sur la reconduction mensuelle des crédits de l'année antérieure par douzièmes. Le droit budgétaire français admettait ce type de technique avant 1958 sous la dénomination *douzièmes provisoires*[144]. L'article 316 reconnaît le principe de *spécialité*. La spécialisation s'effectue au sein du budget par *chapitre*. Par dérogation au principe d'annualité cette disposition reconnaît également la possibilité de reports de crédits d'un exercice sur le suivant.

Traité sur le fonctionnement de l'Union européenne

Article 310 (ex-article 268 TCE)

1. Toutes les recettes et les dépenses de l'Union doivent faire l'objet de prévisions pour chaque exercice budgétaire et être inscrites au budget.
Le budget annuel de l'Union est établi par le Parlement européen et le Conseil conformément à l'article 314.
Le budget doit être équilibré en recettes et en dépenses.
2. Les dépenses inscrites au budget sont autorisées pour la durée de l'exercice budgétaire annuel en conformité avec le règlement visé à l'article 322.
3. L'exécution de dépenses inscrites au budget requiert l'adoption préalable d'un acte juridiquement contraignant de l'Union qui donne un fondement juridique à son action et à l'exécution de la dépense correspondante en conformité avec le règlement visé à l'article 322, sauf exceptions prévues par celui-ci.
4. En vue d'assurer la discipline budgétaire, l'Union n'adopte pas d'actes susceptibles d'avoir des incidences notables sur le budget sans donner l'assurance que les dépenses découlant de ces actes peuvent être financées dans la limite des ressources propres de l'Union et dans le respect du cadre financier pluriannuel visé à l'article 312.

[144] Le mécanisme est décrit par Edgard Allix, *op. cit.*, p. 218-227, et Gaston Jèze, *Traité de science des finances. Le Budget*, *op. cit.*, p. 512-524.

5. Le budget est exécuté conformément au principe de la bonne gestion financière. Les États membres et l'Union coopèrent pour que les crédits inscrits au budget soient utilisés conformément à ce principe.
6. L'Union et les États membres, conformément à l'article 325, combattent la fraude et toute autre activité illégale portant atteinte aux intérêts financiers de l'Union.

Article 313 (ex-article 272, paragraphe 1, TCE)

L'exercice budgétaire commence le 1er janvier et s'achève le 31 décembre.

Article 315 (ex-article 273 TCE)

Si, au début d'un exercice budgétaire, le budget n'a pas encore été définitivement adopté, les dépenses peuvent être effectuées mensuellement par chapitre, d'après les dispositions du règlement pris en exécution de l'article 322, dans la limite du douzième des crédits ouverts au chapitre en question du budget de l'exercice précédent, sans pouvoir dépasser le douzième des crédits prévus au même chapitre dans le projet de budget.
Le Conseil, sur proposition de la Commission, peut, sous réserve que les autres conditions fixées au premier alinéa soient respectées, autoriser des dépenses excédant le douzième, conformément au règlement pris en exécution de l'article 322. Il transmet immédiatement sa décision au Parlement européen.
La décision visée au deuxième alinéa prévoit les mesures nécessaires en matière de ressources pour l'application du présent article, dans le respect des actes visés à l'article 311.
Elle entre en vigueur trente jours après son adoption si, dans ce délai, le Parlement européen, statuant à la majorité des membres qui le composent, ne décide pas de réduire ces dépenses.

Article 316 (ex-article 271 TCE)

Dans les conditions qui seront déterminées en application de l'article 322, les crédits, autres que ceux relatifs aux dépenses de personnel, qui seront inutilisés à la fin de l'exercice budgétaire pourront faire l'objet d'un report qui sera limité au seul exercice suivant.
Les crédits sont spécialisés par chapitres groupant les dépenses selon leur nature ou leur destination, et subdivisés conformément au règlement pris en exécution de l'article 322.
Les dépenses du Parlement européen, du Conseil européen et du Conseil, de la Commission, ainsi que de la Cour de justice de l'Union européenne font l'objet de parties séparées du budget sans préjudice d'un régime spécial pour certaines dépenses communes.

- La « règle d'or » des finances publiques et ses acceptions

Suite de la crise financière de 2008 et des mesures adoptées par l'Union européenne, un Traité sur la stabilité, la coordination et la gouvernance (TSCG) fut signé le 2 mars 2012 par vingt-cinq Etats membres de l'Union. Il entra en vigueur le 1er janvier 2013. Il amena la France à renforcer le principe d'équilibre budgétaire par la loi organique n° 2012-1403 du 17 décembre 2012 relative à la programmation et à la gouvernance des finances publiques[145]. Ce texte contenait les mesures destinées à une meilleure maîtrise du déficit public. Cette réforme correspondait à l'idée d'un « frein à l'endettement » (Allemagne), à ce qu'on appelle encore la « règle d'or budgétaire ». Notons que l'expression latine *regula aurea* désigne la clef de voûte d'un système normatif, telle que la règle de réciprocité dans les relations éthiques (« Ne fais pas à

145 Voir *Revue française des finances publiques*, n° 117, 2012, numéro consacré à l'équilibre budgétaire.

autrui ce que tu ne voudrais pas qu'il te fît. »). L'idée d'une « règle d'or » d'équilibre signifie que, sur le long terme, un budget ne saurait être conçu autrement qu'en équilibre. Les déséquilibres ponctuels doivent s'inscrire dans le contexte d'un équilibre général, d'un équilibre dynamique. En d'autres termes, parmi les principes classiques du droit budgétaire, le principe d'équilibre tient une place singulière. Les grands principes du droit budgétaire sont au service du principe d'équilibre, garant de la *confiance* du marché financier envers l'Etat. Le principe d'équilibre représente donc la fonction même du droit des finances publiques, il incarne la téléologie du droit budgétaire et comptable[146].

La notion d'équilibre connaît diverses acceptions. Dans l'orthodoxie libérale, l'équilibre s'entend d'abord comme stricte *identité de montant entre les recettes et les dépenses*. Dans cette version de l'idée d'équilibre, la théorie budgétaire exclut aussi bien le déficit que l'excédent budgétaire, l'Etat ne pouvant prendre sur l'économie que les ressources indispensables à son fonctionnement[147]. Une conception plus vague implique la distinction entre budget de fonctionnement et budget d'investissement. Le budget de fonctionnement est régi par un principe d'équilibre strict, alors que l'emprunt n'est permis que pour les dépenses d'investissement. Ce type d'équilibre est exigé en France du budget des collectivités territoriales, dans lequel les ressources d'emprunt doivent être réservées à la section d'investissement (Code général des collectivités territoriales, article L. 1612-4). Nous avons vu que cette conception de

[146] Charles-Louis-Gaston d'Audiffret, *Système financier de la France*, *op. cit.*, p. 125, concluait son rapport, relatif au texte destiné à devenir le décret impérial de 1862, au ministre Achille Fould, dans ces termes : « J'ai, en conséquence, l'honneur de soumettre à Votre Excellence un projet de décret qui offre à la sécurité des créanciers de l'Etat et à la confiance du pays un nouveau témoignage du bon ordre, de l'indépendance des contrôles et de la clarté de la comptabilité publique. » Pourquoi l'Etat accepte-t-il, à une époque encore assez livrée à l'autoritarisme, la contrainte du droit financier public ? Comme le remarquaient le baron Louis et le marquis d'Audiffret, inspirateurs du droit financier public français, c'est parce qu'il a besoin, dans tous les sens de ce terme, de *crédit*. En termes modernes, nous dirons que l'Etat est tributaire des marchés financiers. L'autolimitation juridique de l'Etat est un effet de l'acceptation de la différenciation entre économie et politique et donc des limites financières de la souveraineté. D'un point de vue financier, le véritable souverain est celui qui peut se permettre la banqueroute. Or la banqueroute porte atteinte au crédit de l'Etat, c'est-à-dire qu'elle lui aliène durablement les ressources du marché financier. La soumission au droit financier public, l'autolimitation de l'Etat en matière financière, permet de concilier la souveraineté politique et les lois de la finance.

[147] Notons que l'orthodoxie libérale n'a jamais exclu l'emprunt en ce sens que l'équilibre strict est toujours menacé par des circonstances exceptionnelles telles que les conflits militaires. Voir Adam Smith, *An Inquiry into the Nature and Causes of the Wealth of Nations. A Selected Edition*, Oxford University Press, 1998, p. 455-464. Le déficit keynésien n'est ainsi pas en contradiction avec l'orthodoxie libérale dans le sens où il étend l'idée de circonstances exceptionnelles aux phénomènes de crise économique. Selon John Maynard Keynes, *Théorie générale de l'emploi, de l'intérêt et de la monnaie* (1936), Paris : Payot, 2005, notamment p. 421, le déficit se justifie en termes de « résorption des stocks » dus à « l'insuffisance de la demande effective ». Cette conception présuppose un équilibre naturel de l'économie bloqué par des facteurs contingents. Pour une présentation des critiques de l'axiome libéral de l'équilibre naturel de l'économie, voir Hugues Rabault, « L'ordolibéralisme : vers un constitutionnalisme économique ? », *Revue française de droit constitutionnel*, n° 120 (supplément électronique), 2019/4, p. e91-e101.

l'équilibre a pu fonder des atteintes au principe d'unité budgétaire. Les budgets extraordinaires ou les comptes spéciaux se justifient, notamment, par l'idée d'opérations à caractère temporaire, par l'attente à moyen ou long terme d'un retour sur investissement. Le droit des finances publiques allemand a abandonné en 2009, dans sa théorie de l'équilibre, le lien entre endettement et investissement[148]. L'une des raisons de cette évolution est l'impossibilité de donner une consistance juridique concrète à la notion d'investissement[149]. Des règles d'équilibre peuvent enfin reposer sur un ratio d'endettement en fonction de paramètres économiques, tels qu'un pourcentage de la dette publique ou du déficit par rapport au PIB, comme dans le cas des « critères de Maastricht ». Ici surgit l'ambition d'un déficit contrôlé.

- Le dispositif juridique

Les critères de convergence, ou « critères de Maastricht », sont fondés sur des indicateurs économiques que doivent respecter les pays membres de l'Union européenne candidats à l'entrée dans la zone euro. Ces critères furent établis lors du traité de Maastricht en 1992. Les quatre critères furent posés dans l'article 121 du Traité instituant la Communauté européenne, et sont aujourd'hui inscrits au paragraphe premier de l'article 140 du Traité sur le fonctionnement de l'Union européenne (TFUE). Ils imposent la maîtrise de l'inflation – stabilité des prix –, de la dette publique et du déficit public, la stabilité du taux de change et la convergence des taux d'intérêt. Dans ce contexte la notion d'équilibre budgétaire correspond, dans des circonstances normales, à un déficit public annuel n'excédant pas 3 % du PIB et une dette publique cumulée ne dépassant pas 60 % du PIB.

La loi organique n° 2012-1403 du 17 décembre 2012 relative à la programmation et à la gouvernance des finances publiques est une transposition (article 1) dans les finances publiques nationales du Pacte de stabilité et de croissance (le Traité sur la stabilité, la coordination et la gouvernance, entré en vigueur le 1er janvier 2013). Celui-ci concrétise les articles 121 et 126 du Traité sur le fonctionnement de l'Union européenne. L'actuel Traité sur la stabilité, la coordination et la gouvernance au sein de l'Union économique et monétaire fait suite au « six-pack », ensemble de cinq règlements et d'une directive adoptés en 2011, renforcé par le « two-pack » entré en vigueur en 2013. Une surveillance multilatérale des Etats membres de la zone euro et une procédure menée par la Commission en cas de déficits excessifs sont prévues. Le taux du déficit excessif est fixé à 3 % du PIB par an, sauf circonstances exceptionnelles. La Commission adresse un avertissement à l'État concerné, puis suggère au Conseil « Affaires économiques et financières » (Ecofin), composé des ministres de l'économie et des finances de tous les États membres, d'adresser à l'Etat défaillant une recommandation. Celle-ci doit être approuvée à la majorité qualifiée. La Cour de justice de l'Union européenne peut également être saisie. Si l'État ne met

---

[148] Voir Christoph Gröpl, « Le 'frein à l'endettement' en tant que partie de la constitution économique de l'Etat fédéral, des Etats fédérés et des collectivités locales en Allemagne », *Politeia*, n° 34, 2018, p. 323-337. Voir p. 327-328.

[149] Pour nombre de domaines, comme l'éducation, la recherche, etc., la distinction entre investissement et fonctionnement est incertaine. De façon presque sophistique, la relance de la consommation en tant que levier de croissance peut être théorisée comme une manière d'investissement.

pas fin à la situation de déficit excessif dans les délais impartis, le Conseil est habilité à prendre des sanctions.

La loi organique n° 2012-1403 du 17 décembre 2012 relative à la programmation et à la gouvernance des finances publiques a fixé le cadre procédural et le contenu de la *loi de programmation des finances publiques*. La loi organique n° 2021-1836 du 28 décembre 2021 relative à la modernisation de la gestion des finances publiques intègre le dispositif ainsi institué à la LOLF à travers les nouveaux articles 1 A à 1 K. Cette évolution est importante car elle renforce le statut de constitution financière, au sens formel, de la LOLF. La loi de programmation des finances publiques s'ajoute aux lois de finances évoquées précédemment et doit les encadrer, mais elle n'est pas une loi de finances au sens de la Constitution. Son statut demeure celui de loi ordinaire[150]. La loi de programmation des finances publiques contient des objectifs à moyen terme, elle prévoit des « trajectoires » en termes de soldes (article 1 A). Elle établit des plafonds de dépenses (article 1 B). Contrairement à la loi de finances, elle repose sur un principe de pluriannualité (article 1 C). La loi de programmation des finances publiques suppose de renforcer le dispositif destiné à l'information du Parlement (article 1 E). De même, le principe de sincérité se trouve étendu à la loi de programmation des finances publiques (article 1 G). La LOLF garantit la coordination entre la loi de programmation des finances publiques et les lois de finances en imposant des références, dans les lois de finances, au contenu de la loi de programmation des finances publiques (articles 1 H à 1 I)[151]. De même encore, la LOLF intègre à la procédure parlementaire le contrôle des autorités européennes sur les finances publiques nationales (article 1 K).

La catégorie des lois de programmation des finances publiques est le produit de la modification de l'article 34 de la Constitution par la loi constitutionnelle n° 2008-724 du 23 juillet 2008 de modernisation des institutions de la Cinquième République[152]. La nouvelle disposition intégrée à la Constitution ne contenait pas l'expression de « loi de programmation des finances publiques », mais elle est à l'origine de l'adoption, dès 2009, de ce type de loi. La loi organique n° 2012-1403 du 17 décembre 2012 relative à la programmation et à la gouvernance des finances publiques a donc intégré les lois de programmation des finances publiques au dispositif de transposition en droit interne de la contrainte européenne sur le droit budgétaire national. Une question fondamentale consiste dans la force normative de la loi de programmation des finances publiques. L'introduction de ce type de loi ne crée pas de degré supplémentaire dans la hiérarchie des normes. Ainsi la loi n° 2018-32 du 22 janvier 2018 de programmation des finances publiques pour les années 2018 à 2022 n'a-t-elle pas empêché l'accroissement brutal, qu'elle n'avait pas prévu, du déficit de l'exercice 2020. L'adoption des quatre lois de finances rectificatives répondant à la pandémie de

---

[150] Conseil constitutionnel, décision n° 2023-857 DC du 14 décembre 2023, *Loi de programmation des finances publiques pour les années 2023 à 2027*.

[151] Notons l'importance pratique de l'« article liminaire présentant un tableau de synthèse » des prévisions des soldes ou des soldes que doivent comprendre les lois de finances de l'année, les lois de finances rectificatives (article 1 H) ou la loi de règlement (article 1 I).

[152] « Les orientations pluriannuelles des finances publiques sont définies par des lois de programmation. Elles s'inscrivent dans l'objectif d'équilibre des comptes des administrations publiques. »

Covid-19 n'a pas non plus nécessité une modification de la loi de programmation des finances publiques. La relation entre loi de programmation des finances publiques et lois de finances est donc moins juridique que politique. La loi de programmation des finances publiques constitue un engagement, un gage destiné à garantir la confiance des investisseurs, de l'Union européenne et des Etats partenaires de la France.

Les articles 11 à 22 de la loi organique n° 2012-1403 du 17 décembre 2012 relative à la programmation et à la gouvernance des finances publiques créaient une autorité indépendante, le Haut Conseil des finances publiques[153]. Ce dispositif a été intégré à la LOLF par la loi organique n° 2021-1836 du 28 décembre 2021 relative à la modernisation de la gestion des finances publiques. Il se trouve inscrit aux articles 61 et 62 de la LOLF. L'organe est composé de personnalités spécialisées, c'est un organe expert. La LOLF précise à l'article 61 la procédure de désignation des membres du Haut Conseil, les compétences de cet organe et les voies de saisine, son mode de fonctionnement, etc. L'article 62 exprime la fonction du Haut Conseil, qui consiste d'abord à permettre la formulation d'un avis objectif en ce qui concerne la relation entre l'exécution des lois de finances et les « orientations [...] définies dans la loi de programmation des finances publiques ». Le Haut Conseil exerce une fonction d'alerte en cas d'écart entre les finances publiques nationales et les objectifs fixés par le droit de l'Union. Comme la Cour des comptes par ses rapports, le Haut Conseil des finances publiques n'exerce pas, à travers ses avis, une fonction strictement juridique. Il ne dispose d'aucun pouvoir de sanction. Il contribue cependant utilement à la transparence des finances publiques par le point de vue critique qu'il apporte. Il limite la propension gouvernementale à enjoliver la présentation de la situation financière et les résultats de la politique budgétaire.

- L'encadrement juridique du déficit

Du point de vue du droit budgétaire, la loi organique n° 2012-1403 du 17 décembre 2012 relative à la programmation et à la gouvernance des finances publiques constituait avant tout un renforcement du principe d'*équilibre budgétaire* (article premier de la LOLF). Au centre du dispositif se trouve l'existence d'un organe indépendant, le Haut Conseil des finances publiques, destiné à instituer un autocontrôle des finances publiques nationales. On constate néanmoins qu'au plan juridique la loi organique ne renforce guère la contrainte en termes d'équilibre. Le dispositif actuel ne comporte ni limite du point de vue d'une définition restrictive de la notion d'équilibre, ni distinction entre dépenses de fonctionnement et dépenses d'investissement. A la différence de la France, l'Allemagne a adopté un mécanisme proprement juridique, désigné par la notion de « frein à l'endettement » (*Schuldenbremse*)[154]. Les règles d'équilibre peuvent ainsi faire l'objet d'un contrôle de constitutionnalité[155]. Le mécanisme de frein à l'endettement a été transposé de

[153] Voir Julien Béal-Long, « Le Haut Conseil des Finances Publiques, une institution sans influence ? », *Revue française de finances publiques*, n° 162, 2023, p. 95 et s.

[154] Voir David Capitant, « Le frein à la dette en Allemagne », *Revue française des finances publiques*, n° 117, 2012, p. 149 et s.

[155] Comme en témoigne le retentissant arrêt du 15 novembre 2023 (2 BvF 1/22) de la Cour constitutionnelle fédérale censurant une loi de finances additionnelle réaffectant des crédits ouverts dans le cadre de la pandémie de Covid-19 (exercice 2021) à un « Fonds énergie-

façon diverse dans les constitutions des Etats fédérés (*Länder*)[156]. On peut parler alors d'une juridicisation du principe d'équilibre[157].

Loi fondamentale allemande, article 109, alinéa 3 : (3) [1]Les budgets de la Fédération et des Länder doivent être par principe équilibrés sans les recettes provenant des emprunts. [2]La Fédération et les Länder peuvent prévoir des règles tendant à prendre en compte de façon symétrique en période de croissance et de récession les effets d'une évolution anormale de la conjoncture ainsi que des règles exceptionnelles en cas de catastrophe naturelle ou de situations exceptionnelles d'urgence qui échappent au contrôle de l'État et qui compromettent considérablement les finances publiques. [3]Pour les règles exceptionnelles, des règles corrélatives de remboursement doivent être prévues. [4]Pour le budget fédéral, l'article 115 fixe les modalités de ces règles, étant entendu qu'il est satisfait à la phrase 1 lorsque les recettes provenant des emprunts ne dépassent pas 0,35 pour cent du produit national brut. [5]Pour les budgets des Länder, ceux-ci fixent les règles dans le cadre de leurs compétences constitutionnelles, étant entendu qu'il n'est satisfait à la phrase 1 que si aucune recette provenant d'emprunts n'est admise.

La théorie du « frein à l'endettement » s'enracine dans l'histoire des institutions de la République fédérale d'Allemagne[158]. La théorie de l'équilibre budgétaire en Allemagne reposa d'abord sur l'idée que l'emprunt ne devait financer que les dépenses d'investissement. L'article 87 de la Constitution de Weimar disposait déjà : « Des ressources ne peuvent être créées par la voie du crédit que pour faire face à des besoins extraordinaires et en règle générale que pour des dépenses à but productif. » La Loi fondamentale de 1949 fut modifiée dans le même sens par la loi de réforme du budget du 12 mai 1969. L'article 115 de la Loi fondamentale[159] disposa alors : « Le produit des emprunts ne peut pas dépasser la somme des investissements prévus dans le budget ». Cette règle ne parvint pas à limiter le déficit et cela tient notamment au flou de la notion d'investissement. La théorie keynésienne contribua à une interprétation extensive de cette notion. L'échec des politiques budgétaires anticycliques manifesta l'incapacité à maîtriser le déficit public sur la base d'une telle conception de l'équilibre budgétaire. Cela explique qu'une réforme substantielle fut adoptée le 29 juillet 2009, inscrite aux articles 109, alinéa 3, et 115 de la Loi fondamentale. Ces dispositions privilégient une restriction quantitative du déficit, à laquelle il peut être dérogé notamment en cas de situation économique détériorée, en sorte que l'emprunt soit remboursé de façon symétrique, ou en cas de catastrophe naturelle ou de situation d'urgence exceptionnelle. Le déficit ainsi autorisé est réservé à l'Etat fédéral. Le dispositif fut mis en vigueur pour l'Etat fédéral en 2016 et est entré en vigueur en 2020 pour les Etats fédérés. A la différence du principe d'équilibre de la LOLF, le mécanisme allemand, c'est le point qu'il convient de souligner, implique

climat ». La Cour relève plusieurs motifs d'inconstitutionnalité, notamment une atteinte au principe d'annualité qui induit une violation du dispositif du « frein à l'endettement ».

[156] Voir, par exemple, Christoph Gröpl, *Die 'Schuldenbremse' im Freistaat Sachsen*, Baden-Baden : Nomos, 2014.

[157] Voir encore Jérôme Germain, « Les moyens juridiques de la limitation des dépenses locales en Allemagne », *Revue française de finances publiques*, n° 137, 2017, p. 141 et s.

[158] Voir Christoph Gröpl, « Le 'frein à l'endettement' en tant que partie de la constitution économique de l'Etat fédéral, des Etats fédérés et des collectivités locales en Allemagne », *op. cit.*

[159] Source : BIJUS - Centre juridique franco-allemand, Université de la Sarre.

donc une contrainte juridique, susceptible d'un contrôle juridictionnel de constitutionnalité. C'est ainsi que la mise en place par l'Etat fédéral d'un « fond spécial pour l'armée fédérale » d'un montant maximal de crédits de 100 milliards d'euros pour « renforcement de la capacité d'alliance et de défense » de la République fédérale a nécessité la modification de l'article 87a de la Loi fondamentale par la loi constitutionnelle du 28 juin 2022[160].

En somme, la loi organique n° 2012-1403 du 17 décembre 2012 relative à la programmation et à la gouvernance des finances publiques évite une véritable « juridicisation » du principe d'équilibre budgétaire. L'équilibre budgétaire ne constitue pas dans le droit budgétaire français une norme juridique au sens strict, à savoir une prescription conditionnelle munie d'une sanction. Le texte évite soigneusement d'introduire le contrôle juridictionnel dans le contrôle de l'équilibre financier. Le Haut Conseil des finances publiques fait partie des institutions au statut souvent équivoque qu'on désigne par la notion d'autorité indépendante. Il endosse une fonction d'expertise et son rôle revêt une nature consultative. En d'autres termes, poussée par l'Union européenne à se préoccuper d'équilibre budgétaire, la France a transposé ses obligations, tout en évitant de leur donner un effet juridique concret et contraignant.

§ 4 – Le décret n° 2012-1246 du 7 novembre 2012 relatif à la gestion budgétaire et comptable publique

- Un texte fondamental de forme réglementaire

Le décret n° 2012-1246 du 7 novembre 2012 relatif à la gestion budgétaire et comptable publique est le second texte en importance, après la LOLF, pour les finances publiques françaises. L'adoption de ce décret permettait d'adapter la comptabilité publique au droit budgétaire réformé par la LOLF. Les visas du décret renvoient aux articles 37 et 47-2 de la Constitution. Nous avons vu que l'article 47-2 est le fondement constitutionnel de la *comptabilité publique*. Renvoyant à l'article 37 de la Constitution, le décret de 2012 apparaît comme relevant du *pouvoir règlementaire autonome* et n'exige donc pas de base législative[161]. C'est pourquoi ce texte, malgré son importance, prend la forme d'un décret et non d'une loi. La comptabilité publique relève en d'autres termes de l'organisation interne de l'Etat et plus précisément du Trésor public. Elle forme, en quelque sorte, la *constitution du Trésor public*. A la différence de la comptabilité publique, la comptabilité privée relève de la compétence du législateur au titre « du régime de la propriété, des droits réels et des obligations civiles et commerciales » (article 34 de la Constitution).

La comparaison avec l'Allemagne est riche d'enseignements. L'article 108 de la Loi fondamentale[162] répartit les compétences respectives de l'Etat fédéral et des Etats

---

[160] Voir *supra* note 79.

[161] Décision n° 2015-256 L du 21 juillet 2015, *Nature juridique de dispositions relatives à divers organismes*, deuxième considérant.

[162] Source : BIJUS - Centre juridique franco-allemand, Université de la Sarre.

fédérés en matière d'administration de l'impôt[163]. Dans le système fédéral existe nécessairement une compétence des Etats fédérés en termes d'organisation financière. L'Allemagne ignore donc le principe d'*unité de trésorerie*. Cela implique l'existence en Allemagne d'un double niveau de trésorerie, où cohabitent le Trésor public fédéral et, pour chaque Etat fédéré, le Trésor public régional, voire encore, le cas échéant, selon les législations régionales, une trésorerie communale. Cette situation exige néanmoins une harmonisation administrative. Une telle harmonisation ne saurait relever du pouvoir règlementaire précisément du fait qu'elle implique un accord entre l'échelon fédéral et l'échelon régional. C'est pourquoi l'organisation de la trésorerie nationale nécessite en Allemagne un fondement législatif. Cette rapide comparaison permet d'insister sur l'importance de l'organisation du Trésor dans l'Etat moderne. Quoique de forme règlementaire, le décret de 2012 relatif à la gestion budgétaire et comptable publique revêt au sens matériel une dimension proprement législative, voire constitutionnelle.

Loi fondamentale allemande, article 108 [Administration financière] (1) [1]Les droits de douane, les monopoles fiscaux, les impôts de consommation régis par la législation fédérale, y compris l'impôt sur le chiffre d'affaires à l'importation, les impôts sur les véhicules à moteur et autres impôts sur les moyens de transport motorisés qui sont perçus à partir du 1er juillet 2009, ainsi que les taxes et prélèvements opérés dans le cadre des Communautés européennes sont gérés par les administrations fédérales des finances. [2]Une loi fédérale définit l'organisation de ces administrations. [3]Dans la mesure où des autorités administratives de niveau intermédiaire sont instituées, leurs directeurs seront nommés après consultation des gouvernements des Länder. (2) [1]Les autres impôts sont gérés par les administrations financières des Länder. [2]L'organisation de ces administrations et la formation uniforme de leurs fonctionnaires peuvent être réglées par une loi fédérale approuvée par le Bundesrat. [3]Dans la mesure où des autorités administratives de niveau intermédiaire sont instituées, leurs directeurs seront nommés d'un commun accord avec le gouvernement fédéral. (3) [1]Lorsque les administrations financières des Länder gèrent des impôts dont tout ou partie du produit revient à la Fédération, elles agissent par délégation de la Fédération. [2]L'article 85, al. 3 et 4 est applicable, sous cette réserve que le ministre fédéral des finances est substitué au gouvernement fédéral. (4) [1]Une loi fédérale requérant l'approbation du Bundesrat peut prévoir que certains impôts soient gérés conjointement par les administrations des finances de la Fédération et des Länder, ou bien que les impôts énumérés à l'alinéa 1er soient gérés par les administrations financières des Länder, ou que les autres impôts soient gérés par les administrations des finances de la Fédération, à condition et pour autant que l'application des lois fiscales s'en trouve substantiellement améliorée ou facilitée. [2]La gestion des impôts dont le produit est attribué aux seules communes (ou groupements de communes), et qui relève normalement des administrations financières des Länder, peut être confiée en totalité ou en partie par les Länder aux communes (ou groupements de communes). (5) [1]Une loi fédérale définit la procédure que doivent suivre les administrations fédérales des finances. [2]Une loi fédérale peut définir avec l'approbation du Bundesrat la procédure que doivent suivre les administrations financières des Länder et, dans les cas visés à l'alinéa 4, 2ème phrase, les communes (ou groupements de communes). (6) Une loi fédérale règle de façon uniforme la juridiction financière. (7) Pour autant que la gestion incombe aux administrations financières des Länder ou aux communes (ou groupements de communes), le gouvernement fédéral peut édicter des prescriptions administratives générales avec l'approbation du Bundesrat.

[163] Les impôts communs, les plus importants, sont administrés par l'Etat fédéré qui reverse une partie des recettes à l'Etat fédéral. L'Etat fédéral n'administre que sa fiscalité propre.

- Dimension normative du principe d'unité de trésorerie

L'article premier du décret de 2012 relatif à la gestion budgétaire et comptable publique en précise le champ d'application. D'une façon générale, les règles de la comptabilité publique s'appliquent à l'Etat, aux collectivités territoriales et aux établissements publics à l'exception des établissements publics industriels et commerciaux[164]. On trouve ici l'expression, du point de vue normatif, du principe d'*unité de trésorerie*, à travers l'idée d'un ensemble homogène de règles en matière financière applicables à l'ensemble du secteur public. L'article 5 prévoit des dérogations. C'est le cas de la *Monnaie de paris*, établissement public industriel et commercial en vertu du Code monétaire et financier (article L. 121-3). A titre de comparaison[165] notons qu'en Allemagne la comptabilité publique relève de la compétence des Etats régionaux. Le droit allemand de la comptabilité publique peut donc varier d'un Etat régional à l'autre. D'une façon générale, le droit allemand de la comptabilité publique admet deux systèmes, l'un dit de « caméralistique » (*Kameralistik*), et l'autre de « comptabilité en partie double étatique » (*staatliche Doppik*). La distinction entre les deux méthodes tient à la relation qu'elles entretiennent avec la comptabilité privée. La *Doppik* rapproche la comptabilité publique de la comptabilité de l'entreprise. Nous pouvons tirer deux enseignements d'une approche de comptabilité publique comparée. Insistons sur le fait que le décret de 2012 relatif à la gestion budgétaire et comptable publique représente la dimension normative du principe d'*unité de trésorerie*. En France les organismes publics partagent un même socle de normes comptables. Par ailleurs le décret de 2012 relatif à la gestion budgétaire et comptable publique consacre l'autonomie normative des finances publiques vis-à-vis de la comptabilité de l'entreprise. Revenons donc au fait qu'en droit financier public le budget n'est pas un simple instrument de gestion mais une véritable norme juridique.

- Définition comptable de la notion de budget

L'article 7 du décret établit le lien entre le droit budgétaire et la comptabilité publique. Il rappelle la définition juridique de la notion de *budget* : « Le budget est l'acte par lequel sont prévues et autorisées les recettes et les dépenses. » Il a été dit plus haut qu'en droit public le budget comporte une double fonction de *prévision* et d'*autorisation* des recettes et des dépenses. Le décret de 2012 relatif à la gestion budgétaire et comptable publique reformule de façon abstraite la définition de l'article 5 du décret impérial portant règlement général sur la comptabilité publique du 31 mai 1862 : « Le budget est l'acte par lequel sont prévues et autorisées les recettes et les dépenses annuelles de l'Etat ou des autres services que les lois assujettissent aux mêmes règles. » Nous avons vu que la notion de *crédit* désigne l'autorisation de dépenser. L'article premier de la loi n° 2023-1322 du 29 décembre 2023 de finances

164 Les administrations publiques au sens du règlement (CE) n° 2223/96 du Conseil du 25 juin 1996 relatif au système européen des comptes nationaux et régionaux dans la Communauté visé par le décret, à savoir « les unités institutionnelles qui sont des [...] producteurs non marchands [...] et dont la majeure partie des ressources provient de contributions obligatoires [...] ».
165 Voir Hugues Rabault, « Le droit public financier allemand. Un aperçu comparatiste », *op. cit.*

pour 2024 dispose, selon une formule rituelle, reprise chaque année : « *La perception des ressources de l'Etat et des impositions de toutes natures affectées à des personnes morales autres que l'Etat est autorisée pendant l'année* 2024 conformément aux lois et règlements et aux dispositions de la présente loi. » Le concept de budget dans la définition du décret est juridiquement plus satisfaisant que celui, plus comptable que juridique, de l'article 6, alinéa 2, de la LOLF. Cela témoigne de la fonction structurante, pour le droit financier public, du décret de 2012 relatif à la gestion budgétaire et comptable publique.

- Séparation des ordonnateurs et des comptables

Les articles 8 et 9 posent le principe essentiel, véritablement constituant au sens matériel du concept de constitution, de la *séparation des ordonnateurs et des comptables*. Les notions d'*ordonnateur* et de *comptable* désignent les autorités chargées des opérations financières. Ces dernières s'entendent comme exécution du budget, à savoir mise en œuvre des autorisations de percevoir les recettes et d'effectuer les dépenses. Une même mission, l'exécution du budget, s'exerce donc à travers deux fonctions distinctes. La fonction d'ordonnateur et celle de comptable public sont incompatibles, ce qui signifie qu'une même autorité, un ministre ou le dirigeant d'un établissement public par exemple, ne saurait exercer à la fois des attributions d'ordonnateur et de comptable. En termes de contrôle, les ordonnateurs et les comptables relèvent de l'autorité du ministre chargé du budget, mais selon des procédures distinctes, comme le prévoient les articles 61 et 62 du décret.

La notion de séparation des ordonnateurs et des comptables structure profondément la vie de l'Etat[166]. En ce sens on peut la considérer comme un principe financier de nature proprement constitutionnelle. Ce principe crée un autocontrôle financier de l'Etat par une différenciation de fonctions. Il s'agissait en premier lieu d'empêcher les malversations de la part des agents publics. Les origines du principe remontent aux techniques financières médiévales consistant à confier le maniement des deniers publics à une administration spécialisée, le Trésor[167]. C'est à partir de la Restauration, que le principe de séparation des ordonnateurs et des comptables fut mis au service du contrôle parlementaire sur les finances de l'Etat. Le principe connut alors sa formulation stabilisée dans le décret impérial de 1862 en son article 14 : « Les administrateurs et les ordonnateurs sont chargés de l'établissement et de la mise en recouvrement des droits et produits, ainsi que de la liquidation et de l'ordonnancement des dépenses. Des comptables responsables sont préposés à la réalisation des recouvrements et des payements. » L'article 17 du décret impérial précisait encore : « Les fonctions d'administrateur et d'ordonnateur sont incompatibles avec celle de comptable. »

L'origine de la règle remonte à l'ordonnance du 14 septembre 1822 concernant la comptabilité et la justification des dépenses publiques, mais la Constitution de l'an III, puisant dans des pratiques remontant à la monarchie et aux premières années de

---

[166] René Stourm, *op. cit.*, p. 480-500 et 545-579 ; Edgard Allix, *op. cit.*, p. 291-324.
[167] Voir André Neurrisse, « Histoire du Trésor public », *in* Loïc Philip (direction), *Dictionnaire encyclopédique de finances publiques*, Paris : Economica, 1991, tome 2, p. 1525-1530.

la Révolution, en posait déjà les principes fondamentaux[168]. On constate néanmoins que dans cette constitution les ordres de payement pouvaient émaner indifféremment des pouvoirs législatif ou exécutif. La création de la Cour des comptes en 1807 fut un pas vers la conception actuelle de la séparation des ordonnateurs et des comptables. Mais c'est sous la Restauration que le droit financier public conçut le principe de séparation des ordonnateurs et des comptables dans son sens actuel. Le caractère structurant du principe pour le droit financier public apparaît dans le fait que la séparation des ordonnateurs et des comptables était placée en tête du décret de 1862. C'est dire l'importance que revêtait le principe aux yeux de ses concepteurs pour la mise en œuvre financière de la séparation des pouvoirs législatif et exécutif. L'idée fondamentale de l'ordonnance du 14 septembre 1822 fut que le contrôle de l'exécutif par les chambres se fît par l'intermédiaire de la Cour des comptes[169]. Le principe fut codifié par l'ordonnance du roi du 31 mai 1838 portant règlement général sur la comptabilité publique, synthèse de l'évolution des finances publiques sous la Révolution, l'Empire et la Restauration, dont le décret impérial de 1862 devint la version actualisée.

Constitution de l'an III

Article 317

Les commissaires de la Trésorerie sont chargés de surveiller la recette de tous les deniers nationaux ; - D'ordonner les mouvements de fonds et le paiement de toutes les dépenses publiques consenties par le Corps législatif ; - De tenir un compte ouvert de dépense et de recette avec le receveur des contributions directes de chaque département, avec les différentes régies nationales, et avec les payeurs qui seraient établis dans les départements ; - D'entretenir avec lesdits receveurs et payeurs, avec les régies et administrations, la correspondance nécessaire pour assurer la rentrée exacte et régulière des fonds.

Article 318

Ils ne peuvent rien faire payer, sous peine de forfaiture, qu'en vertu : 1° D'un décret du Corps législatif, et jusqu'à concurrence des fonds décrétés par lui sur chaque objet ; 2° D'une décision du Directoire ; 3° De la signature du ministre qui ordonne la dépense.

Constitution de l'an VIII

Article 89

Une commission de comptabilité nationale règle et vérifie les comptes des recettes et des dépenses de la République. Cette commission est composée de sept membres choisis par le Sénat dans la liste nationale.

---

[168] Michel Bottin, « Introduction historique au droit budgétaire et à la comptabilité publique de la période classique », *in* H. Isaïa et J. Spindler (direction), *Histoire du droit des finances publiques*, vol. 1, Paris : Economica, 1986, p. 3-31.

[169] La Cour des comptes fut alors considérée comme la seconde haute juridiction après la Cour de cassation. C'est à partir du Second Empire que le Conseil d'Etat accrut son influence pour devenir à son tour une véritable juridiction.

- Responsabilité des ordonnateurs et des comptables

L'ordonnance n° 2022-408 du 23 mars 2022 relative au régime de responsabilité financière des gestionnaires publics a opéré une réforme de la responsabilité des ordonnateurs et des comptables[170]. Le régime de responsabilité autrefois distinct à été unifié. La notion de « gestionnaires publics » (Code des juridictions financières, article L. 111-1) unifie le statut en termes de responsabilité mais ne porte pas atteinte au principe de séparation des ordonnateurs et des comptables. L'ordonnance instaure ainsi un régime de responsabilité des gestionnaires commun aux ordonnateurs et aux comptables[171] en vertu duquel sont poursuivies les infractions aux règles relatives à l'exécution des recettes et des dépenses ou à la gestion des biens de l'Etat, des collectivités, établissements et organismes soumis au contrôle des juridictions financières, constitutives d'une faute grave ayant causé un préjudice financier significatif (article L. 131-9). Sont pareillement sanctionnées, notamment, les fautes de gestion, correspondant à des agissements manifestement incompatibles avec les intérêts de l'organisme, à des carences graves dans les contrôles ou à des omissions ou négligences répétées dans le rôle de direction, dès lors que ceux-ci ont occasionné un préjudice financier significatif (article L. 131-10), l'inexécution totale ou partielle ou l'exécution tardive d'une décision de justice entraînant la condamnation à une astreinte (article L. 131-14). Sont également sanctionnés divers agissements propres aux ordonnateurs tels que le non-respect des règles applicables en matière de contrôle budgétaire pour l'engagement de dépenses ou l'engagement de dépenses sans avoir la qualité d'ordonnateur (article L. 131-13). La responsabilité ainsi entendue est étendue à toute personne, quel que soit son statut, s'ingérant dans le maniement des deniers publics et se rendant coupable de la sorte de *gestion de fait* (article L. 131-15). La sanction des agissements condamnés consiste en une peine d'amende établie en fonction de la rémunération (article L. 131-16). La répression des agissements poursuivis est confiée à la Cour des comptes (article L. 111-1 et suivants). En son sein est créée une chambre du contentieux (article L. 131-21) et une Cour d'appel financière (article L. 311-1). Le Conseil d'Etat demeure juridiction de cassation. Le nouveau régime de responsablité est entré en vigueur le 1er janvier 2023.

Le régime antérieur distinguait la responsabilité des ordonnateurs et des comptables. En vertu de l'article 17 du décret de 2012 ici commenté la fonction de comptable était soumise à un régime spécifique de *responsabilité personnelle et pécuniaire*. Cela signifiait que les comptables devaient, en principe, combler sur leurs propres deniers le déficit de leur caisse, notamment les dépenses non justifiées ou les recettes non recouvrées. Evoquons au passage le principe d'*unité de caisse*, qui structure l'organisation de la comptabilité publique. Ce principe est posé à l'article 48 du décret de 2012 : « La caisse d'un poste comptable est unique. » L'article 21 du décret impérial de 1862 posait déjà le principe : « Chaque comptable ne doit avoir qu'une

[170] Voir, notamment, Paul Hernu, « La séparation des fonctions et la nouvelle responsabilité partagée de l'ordonnateur et du comptable public », *Revue française de finances publiques*, n° 162, 2023, p. 79 et s ; Martin Collet, « Vers un nouveau régime de responsabilité des gestionnaires publics », *RFDA* 2022, p. 183 ; Stéphanie Damarey, « Réforme de la responsabilité des gestionnaires publics : les dés sont jetés », *AJDA*, n° 16/2022, p. 920-925.
[171] Voir le rapport au président de la République relatif à l'ordonnance n° 2022-408 du 23 mars 2022 relative au régime de responsabilité financière des gestionnaires publics.

seule caisse ». Sous le régime de responsabilité antérieur, le contrôle juridictionnel exercé sur les comptables relevait au niveau local des Chambres régionales des comptes et au niveau national de la Cour des comptes. Pour le détail du régime de responsabilité des comptables publics, le décret de 2012 renvoyait à l'article 60 de la loi n° 63-156 du 23 février 1963 de finances pour 1963. Le régime de la responsabilité personnelle et pécuniaire des comptables publics remontait au XIXe siècle, période où ces derniers disposaient d'un patrimoine qui pouvait justifier qu'ils pussent être condamnés à rembourser le Trésor sur leurs propres deniers. Dans la période récente, l'insuffisance du patrimoine des comptables pour combler le déficit de leur caisse avait amené à instaurer un régime d'assurance. Par ailleurs, la Cour des comptes étant considérée comme juge des comptes et non des comptables, ce régime de responsabilité ne permettait que difficilement de tenir compte du caractère fautif ou non du déficit de la caisse du comptable[172]. Il s'agissait d'un régime de responsabilité objective destiné à garantir l'intégrité des finances publiques. Mais le mécanisme de la responsabilité personnelle et pécuniaire des comptables publics, remontant à une période ancienne, était désormais en décalage avec la réalité sociologique de la fonction publique contemporaine. C'est donc à bon droit qu'il a été supprimé.

Ce type de responsabilité s'appliquait également à toute personne qui sans avoir la qualité de comptable public s'ingère dans le maniement des deniers publics. Cette catégorie d'agissement est désignée par la notion de *gestion de fait*. Comme cela a été vu, la répression de la gestion de fait demeure, mais elle s'inscrit dans le régime général de la responsabilité financière des « gestionnaires publics ». Ce dernier mécanisme vise particulièrement les ordonnateurs qui enfreindraient le principe de séparation des ordonnateurs et des comptables. Le régime actuel de la gestion de fait manifeste ainsi le maintien du principe de séparation des ordonnateurs et des comptables. Des exemples de gestion de fait peuvent être puisés dans les finances territoriales. Tel est le cas de l'*ingérence dans le recouvrement de recettes publiques*[173] : ainsi le fait pour un maire (et ses services) de recouvrer une taxe communale ou la redevance pour enlèvement des ordures ménagères ; d'encaisser les participations financières des commerçants aux frais d'illumination des rues ou le produit des loyers des immeubles communaux, de dons, quêtes, souscriptions, collectes, etc. De même peut-on citer l'*extraction irrégulière de fonds des caisses publiques* : ainsi la surfacturation d'un marché de façon à utiliser une partie du financement prévu pour une opération à d'autres fins ; le paiement d'un emploi fictif (non-respect du principe du *service fait*) ; le financement par une association d'une activité municipale qui lui a été transférée (régime dite de l'association

[172] Voir, par exemple, Conseil d'Etat, Assemblée, du 27 octobre 2000, *Mme Desvigne, agent comptable de la régie des remontées mécaniques de Chantemerle à Saint-Chaffrey*, requête n° 196046 : « dans l'exercice de sa fonction juridictionnelle, le juge des comptes doit s'abstenir de toute appréciation du comportement personnel des comptables intéressés et ne peut fonder ses décisions que sur les éléments matériels des comptes ».

[173] Par exemple, Cour des comptes, 19 mai 2004, *Mme Michaux-Chevry et M. Madinecouty, comptables de fait de la commune de Gourbeyre*, *Recueil de jurisprudence des juridictions financières*, p. 37. Une somme représentant le produit de redevances et participations est versée à une association alors qu'elle aurait dû être encaissée par le comptable public.

« transparente »)[174], etc. La notion de gestion de fait est aussi le produit du travail d'élaboration entrepris sous la Restauration. L'article 25 du décret impérial de 1862 définissait la gestion de fait dans les termes suivants : « Toute personne autre que le comptable qui, sans autorisation légale, se serait ingérée dans le maniement des deniers publics, est, par ce seul fait, constituée comptable […] »

La séparation des ordonnateurs et des comptables impliquait également l'existence d'un régime de responsabilité distinct pour les ordonnateurs. Ceux-ci était justiciables d'une juridiction spécifique, instituée par la loi n°48-1484 du 25 septembre 1948 tendant à sanctionner les fautes de gestion commises à l'égard de l'Etat et de diverses collectivités et portant création d'une Cour de discipline budgétaire et financière. Les infractions poursuivies devant la Cour de discipline budgétaire et financière consistaient principalement en des violations des règles propres à la fonction d'ordonnateur telles qu'elles sont définies par le droit de la comptabilité publique : par exemple, agissements visant à « dissimuler un dépassement de crédit », engagement de dépenses « sans en avoir le pouvoir ou sans avoir reçu délégation de signature à cet effet », etc. La responsabilité personnelle et pécuniaire des comptables s'apparentait à une responsabilité délictuelle au sens du droit civil dans la mesure où les comptables devaient combler le déficit de leur caisse, alors que la responsabilité des ordonnateurs s'entendait comme une responsabilité de nature pénale, sanctionnée par une amende. L'ordonnance n° 2022-408 du 23 mars 2022 relative au régime de responsabilité financière des gestionnaires publics supprime la Cour de discipline budgétaire et financière et soumet les comptables publics à un régime s'apparentant à celui existant auparavant pour les ordonnateurs.

- Fonctions des ordonnateurs et des comptables

Les articles 10 à 22 du décret de 2012 relatif à la gestion budgétaire et comptable publique décrivent les fonctions respectives des ordonnateurs et des comptables. Les articles 10 à 12 concernent l'ordonnateur. L'ordonnateur est un administrateur, c'est-à-dire que ses attributions financières sont le complément de ses attributions administratives. On peut dire que dans son cas les attributions financières sont secondaires. Sont ordonnateurs, à titre d'exemple, les ministres, les présidents de collectivités territoriales, les maires, les directeurs d'établissements publics. On distingue les *ordonnateurs principaux*, attributaires directs des crédits, et les *ordonnateurs secondaires*, qui administrent les crédits par délégation. En ce qui concerne l'Etat, sont ordonnateurs secondaires, par exemple, les préfets, les ambassadeurs ou les présidents d'autorités administratives indépendantes (article 75).

---

[174] Cour des Comptes, 26 mai 1992, *Médecin et autres, comptables de fait de la commune de Nice (affaire de l'association Nice-Communication)*, *Recueil de jurisprudence des juridictions financières*, p. 49. Des activités au service de la politique municipale de relations publiques sont déléguées à une association, bénéficiant de mise à disposition de locaux et de personnels municipaux, financée par des subventions et des produits financiers procurés par le placement temporaire de fonds de subvention. Les fonds versés à l'association demeurent des deniers publics, assujettis au droit de la comptabilité publique. Voir encore, Cour des comptes, 15 décembre 2011, *Association « Amicale du personnel communal de Saint-André »*, arrêt n° 62592, sur la gestion de prestations sociales par une association, constitutive d'extraction irrégulière de fonds.

Les ministres sont les ordonnateurs principaux des recettes et des dépenses du budget de l'Etat (article 74). L'article 11 définit les missions financières des ordonnateurs. Ceux-ci *constatent l'existence de créances* (droits) *et des dettes* (obligations), calculent les montants et ordonnent la réalisation des opérations financières matérielles. Pour les dettes, il peut s'agir, par exemple, des sommes dues aux salariés contractuels ou aux titulaires de marchés publics. Pour les créances, il s'agit des sommes dues à la personne publique, par exemple les pénalités dues par un cocontractant. Les ordonnateurs de l'Etat sont l'objet d'un contrôle spécifique exercé par les contrôleurs budgétaires (articles 87 à 106), qui porte sur l'exécution de la loi de finances (article 87). Ce contrôle est doublé de procédures de contrôle interne et d'audit interne (articles 170 à 172).

Les articles 13 à 22-1 décrivent les fonctions des comptables publics. L'alinéa premier de l'article 13 attribue aux comptables la compétence exclusive du *maniement des deniers publics*. Cette notion désigne les opérations financières matérielles. Le concept de *deniers publics* est fondamental car il constitue originellement le critère régissant le champ d'application des règles de la comptabilité publique. Le décret impérial de 1862 inscrivait dans son article premier la définition de l'expression : « Les deniers publics sont les deniers de l'Etat, des départements, des communes et des établissements publics ou de bienfaisance. » L'article 13 du décret de 2012 parle de maniement des « fonds ». Le droit comptable public a en vérité voulu évacuer de la réglementation la notion de « deniers publics ». Celle-ci reste cependant en usage dans la pratique, notamment dans la jurisprudence. Le Conseil constitutionnel a consacré sa valeur constitutionnelle dans la décision n° 2003-473 DC du 26 juin 2003, *Loi habilitant le Gouvernement à simplifier le droit*, évoquant, au dixième considérant, la « bonne utilisation des deniers publics », et dans la décision n° 2003-489 DC du 29 décembre 2003, *Loi de finances pour 2004*, posant, au trentre-troisième considérant, le principe du « bon usage des deniers publics, qui est une exigence de valeur constitutionnelle ». D'un point de vue technique, la notion de « maniement des deniers publics » implique deux fonctions. D'une part, elle constitue le critère de répartition des compétences entre ordonnateurs et comptables. D'autre part, elle est un critère de délimitation du champ d'application du droit de la comptabilité publique. Au sein de la sphère publique le maniement des deniers publics est réservé aux comptables publics. Les règles de la comptabilité publique s'appliquent automatiquement aux deniers publics[175].

Le deuxième alinéa de l'article 13 précise que les comptables publics sont des agents du Trésor public. L'expression selon laquelle ils « sont nommés par le ministre chargé du budget » signifie concrètement qu'ils ne sont pas placés sous l'autorité hiérarchique de la direction des services auxquels ils sont affectés, c'est-à-dire des ordonnateurs. L'article 14 décrit le partage de compétence entre ordonnateur et comptable. L'ordonnateur est responsable de l'*ordonnancement* des recettes et des dépenses, c'est-à-dire, notamment, de la décision d'utiliser les crédits. Le comptable n'est en la matière qu'un exécutant. Il « prend en charge » les ordres qui lui sont

[175] On distingue donc deniers publics et deniers privés. Une catégorie intermédiaire consiste dans les deniers privés règlementés, qui sont des fonds appartenant à des personnes privées (par exemple, correspondants du Trésor) mais soumis aux règles de la comptabilité publique.

adressés. L'article 18 précise que le comptable est chargé non seulement de l'exécution des recettes et des dépenses, mais encore de la « garde et de la conservation des fonds et valeurs » et de la « tenue de la comptabilité générale », notamment de la « conservation des pièces justificatives des opérations », c'est-à-dire de la mémoire des opérations financières.

L'article 19 est déterminant pour comprendre la séparation des ordonnateurs et des comptables et la singularité de la fonction des comptables. Les comptables exercent un contrôle en termes de recettes et de dépenses. Les « ordres de recouvrer » ne peuvent être exécutés que sous réserve de « régularité de l'autorisation de recette ». Cette règle est l'expression de l'interdiction faite aux ordonnateurs de tout maniement des deniers publics. C'est ainsi que toute recette transite nécessairement par le Trésor public, ce qui protège le public d'éventuelles malversations émanant d'autorités publiques. Les malversations en termes de recettes sont susceptibles de constituer le délit de *concussion*. Une fonction de la séparation des ordonnateurs et des comptables consiste dans la prévention de ce type d'agissements. Les procédures relatives aux différents types de recettes sont détaillées aux articles 107 à 124.

Code pénal, article 432-10. Le fait, par une personne dépositaire de l'autorité publique ou chargée d'une mission de service public, de recevoir, exiger ou ordonner de percevoir à titre de droits ou contributions, impôts ou taxes publics, une somme qu'elle sait ne pas être due, ou excéder ce qui est dû, est puni de cinq ans d'emprisonnement et d'une amende de 500 000 €, dont le montant peut être porté au double du produit tiré de l'infraction.
Est puni des mêmes peines le fait, par les mêmes personnes, d'accorder sous une forme quelconque et pour quelque motif que ce soit une exonération ou franchise des droits, contributions, impôts ou taxes publics en violation des textes légaux ou réglementaires.
La tentative des délits prévus au présent article est punie des mêmes peines.

Quant aux dépenses l'article 19 du décret de 2012 relatif à la gestion budgétaire et comptable publique est beaucoup plus précis. Ses dispositions nous permettent de comprendre la fonction de la notion de *crédit* en droit budgétaire. Le comptable vérifie la « qualité de l'ordonnateur », c'est-à-dire la compétence de l'autorité qui ordonnance le payement. Nous avons vu que dans la hiérarchie du secteur public seules les autorités hiérarchiques ont compétence d'ordonnateur. Le comptable public doit s'opposer à tout ordre de payement n'émanant pas d'un ordonnateur. La notion d'ordonnateur révèle ici sa fonction en termes de contrôle de la régularité de la dépense. L'ordonnancement s'effectue à travers un acte exprimé sous une terminologie variable. S'agissant des ministres, l'acte d'ordonnancement est désigné par les termes d'« ordre » ou d'« ordonnance » de payement. Pour les collectivités territoriales ou les établissements publics, on utilise les termes de « mandatement » ou de « mandat » de payement (Code général des collectivités territoriales, article L. 2342-1 : « Le maire peut seul émettre des mandats. »). L'article 19 du décret de 2012 relatif à la gestion budgétaire et comptable publique renvoie explicitement aux principes du droit budgétaire à travers l'expression de « spécialité des crédits ». Nous avons vu que la notion de crédit désigne une autorisation de dépense « spécialisée » en termes de montant, d'objet et de durée. Ici le comptable exerce son contrôle sur l'objet de la dépense (« l'exacte imputation des dépenses au regard des règles relatives à la spécialité des crédits »). De même le comptable contrôle-t-il le respect des limites de l'autorisation de dépenser en termes de montant. Le contrôle de la « disponibilité des crédits » porte ainsi, notamment, sur la question de savoir si les crédits n'ont pas été déjà utilisés. L'article 20 porte sur la réalité de la dette. Le comptable vérifie que le payement correspond à une réalité matérielle (le « service fait »). Celle-ci est attestée par une « certification » garantie par des « pièces justificatives ». De même vérifie-t-il les calculs opérés par l'ordonnateur (« exactitude de la liquidation »). Le comptable n'exerce pas son contrôle seulement sur les recettes et les dépenses. Les malversations en termes de conservation ou de dépense des deniers publics peuvent constituer un *détournement de fonds publics*. Les procédures relatives aux dépenses de l'Etat sont précisées aux articles 125 à 136. Une troisième fonction du comptable caractérisant son rôle de caissier est la *conservation* du patrimoine dont il a la garde, que l'article 19 du décret désigne par la notion « conservation des valeurs inactives ».

> Code pénal, article 432-15. Le fait, par une personne dépositaire de l'autorité publique ou chargée d'une mission de service public, un comptable public, un dépositaire public ou l'un de ses subordonnés, de détruire, détourner ou soustraire un acte ou un titre, ou des fonds publics ou privés, ou effets, pièces ou titres en tenant lieu, ou tout autre objet qui lui a été remis en raison de ses fonctions ou de sa mission, est puni de dix ans d'emprisonnement et d'une amende de 1 000 000 €, dont le montant peut être porté au double du produit de l'infraction.
> La peine d'amende est portée à 2 000 000 € ou, s'il excède ce montant, au double du produit de l'infraction, lorsque l'infraction est commise en bande organisée.
> La tentative des délits prévus aux alinéas qui précèdent est punie des mêmes peines.

L'article 22 du décret de 2012 fait surgir, à côté des notions d'ordonnateur et de comptable, la notion de *régisseur*. Sans être comptables les régisseurs sont admis au maniement des deniers publics dans la mesure où ils « peuvent être chargés pour le compte des comptables publics d'opérations d'encaissement ou d'opérations de paiement ». Le décret n° 2019-798 du 26 juillet 2019 relatif aux régies de recettes et d'avances des organismes publics[176] prévoit notamment la création de telles régies par arrêté ministériel ou par arrêté du préfet, après avis conforme du comptable public assignataire (article 2). L'article 190 du décret de 2012 prévoit en son alinéa 3 d'une façon plus générale : « Des régisseurs de recettes et des régisseurs d'avances peuvent être nommés par l'ordonnateur avec l'agrément de l'agent comptable. » Les régisseurs sont soumis au contrôle des « gestionnaires publics », ordonnateur ou comptable, dont ils dépendent (article 16). Les régies de recettes peuvent être créées pour l'encaissement de sommes minimes (droits d'entrée dans les musées, droits d'inscriptions dans les bibliothèques, vente des journaux officiels). De la même manière les régies d'avances peuvent être mises en place pour le payement de dépenses modestes mais récurrentes : « dans la limite d'un montant fixé par arrêté du ministre chargé du budget, les dépenses non immobilisées de matériel et de fonctionnement non comprises dans un marché public passé selon une procédure formalisée » ; « la rémunération des personnels payés sur une base horaire ou à la vacation » ; « les secours urgents et exceptionnels » ; « les frais de déplacements temporaires, y compris les avances sur ces frais » ; etc. (article 10). Les opérations financières réalisées par le régisseur sont soumises au contrôle d'un comptable public (décret de 2012, article 78, alinéa 1). L'article 149 du décret de 2012 dispose ainsi : « Les ordonnateurs et les régisseurs produisent les pièces justificatives de leurs

[176] Pour les collectivités locales, renvoyons aux articles R. 1617-1 à R. 1617-18 du Code général des collectivités territoriales.

opérations à leur comptable assignataire ou au comptable dont ils relèvent. » L'institution des régisseurs de recettes et d'avances permet de décharger les comptables publics d'opérations financières d'importance limitée.

- Le contrôle des comptables sur les ordonnateurs

L'article 20 du décret de 2012 relatif à la gestion budgétaire et comptable publique permet de comprendre la nature du contrôle exercé par le comptable. On parle d'un contrôle formel ou d'un contrôle sur pièces. Ce contrôle revêt la nature d'un examen de la régularité comptable. Le comptable n'est ni juge de la légalité ni, à plus forte raison, de l'opportunité de la dépense au sens du droit administratif[177]. En ce sens un acte d'ordonnancement illégal n'est pas nécessairement irrégulier du point de vue comptable. Inversement un refus de payement peut être opposé à un acte d'ordonnancement légal et opportun, par exemple en cas d'insuffisance de fonds disponibles[178]. S'agissant de l'ordonnateur, le refus de payement peut donner lieu à trois possibilités : le renoncement à la dépense, la régularisation de l'acte d'ordonnancement ou la procédure, traitée ultérieurement, de la réquisition. Tout ordre de payement doit être accompagné de documents justificatifs attestant de la réalisation de l'objet de la dépense. C'est ce que désigne l'expression de *service fait* (par exemple, article 128). La règle du service fait consiste à apprécier la réalisation effective d'une prestation ou d'une fourniture qui constituent la contrepartie d'une opération de dépense. Il incombe à l'ordonnateur d'attester qu'un prestataire a exécuté sa mission, qu'un agent a rempli ses fonctions, etc. Cette règle connaît des applications diverses selon le domaine concerné, en droit de la fonction publique, en droit de la commande publique, etc. Dans l'article 6 du décret impérial de 1862 la notion de service fait avait une importance particulière parce qu'elle représentait l'idée de fait générateur de la dépense. Elle permettait notamment de rattacher la dépense à l'exercice budgétaire.

En pratique, il existe en comptabilité publique des *nomenclatures* qui précisent les *pièces justificatives* requises pour tout type d'activité. Pour ce qui est du budget de l'Etat les exigences sont détaillées aux articles 147 à 152. Le comptable est également chargé de contrôler les calculs effectués par l'ordonnateur. Enfin, il met en œuvre les règles de prescription et en particulier la *déchéance quadriennale* applicable généralement aux dettes des personnes publiques. La déchéance quadriennale est prévue par l'article premier de la loi n° 68-1250 du 31 décembre 1968 relative à la prescription des créances sur l'Etat, les départements, les communes et les établissements publics. Le principe s'applique à toutes les créances de l'Etat, des

[177] Principes rappelés par le Code général des collectivités territoriales, article L. 1617-2 : « Le comptable d'une commune, d'un département ou d'une région ne peut subordonner ses actes de paiement à une appréciation de l'opportunité des décisions prises par l'ordonnateur. Son contrôle se limite à vérifier qu'il dispose au moment du paiement de l'ensemble des pièces requises au titre de la nomenclature des pièces justificatives et que les pièces sont, d'une part, complètes et précises, d'autre part, cohérentes au regard de la catégorie de la dépense définie dans la nomenclature applicable et de la nature et de l'objet de la dépense telle qu'elle a été ordonnancée. A défaut, il suspend le paiement et en informe, par décision motivée, l'ordonnateur. »

[178] Code général des collectivités territoriales, article L. 1617-3.

collectivités territoriales et des établissements publics « dotés d'un comptable public » ce qui exclut, en principe, les établissements publics industriels et commerciaux, soumis aux règles de prescription du droit commun.

Les fonctions de comptable public sont désignées par des titres variables selon les organismes auxquels ces agents du Trésor public sont préposés : comptable public, mais aussi receveur municipal, payeur départemental, payeur régional, agent comptable pour les établissements publics, etc. Le contrôle sur les finances publiques n'est en effet pas seulement fondé sur la séparation des ordonnateurs et des comptables. La comptabilité publique implique également un contrôle interne à l'ordre comptable. L'article 15 du décret de 2012 prévoit un contrôle entre comptables à travers la distinction entre *comptables principaux* et *comptables secondaires*. Par ailleurs, l'ensemble des comptes des comptables sont centralisés par les juridictions des comptes. En vertu de l'article 21 ce contrôle est effectué à travers des procédures spécifiques. Les comptes sont « arrêtés » par les comptables à échéances régulières et transmis à l'autorité de contrôle à travers la « reddition de comptes ». C'est ainsi que le contrôle des comptables sur les ordonnateurs est renforcé par le contrôle interne à l'ordre des comptables.

- Procédures de recettes et de dépenses

Les articles 23 à 28-1 du décret de 2012 permettent de préciser le vocabulaire en usage en matière de recettes et les procédures applicables en matière *recouvrement*. Cette expression désigne les procédures d'encaissement des recettes financières. L'article 23 consacre la compétence des comptables publics pour recouvrer les recettes fiscales et la valeur de source pour le droit de la comptabilité publique de la codification en matière fiscale et douanière. L'article 24 précise le sens de la notion de *liquidation* en matière de recettes. Celle-ci désigne la « détermination du montant de la dette des redevables ». D'une façon générale l'expression de liquidation désigne la détermination du montant, en recettes ou en dépenses. La liquidation inclut les calculs déterminant les montants de dettes ou de créances. L'opération de liquidation implique une obligation de motivation des ordres de recouvrement consistant en « l'indication des bases de la liquidation ». L'obligation de motivation s'impose, par exemple, aux avis d'imposition.

L'article 25 prévoit les moyens de payement utilisés dans le cadre du recouvrement. Au sens du Code civil (articles 1342 et suivants) le payement s'entend comme exécution d'une obligation. Il peut se matérialiser sous la forme d'une somme d'argent, d'une prestation ou de la remise d'un bien. En comptabilité publique le payement est en principe pécuniaire, sauf exception. La disposition évoque le payement en nature constitué par la *dation en payement* (article 1716 bis du Code général des impôts. La notion de dation en payement vient du droit civil, où elle désigne, aux termes de l'article 1342-4, alinéa 2, du Code civil, une modalité d'extinction de l'obligation permettant au débiteur de se libérer de l'obligation en remettant au créancier une chose différente de celle prévue au contrat : « [Le créancier] peut accepter de recevoir en paiement autre chose que ce qui lui est dû. »).

Les articles 29 à 42 règlementent les opérations de payement effectuées par l'administration et détaillent la terminologie utilisée en la matière. Les articles 77 à 86 précisent les fonctions des comptables dans le cadre de l'exécution du budget de l'Etat. La procédure de dépense fait l'objet d'une représentation chronologique. L'article 29 distingue l'engagement, la liquidation, l'ordonnancement et le payement. L'*engagement* est un acte par lequel une autorité publique « constate à son encontre une obligation de laquelle il résultera une dépense » (article 30). La disposition rappelle que l'engagement s'effectue dans la limite des crédits prévus par le budget. En ce sens les crédits peuvent consister en des autorisations d'engager des dépenses. La notion de *liquidation* appliquée aux dépenses consiste dans la détermination du montant de la dépense (article 31). L'opération de liquidation conditionne l'exigibilité de la créance. La liquidation est opérée par l'ordonnateur sous le contrôle du comptable public, au vu des justifications produites par l'ordonnateur. L'opération de liquidation peut donc aboutir à des décalages entre les sommes engagées et les sommes effectivement acquittées. Indépendamment des ordres de payement, le comptable peut acquitter les dettes des personnes publiques sur le fondement de titres présentés par les créanciers (distinction entre « droits au comptant » et « droits constatés »). La notion d'*ordonnancement* désigne « l'ordre donné par l'ordonnateur au comptable de payer une dépense » (article 32). Le payement est subordonné au contrôle par le comptable de la validité des certifications de l'ordonnateur. Si le comptable s'oppose au payement, l'ordonnateur peut soit régulariser son ordre de payement soit requérir le payement par écrit.

La procédure de *réquisition* a pour conséquence de reporter la responsabilité du comptable sur l'ordonnateur (article 38). Cette procédure vise à éviter qu'un éventuel conflit entre l'ordonnateur et le comptable ne bloque le fonctionnement administratif. Elle s'enracine dans l'ordonnance du 14 septembre 1822 et fut codifiée à l'article 91 du décret impérial de 1862. Ce texte insistait sur ce que le refus du comptable ne pouvait se fonder, pour s'opposer au payement, que sur une « omission ou irrégularité matérielle ». Dans ce cas l'ordonnateur pouvait requérir « par écrit, et sous sa responsabilité, qu'il soit passé outre au payement ». La responsabilité du comptable est un mécanisme garantissant essentiellement, à l'origine, le respect de l'autorisation budgétaire. La procédure de réquisition permet de suspendre le principe de séparation des ordonnateurs et des comptables. Le formalisme de la procédure signale la situation et fonde un contrôle hiérarchique renforcé à l'encontre de l'ordonnateur. Le décret de 2012 prévoit encore un ensemble de procédures au bénéfice des comptables. Mentionnons l'action en restitution de l'indu, qui s'exerce selon les règles du droit civil (article 40).

Les articles 50 à 52 rappellent que les opérations réalisées par les comptables sont subordonnées à la production de pièces justificatives. Le ministre chargé du budget détaille les exigences en la matière au moyen de *nomenclatures* établies par arrêtés (article 50, alinéa 1). Le contrôle du comptable sur les ordonnateurs, dans le cas des collectivités territoriales ou des établissements publics, induit donc un contrôle exercé par l'Etat sur l'ensemble du secteur public. C'est pourquoi en la matière les nomenclatures sont établies par voie décrétale (article 50, alinéa 2). En l'absence de nomenclature il appartient au comptable de déterminer les pièces justificatives nécessaires (article 50, alinéa 3).

- Contenu de la comptabilité

Les articles 53 à 60 spécifient le sens de la notion de *comptabilité publique*. La spécificité de la comptabilité publique, par rapport à la comptabilité de l'entreprise, tient à sa double fonction. Elle vise non seulement à l'analyse de la situation financière mais également à contrôler la conformité de cette situation aux autorisations budgétaires. La comptabilité publique transpose ainsi le principe général de la comptabilité (de l'entreprise ou de tout organisme) au contexte du droit public. La comptabilité publique implique une *comptabilité générale* qui n'est pas différente par sa fonction de la comptabilité de l'entreprise (articles 56 et 57). En ce qu'elle « retrace l'ensemble des mouvements affectant le patrimoine, la situation financière et le résultat », elle se conçoit comme un outil d'information. Le bilan comptable présente la situation financière, le patrimoine de l'organisme, en distinguant créances et dettes, actif et passif. Le compte de résultat, confrontant les charges et les produits de l'exercice comptable, détermine le résultat net, il se présente sous la forme d'un solde retraçant les bénéfices ou les pertes. La *comptabilité analytique* permet ainsi à partir de la comptabilité générale de dégager des informations particulières notamment quant aux résultats financiers des divers types d'activités. La *comptabilité budgétaire* (article 58) permet de confronter les données issues de la comptabilité générale aux autorisations budgétaires. Elle vise à garantir la conformité des opérations financières aux autorisations budgétaires.

La spécificité de la comptabilité publique par rapport à la comptabilité de l'entreprise consiste dans la fonction de contrôle incarnée par la comptabilité budgétaire. Les règles spécifiques à la comptabilité de l'Etat sont détaillées aux articles 153 à 169. Le comptable public se distingue du comptable de l'entreprise en ce sens qu'il ne se contente pas de tenir et de certifier la comptabilité de l'organisme auprès duquel il se trouve placé, mais qu'il est chargé du maniement des deniers publics et donc des opérations de trésorerie. Les règles de la comptabilité publique associent donc l'administration de la comptabilité et de la trésorerie.

- Le principe d'unité de trésorerie

La notion d'opérations de trésorerie détaillée aux articles 137 à 146 désigne un ensemble d'opérations financières diverses qui ne sont pas clairement définies par le décret. Rappelons que ces opérations font l'objet d'un monopole du Trésor public. Relevons que le décret précise ici la notion de *correspondants du Trésor*. Ceux-ci sont définis comme « les personnes morales ou physiques qui, soit en application des lois ou règlements, soit en vertu de conventions, déposent à titre obligatoire ou facultatif des fonds au Trésor ou sont autorisées à procéder à des opérations de recettes et de dépenses par l'intermédiaire des comptables publics de l'Etat » (article 141). Ici, le décret de 2012 éclaire les articles 25 et 26, à vrai dire elliptiques, de la LOLF.

L'article 143 pose qu'« aucun découvert ne peut être consenti aux correspondants du Trésor ». Cette règle s'applique aux collectivités territoriales et garantit le principe d'équilibre financier qui leur est applicable. D'un point de vue financier le principe signifie que si le Trésor exerce une activité de banquier au profit de ses correspondants, celle-ci exclut les activités de prêteur. La disposition évoque la fonction de percepteur des recettes prise en charge par le Trésor au profit de ses correspondants. Cette fonction renvoie implicitement au principe d'unité de trésorerie et au fait que les recettes fiscales des organismes publics sont administrées par le Trésor, comme dans le cas des impôts locaux. Nous avons insisté plus haut sur l'importance et la spécificité du principe d'unité de trésorerie dans la constitution financière de la France. C'est dans le décret n° 2012-1246 du 7 novembre 2012 relatif à la gestion budgétaire et comptable publique que ce principe se trouve explicité.

- Droit budgétaire et comptable commun aux organismes publics

Les articles 174 à 229 fournissent un cadre adapté aux organismes qui sont placés sous la tutelle financière du ministre chargé du budget et qui ne sont pas soumis en matière financière à une législation ou à une réglementation particulière. Les dispositions établissent donc le droit commun de la comptabilité des organismes publics autres que l'Etat, les collectivités territoriales et leurs établissements publics, et les établissements publics industriels et commerciaux.

Ces organismes sont assujettis à une tutelle de l'Etat. La *tutelle* étatique exercée sur ces organismes est en principe une tutelle *a posteriori* (article 176). Le droit financier applicable aux organismes publics emprunte sa structure au droit budgétaire et comptable de l'Etat. On observe donc une transposition des principes du droit financier étatique à l'ensemble du secteur public. On y retrouve notamment les principes d'*annualité* et d'*unité* (implicitement à travers la notion de *budget annexe*) (article 175), le principe de l'*initiative exécutive* et celui d'*antériorité* (article 176), le caractère *limitatif* des crédits (article 178), la distinction entre *engagement* et *payement* (article 180), la distinction entre ordonnateur principal et ordonnateurs secondaires (article 186). La possibilité est prévue de *budgets rectificatifs* (article 177).

De même retrouve-t-on la séparation des ordonnateurs et des comptables. Le comptable public nommé auprès des organismes en cause se voit attribuer le titre d'*agent comptable* (article 188) et exerce les contrôles prévus par les dispositions générales concernant les comptables (article 191). En tant que chef de services financiers il peut exercer à titre dérogatoire des attributions d'ordonnateur (article 188). La procédure de *réquisition* est admise au bénéfice de l'ordonnateur, mais sous le contrôle du ministre de tutelle (article 195). De même s'applique la distinction entre *comptabilité générale*, *analytique* et *budgétaire* (article 200). A côté du contrôle comptable sont prévus d'autres modes de contrôle, le contrôle interne, l'audit interne (articles 215 à 219) et le contrôle budgétaire (article 220 à 229).

§ 5 – Décentralisation financière

A travers la notion de décentralisation financière nous analyserons l'exercice de missions financières par des organismes distincts de l'Etat. Nous venons de voir que la comptabilité publique est un cadre commun à l'ensemble du secteur public, c'est-à-dire applicable aux diverses formes de décentralisation. Nous traiterons d'une part de la décentralisation territoriale et d'autre part des organismes publics exerçant une compétence spécifiquement financière.

- Déconcentration financière

L'organisation financière territoriale met en parallèle l'organisation du Trésor et le fonctionnement financier des collectivités territoriales. L'organisation territoriale du Trésor repose sur le décret n° 2009-707 du 16 juin 2009 relatif aux services déconcentrés de la direction générale des finances publiques. L'organisation territoriale du Trésor public est régie par un principe de *déconcentration financière*. Celle-ci s'effectue sur une base principalement départementale et secondairement régionale (article 1). Les services déconcentrés du Trésor exercent au niveau territorial les attributions du Trésor public. Celles-ci sont décrites par l'article 2. En vertu de cette disposition, ces services administrent les impôts au niveau territorial, en assurent l'assiette, la liquidation, le recouvrement et le contrôle. Les services déconcentrés du Trésor assurent également la tenue du cadastre, administrent la trésorerie de l'Etat et des correspondants du Trésor. A ce titre ces services perçoivent les impôts des collectivités territoriales. Les services déconcentrés du Trésor exercent donc la fonction de *contrôle étatique sur les finances des collectivités territoriales* à travers le « contrôle et le paiement des dépenses publiques » et la « gestion financière et comptable des collectivités territoriales et de leurs établissements » (article 2, 5° et 6°).

- Décentralisation financière territoriale

L'organisation financière des collectivités territoriales repose en revanche sur le principe de *décentralisation*. A la différence des services déconcentrés de l'Etat, les collectivités sont régies par une législation et jouissent de compétences garanties par la Constitution. Nous avons vu que les finances des collectivités locales furent d'abord régies par le décret impérial de 1862. Au cours du processus de décentralisation, le cadre juridique des finances locales fut progressivement légalisé puis constitutionnalisé. Depuis le XIXe siècle les collectivités disposent d'un budget propre dont l'administration est étroitement encadrée par la législation et la règlementation.

Le régime de décentralisation est spécifique en matière financière et tranche avec le droit commun de la décentralisation. Un contrôle de pure légalité constitue le principe cardinal de la décentralisation en matière administrative. En vertu de l'article 72 de la Constitution les collectivités disposent d'un pouvoir règlementaire qu'elles exercent dans le cadre de la législation. Le déféré préfectoral (par exemple, article L. 2131-6 du Code général des collectivités territoriales) permet à l'Etat de saisir la juridiction administrative pour faire annuler une décision illégale. Le contrôle de tutelle est opposé au contrôle de légalité en ce qu'il permet à l'autorité de tutelle de se substituer à l'entité décentralisée dans certaines circonstances. En matière financière subsiste, à côté du contrôle exercé par le Trésor public, une *tutelle financière a posteriori* qui sera décrite dans les développements qui suivent et qui exclut la procédure du déféré préfectoral.

Les finances territoriales font l'objet d'un encadrement législatif strict, inscrit dans le Code général des collectivités territoriales et précisé par voie réglementaire, notamment à travers des *instructions budgétaires et comptables*[179]. Le droit budgétaire des collectivités territoriales transpose au niveau local la structure générale du droit budgétaire, qui repose sur les grands principes du droit budgétaire, à savoir les principes d'*unité*, d'*universalité*, d'*annualité*, de *spécialité*, d'*équilibre* et de *sincérité* budgétaire. Le droit budgétaire des collectivités territoriales apparaît ainsi dérivé, dans sa logique, du droit budgétaire de l'Etat.

Le droit financier des collectivités territoriales était à l'origine intégré au décret impérial de 1862. Les communes étaient placées sous le contrôle des conseils de préfecture qui en jugeaient les comptes. Le décret précisait la structure du budget communal en termes de ressources et de charges. La procédure budgétaire reposait cependant sur l'exercice d'une tutelle *a priori*. Le budget « proposé par le maire et voté par le conseil municipal, [était] définitivement réglé par arrêté du préfet » (article 490). Pour les villes les plus importantes le budget pouvait être réglé par décret. La Cour des comptes était juridiction d'appel en ce qui concerne le jugement des comptes (article 531). Le budget devait donc être approuvé par l'autorité préfectorale (article 492)[180]. En cas de négligence dans l'élaboration du budget le préfet pouvait se substituer aux autorités locales (article 493). On trouve déjà dans le décret impérial la notion de *dépenses obligatoires*. Celles-ci pouvaient être inscrites d'office par arrêté préfectoral ou décret selon les cas (article 497). Il existait donc à l'origine, répétons-le, une tutelle *a priori* sur le budget des collectivités territoriales. Si à travers la décentralisation le contrôle de légalité s'est substitué au contrôle de tutelle en matière administrative, en matière financière a été maintenue une tutelle, qui s'est transformée en tutelle *a posteriori*.

- Le budget territorial

On retrouve dans les dispositions du Code général des collectivités territoriales consacrées aux finances territoriales les grandes structures du droit budgétaire de l'Etat. Le *budget* est défini comme « l'acte par lequel sont prévues et autorisées les recettes et les dépenses annuelles » des collectivités (pour la commune, article L. 2311-1 ; pour le département, article L. 3311-1). Cette définition sous-entend le respect des principes d'*unité* et d'*universalité* budgétaire. Le principe de *spécialité* s'exprime à travers le fait que « le budget [...] est divisé en chapitres et articles » (pour la commune, article L. 2311-1). De même retrouve-t-on le principe de l'*initiative exécutive* en matière budgétaire (pour la commune, article L. 2312-1). La temporalité du budget des collectivités est synchronisée avec celle du droit budgétaire de l'Etat. On retrouve l'alignement de l'exercice budgétaire sur l'année civile. La distinction entre « le *budget primitif*, le *budget supplémentaire* et les *décisions modificatives* » (par exemple, pour le département, article L. 3312-1) reproduit la distinction entre loi de finances de l'année et lois de finances rectificatives. Les notions de budget supplémentaire et de décisions modificatives sont des équivalents dans le droit

---

[179] L'instruction budgétaire et comptable M14 pour les communes, M52 pour les départements, M71 pour les régions.

[180] Edgard Allix, *op. cit.*, p. 1006, soulignait : « Bien que voté par le conseil municipal, le budget n'est encore qu'un projet. Il est réglé définitivement par le sous-préfet ou le préfet [...] et l'autorité qui le règle a [...] le droit d'en modifier largement les données ».

budgétaire des collectivités territoriales de la notion de loi de finances rectificative dans la LOLF. De même le vote du *compte administratif* (article L. 1612-12) correspond au vote de la loi de règlement dans la LOLF. C'est pourquoi l'article L. 1612-9 du Code des collectivités territoriales dispose que dans son champ d'application le vote du compte administratif « intervient avant le vote du budget primitif afférent à l'exercice suivant ». Sinon, « le vote de l'organe délibérant arrêtant les comptes doit intervenir au plus tard le 30 juin de l'année suivant l'exercice » (L. 1612-12). La notion de budget primitif est ainsi l'équivalent de la notion de loi de finances de l'année. Nombre de procédures prévues par la LOLF connaissent une transposition au niveau local, comme la procédure de *virement* (pour la commune, article L. 2312-2), l'existence d'un *crédit pour dépenses imprévues* (pour la commune, article L. 2322-1), ou la notion de *budgets annexes* (par exemple, article L. 2224-1).

- L'absence d'autonomie financière

A la différence de ce qu'on observe dans un Etat fédéral, les collectivités territoriales ne disposent pas d'une véritable *autonomie budgétaire* en ce sens que la législation et la règlementation d'Etat encadrent de façon étroite leur fonctionnement financier. Les finances territoriales apparaissent donc soumises à un cadre législatif commun et uniforme établi par l'Etat, qui entre dans le plus grand détail, comme le montrent les instructions budgétaires et comptables M14, M52 et M71, essentielles pour la pratique. C'est donc le droit étatique qui détermine la forme du budget et le rythme de la vie financière des collectivités territoriales.

Uniformité et synchronie sont deux caractéristiques typiques d'une tradition d'*Etat unitaire*. Dans une organisation financière fédérale, l'autonomie budgétaire (article 109, alinéa 1, de la Loi fondamentale allemande : « La Fédération et les Länder sont autonomes et indépendants les uns des autres dans leur gestion budgétaire. ») implique en revanche que les entités territoriales (Etats fédérés) créent leur propre droit budgétaire[181]. Par ailleurs l'autonomie budgétaire suppose le primat des ressources propres des collectivités, résultant soit d'une fiscalité territoriale soit d'un partage d'une fiscalité commune (Loi fondamentale allemande, articles 106 et 107). Le principe d'autonomie budgétaire suppose que les transferts, verticaux ou horizontaux, entre collectivités restent marginaux. En France les transferts entre Etat et collectivités demeurent importants[182]. L'article 6, alinéa 4, de la LOLF consacre ce principe : « Un montant déterminé de recettes de l'Etat peut être rétrocédé directement au profit des collectivités territoriales [...] ». Tout en reconnaissant l'existence des ressources propres des collectivités, l'article 72-2 de la Constitution consacre l'importance de ces transferts dans son troisième alinéa : « Les recettes fiscales et les autres ressources

[181] Voir Hugues Rabault, « Le droit public financier allemand. Un aperçu comparatiste », *op. cit.*

[182] Ratio d'autonomie financière des collectivités territoriales pour 2013 : communes et EPCI : 66 % ; départements : 67,8 % ; régions : 53,6 %. (Source : Rapport 2015 du gouvernement au Parlement pris en application de l'article 5 de la loi organique n° 2004-758 du 29 juillet 2004 et relatif à l'autonomie financière des collectivités territoriales.)

propres des collectivités territoriales représentent, pour chaque catégorie de collectivités, une part déterminante de l'ensemble de leurs ressources. »[183]

- Procédures de tutelle

L'exercice de la *tutelle financière* de l'Etat sur les collectivités s'exerce à travers une procédure prévue à l'article L. 1612-8 du Code général des collectivités territoriales, qui impose la *transmission* à l'administration préfectorale du budget dans les quinze jours suivant le délai prévu pour son adoption. La transmission du budget est une condition pour que le budget primitif devienne exécutoire. C'est pourquoi l'absence de transmission implique les mêmes conséquences que le cas d'une violation du principe d'équilibre budgétaire présenté ultérieurement. L'article L. 1612-9 prévoit dans le cas où l'autorité étatique se substitue aux autorités locales un contrôle renforcé sur le fonctionnement budgétaire de la collectivité, notamment sur les modifications du budget (budgets supplémentaires). L'obligation de transmission s'applique également aux modifications budgétaires (article L. 1612-11) de même qu'au compte administratif (article L. 1612-13).

Les départements d'Alsace-Moselle font l'objet d'un régime spécifique, issu du régime juridique allemand d'avant 1918, en vertu duquel le budget est exécutoire dès son adoption. Code général des collectivités territoriales, article L. 2541-23 : « Demeurent exécutoires de plein droit les actes des communes des départements de la Moselle, du Bas-Rhin et du Haut-Rhin qui l'étaient au 3 mars 1982, date de publication de la loi n° 82-213 du 2 mars 1982 relative aux droits et libertés des communes, des départements et des régions, en vertu de dispositions particulières applicables dans ces départements. » Le Conseil d'Etat rappelle que le principe ne dispense pas de l'obligation de transmission. Exemple, Conseil d'Etat, 28 juillet 1989, *Ville de Metz*, requête n° 74950, : « Considérant qu'aux termes de l'article 17 de la loi du 2 mars 1982, dans sa rédaction résultant de la loi du 22 juillet 1982 : 'I - Les dispositions du présent titre sont applicables aux communes des départements de la Moselle, du Bas-Rhin et du Haut-Rhin, à l'exception de celles de l'article 9. - ... Demeurent exécutoires de plein droit les actes des communes de ces départements qui l'étaient à la date d'entrée en vigueur de la présente loi en vertu de dispositions particulières applicables dans ces départements.' ; Considérant qu'il résulte de la disposition précitée que les budgets des communes des départements de la Moselle, du Bas-Rhin et du Haut-Rhin comptant plus de 25 000 habitants, qui étaient, en vertu de l'article L. 181-31 du code des communes, exécutoires de plein droit dès leur adoption par le conseil municipal, ont conservé ce caractère après l'intervention des lois des 2 mars et 22 juillet 1982 ; l'article 2-II de la loi du 2 mars 1982, applicable aux communes des départements de la Moselle, du Bas-Rhin et du Haut-Rhin en vertu des dispositions précitées de l'article 17-I de ladite loi, prévoit la transmission au représentant de l'Etat dans le département ou à son délégué dans l'arrondissement, notamment, des 'délibérations du conseil municipal' en vue de permettre audit représentant, en application de l'article 3 de la loi, de déférer à la juridiction administrative dans les deux mois de leur transmission celles de ces délibérations qu'il estime contraires à la légalité ; qu'au surplus l'article 8 de la loi du 2 mars 1982, également applicable dans les départements de la Moselle, du Bas-Rhin et du Haut-Rhin, prévoit que, lorsque le budget d'une commune n'est pas voté en équilibre réel, le représentant de l'Etat saisit la chambre régionale des comptes 'dans un délai de trente jours à compter de la transmission prévue à l'article 2' ; [...] par suite, le maire de la ville de Metz était tenu de transmettre au représentant de l'Etat la

[183] Code général des collectivités territoriales, article LO.1114-3, alinéa 3 : « Pour chaque catégorie, la part des ressources propres ne peut être inférieure au niveau constaté au titre de l'année 2003. »

délibération du 1er mars 1985 du conseil municipal de Metz adoptant le budget primitif de la ville pour l'exercice 1985, alors même que cette délibération était exécutoire de plein droit en vertu des dispositions combinées de l'article 17-1 de la loi du 2 mars 1982 et de l'article L. 181-31 du code des communes ».

Les articles L. 1612-1 et L. 1612-2 du Code général des collectivités territoriales visent à garantir le principe d'*antériorité budgétaire* en assurant que le budget soit adopté avant le début de l'exercice, c'est-à-dire avant le début de l'année civile. L'exercice budgétaire territorial est aligné sur celui de l'Etat, ce qui garantit la synchronisation du rythme des finances publiques nationales. La disposition prévoit cependant des solutions en cas de non-respect du principe d'antériorité. Si le budget n'est pas établi au début de l'exercice budgétaire, l'exécutif de la collectivité peut mettre les recettes en recouvrement et engager les dépenses de fonctionnement en prolongeant l'autorisation budgétaire de l'exercice antérieur. Cette tolérance vaut jusqu'au 15 avril de l'année d'exercice. Au-delà de cette date, l'Etat, mettant en œuvre son autorité de tutelle, doit se substituer aux autorités locales. Celles-ci sont alors déchargées de leur compétence en matière budgétaire. Dans cette hypothèse la Chambre régionale des comptes exerce une fonction d'expertise. Le budget est réglé par le préfet sur avis de la juridiction des comptes. Le préfet doit en principe suivre l'avis de la Chambre régionale des comptes. Il peut ne peut s'écarter de cet avis qu'en motivant sa décision.

L'article L. 1612-4 impose le respect du principe d'*équilibre budgétaire* aux collectivités territoriales. Le budget des collectivités territoriales est structuré par la distinction entre une section de fonctionnement et une section d'investissement. Chaque section doit en principe être votée en équilibre. Il est cependant admis que les recettes de fonctionnement puissent, en cas d'excédent de la section de fonctionnement, contribuer à équilibrer la section d'investissement (article L. 1612-6). La section d'investissement n'est cependant en équilibre que si le remboursement en capital des annuités d'emprunt à échoir au cours de l'exercice est financé sans recours au produit des emprunts. Le principe vise à éviter que les collectivités ne remboursent leurs dettes par voie d'emprunt.

L'article L. 1612-5 prévoit la procédure d'exercice de la tutelle financière. En cas de déséquilibre le préfet saisit la Chambre régionale des comptes. La juridiction des comptes communique en tant qu'organe expert des propositions en vue de rétablir la situation. La collectivité est alors invitée à adopter les mesures proposées dans le délai d'un mois. Si la situation de déséquilibre perdure le préfet doit se substituer en tant qu'autorité étatique aux autorités locales pour régler le budget de la collectivité. Le représentant de l'Etat doit en principe se conformer aux propositions de la Chambre régionale des comptes dans les mêmes conditions qu'en ce qui concerne le principe d'antériorité. Le contrôle de l'équilibre budgétaire s'exerce également à l'occasion de la constatation de l'exécution du budget. L'article L. 1612-14 précise les conditions de l'exercice de la tutelle étatique dans une telle situation. Ici encore la juridiction financière se voit attribuer une mission d'expertise. La collectivité peut entériner les propositions de la juridiction dans le budget prévu pour l'exercice budgétaire suivant. La juridiction des comptes contrôle ce budget et exerce son pouvoir de proposition.

Si les mesures nécessaires ne sont pas prises par la collectivité le préfet doit exercer son pouvoir de tutelle dans les conditions précédemment évoquées.

L'article L. 1612-15 prévoit une procédure analogue en ce qui concerne les *dépenses obligatoires* des collectivités. Ces dépenses sont définies par le législateur pour chaque catégorie de collectivités. Le défaut d'inscription de dépenses obligatoires au budget d'une collectivité peut entraîner la mise en œuvre des pouvoirs de tutelle financière de la part de l'autorité préfectorale. Ici encore la juridiction financière se trouve saisie. Elle exerce alors un contrôle de légalité. Elle peut être saisie par toute personne intéressée, mais la disposition insiste sur la fonction de contrôle exercée en la matière par le comptable de la collectivité et l'administration préfectorale saisie automatiquement du budget de la collectivité. La Chambre régionale des comptes se trouve chargée d'enjoindre à la collectivité d'inscrire à son budget la dépense obligatoire. La juridiction des comptes peut joindre à la mise en demeure des recommandations destinées à garantir l'équilibre budgétaire. Si cette procédure n'aboutit pas, il appartient au représentant de l'Etat de régler le budget de la collectivité dans des conditions analogues aux hypothèses précédemment évoquées. L'article L. 1612-16 prévoit la possibilité pour le préfet de procéder au *mandatement d'office* d'une dépense en cas de non-respect d'une mise en demeure émise par la juridiction des comptes. (Pour des exemples de dépenses obligatoires pour la commune, voir article L. 2321-2 : entretien de l'hôtel de ville ; indemnités de fonction des élus ; rémunération des agents communaux…)

- Comptabilité des collectivités territoriales

Les articles L. 1617-1 à L. 1617-6 portent sur la comptabilité des collectivités territoriales et de leurs établissements publics (article L. 1617-4). L'article L. 1617-1 consacre la présence du Trésor public auprès des collectivités territoriales. Les comptables de collectivités territoriales sont des comptables publics et les finances locales sont régies par le droit de la comptabilité publique (pour la commune, article L. 2343-1 ; pour le département, article L. 3342-1). Le Code général des collectivités territoriales comporte nombre de dispositions qui coordonnent le droit des collectivités territoriales et le droit de la comptabilité publique. Ainsi le contrôle exercé par le comptable sur les décisions de l'ordonnateur ne relève-t-il que d'un contrôle formel de stricte légalité (article L. 1617-2). De même le pouvoir de réquisition de l'ordonnateur se trouve-t-il transféré dans le cas des collectivités territoriales aux exécutifs de ces collectivités (article L. 1617-3). Le Trésor public est également compétent pour le recouvrement des créances des collectivités selon les règles de la comptabilité publique (article L. 1617-5). La comptabilité des collectivités territoriales est régie par des textes à caractère réglementaire. L'article R. 2342-1 dispose ainsi : « Conformément aux dispositions de l'article 1er du décret n° 2012-1246 du 7 novembre 2012 relatif à la gestion budgétaire et comptable publique, sont applicables aux communes et à leurs établissements publics les principes fondamentaux contenus dans le titre Ier dudit décret. » A titre d'exemple l'article D. 2342-2 dispose, pour la commune : « Les recettes et les dépenses des communes ne peuvent être faites que conformément au budget de chaque exercice ou aux décisions modificatives. » De même l'article D. 2342-5 dispose-t-il : « Les dépenses ne peuvent être acquittées que sur les crédits ouverts à chacune d'elles ; ces crédits ne peuvent être employés par le maire à d'autres dépenses. »

- Décentralisation financière fonctionnelle

A côté de la décentralisation territoriale doit être traitée la *décentralisation fonctionnelle* en matière financière. La notion de décentralisation se définit, rappelons-le, comme le fait pour l'Etat de déléguer des missions étatiques à des entités autonomes. La décentralisation financière territoriale se justifie par l'idée de démocratie locale. Les collectivités territoriales représentent au niveau local l'idée du contrôle démocratique sur le fonctionnement financier public. L'Etat peut également confier l'exercice de missions financières à des entités autonomes spécialisées. Les principales entités en la matière sont aujourd'hui la Banque de France, la Caisse des dépôts et consignations et la Monnaie de Paris, qui jouissent de la qualité de personnes morales de droit public.

La *Banque de France* et la *Monnaie de Paris* ont notamment pour fonction l'*émission monétaire* en billets de banque et en monnaie métallique. Alors que la Banque de France est à l'origine une banque privée bénéficiant d'un privilège d'émission, la Monnaie de Paris exerce une mission autrefois prise en charge directement par le Trésor public. La *Caisse des dépôts et consignations* est quant à elle une banque d'Etat dont le statut et les missions sont spécifiques. Dans l'histoire des finances publiques les institutions financières publiques ou parapubliques ont pu être extrêmement nombreuses. Selon les systèmes économiques, le système financier peut être à dominante privée ou partiellement, voire totalement, étatisé. Dans l'économie libéralisée le système financier est distinct de l'Etat. Le Code monétaire et financier pose les fondements juridiques du système financier français.

Ce n'est donc pas un hasard si des dispositions importantes du Code monétaire et financier sont consacrées à des institutions financières publiques. L'article L. 518-1 exclut diverses institutions publiques du champ d'application du droit bancaire commun. Parmi ces institutions on compte le *Trésor public*, la *Banque de France* et la *Caisse des dépôts et consignations*. Ces institutions jouissent d'un régime juridique spécifique, distinct de celui qui régit les autres *établissements de crédit*, mais sont néanmoins en droit de réaliser, comme le précise l'alinéa 2, des *opérations de banque*[184]. En vertu de l'article L. 311-1 du Code monétaire et financier : « Les opérations de banque comprennent la réception de fonds remboursables du public, les opérations de crédit, ainsi que les services bancaires de paiement. » La décentralisation financière fonctionnelle s'analyse comme le fait de confier des missions financières, en particulier la compétence pour réaliser des opérations de banque, à des personnes publiques spécialisées.

- Constitution financière et système financier

La notion de constitution financière n'étend pas son champ d'application au-delà de la sphère publique. Au sens large pourtant il serait loisible de traiter à travers cette

---

[184] Edgard Allix *op. cit.*, p. 325-330, définissait le Trésor comme le « banquier des budgets ».

notion la structure normative organisant l'ensemble des finances c'est-à-dire la totalité du secteur économique spécialisé dans les activités financières. Sous cet angle la constitution financière engloberait les finances publiques et le droit bancaire. Nous nous cantonnons à l'acception habituelle de l'expression de constitution financière, mais il va de soi que les finances publiques ne sont pas pensables indépendamment de leur relation aux finances privées. D'une part, l'activité étatique contribue à la structuration des finances privées. D'autre part, l'Etat est tributaire du système financier privé. Nous pouvons donc parler pour la constitution financière d'une fonction de couplage entre la sphère des finances publiques et celle des finances privées.

Du point de vue de la constitution financière au sens où nous entendons cette notion, c'est-à-dire dans la perspective des finances publiques, le couplage entre système financier privé et public s'opère à travers deux mécanismes. Les fonctions financières de l'Etat s'exercent, d'abord, à travers une activité de police (ou de régulation) exercée par l'Etat vis-à-vis du système financier. L'organisation du système financier privé sous l'égide de l'Etat relève de la discipline générale du droit public économique. Relève spécifiquement de la constitution financière, c'est-à-dire de l'organisation financière de l'Etat, la délégation de missions financières à des personnes publiques indépendantes. C'est ce que nous désignons par la notion de décentralisation financière fonctionnelle. Une autre question relevant de la constitution financière concerne le recours de l'Etat au système financier privé, c'est-à-dire la question des modalités juridiques de l'emprunt public.

La place de l'Etat dans le système financier s'incarne avant tout, et de façon traditionnelle, par ce qu'on désigne à travers la notion de droit de « battre monnaie ». C'est ainsi qu'à l'origine de la théorie politique et juridique de l'Etat moderne Jean Bodin fit du droit de battre monnaie un attribut de la souveraineté[185]. Dans l'absolu, l'émission de la monnaie n'est cependant pas une prérogative naturelle de l'Etat. L'école dite du *free banking* défend l'idée de l'application du principe de concurrence à l'émission de la monnaie. La théorie monétaire admet donc la possibilité d'une émission privée de la monnaie[186]. Le monopole étatique de l'émission de la monnaie est plutôt un produit contingent de l'histoire de l'Etat. Le droit de battre monnaie fonde l'existence dans la constitution financière française de deux institutions publiques, la Banque de France et la Monnaie de Paris, institutions auxquelles est réservée la frappe de la monnaie et qui assument en complément de cette mission des activités de police financière. Par ailleurs, les Etats peuvent décider de prendre en charge des activités bancaires de façon directe ou indirecte.

---

[185] Jean Bodin, *Les six livres de la république. Un abrégé du texte de l'édition de Paris de 1583*, Paris : Le livre de poche, 1993, 176 : « Quant au droit de [battre monnaie], il est de même nature de la loi, et n'y a que celui qui a puissance de faire loi, qui puisse donner loi aux monnaies : ce qui est bien entendu par les mots Grecs, Latins et Français ; car le mot de *nummus*, est du Grec *nomos*, comme loi et aloi : et ceux qui parlent mieux ôtent la première lettre. Or il n'y a rien de plus grande conséquence après la loi, que le titre, valeur et pied des monnaies [...] » En somme, selon Jean Bodin, le droit de battre monnaie est dérivé de la « première marque de la souveraineté » à savoir « la puissance de donner loi à tous en général, et à chacun en particulier » (p. 160).
[186] F. A. Hayek, *Denationalisation of Money*, London : The Institute of Economic Affairs, 1976.

Un second point de contact entre les systèmes financiers public et privé est le recours de l'Etat aux ressources financières de l'économie à travers l'emprunt. Le statut juridique de l'emprunt tient une place assez limitée dans la constitution financière dans la mesure où l'Etat tend à se plier, lorsqu'il emprunte, aux règles du marché financier. Aujourd'hui le Trésor propose aux investisseurs privés une gamme diversifiée de produits, bons du Trésor à court (un à deux ans) moyen (cinq ans) ou long (dix, quinze et trente ans) terme ou obligations assimilables du Trésor (OAT) à moyen et long terme (deux à cinquante ans)[187]. En termes de régime, l'emprunt d'Etat tend, depuis la loi bancaire de 1984, à la banalisation, c'est-à-dire à l'assujettissement de la dette d'Etat au droit commun du marché financier. Auparavant les emprunts d'Etat pouvaient donner lieu à des formes dérogatoires, comme l'emprunt obligatoire, ou des emprunts assortis d'avantage fiscaux, comme une exemption de droits de succession ou de donation (emprunt Pinay de 1952). La LOLF dispose en son article 26, 4° : « [Les emprunts émis par l'Etat] ne peuvent prévoir d'exonération fiscale. » La même disposition prévoit que l'Etat s'assujettit en matière d'emprunt aux relations contractuelles : « Les remboursements d'emprunts sont exécutés conformément au contrat d'émission. » Notons enfin que, dans sa forme actuelle, l'emprunt d'Etat ne s'adresse plus directement aux épargnants mais transite par l'intermédiaire des établissements de crédits (au moyen de produits tels que les assurances-vie).

- La Banque de France, la Caisse des dépôts et consignations et la Monnaie de Paris

Les articles L. 141-1 et suivants du Code monétaire et financier portent sur le statut de la *Banque de France*. L'article L. 142-1 consacre le statut de banque d'Etat de la Banque de France issu de la nationalisation réalisée en 1946. Le statut de la Banque de France s'inscrit désormais dans le contexte du Système européen de banques centrales dont la Banque de France assume les missions au niveau national, en particulier « l'objectif principal de stabilité des prix » (alinéa 2). De même la disposition consacre-t-elle le principe d'*indépendance des banques centrales* en disposant que la direction de la banque « ne peut ni solliciter ni accepter d'instructions du Gouvernement ou de toute personne » (alinéa 3). L'article L. 141-3 proscrit en particulier la pratique, traditionnelle avant le tournant vers la monnaie unique, des *avances de la banque de France* au Trésor public, c'est-à-dire des prêts octroyés à l'Etat, notamment pour l'administration des fluctuations de trésorerie.

La Banque de France exerce par ailleurs diverses fonctions au service de l'Etat. Elle exerce sur le territoire national le *monopole d'émission de billets* de banques (article L. 141-5). Elle « détient et gère les réserves de change de l'Etat en or et en devises » (article L. 141-2). L'Etat lui délègue une fonction de police à l'égard du système financier. Elle « veille [...] à la stabilité du système financier » (article L. 141-5-1) et au « au bon fonctionnement et à la sécurité des systèmes paiement » et « s'assure de la sécurité des moyens de paiement » (article L. 141-4). La Banque de France dispose par ailleurs de prérogatives en vue de l'exercice de sa fonction de police. Ainsi dispose-t-elle d'un droit à se faire communiquer des informations de la part des établissements de crédits (banques) (article L. 141-6 I). La Banque de France exerce

[187] Les emprunts d'Etat sont régis par des arrêtés pris pour le ministre des finances par le directeur général de l'agence France Trésor.

également une mission d'information vis-à-vis de l'Etat. Elle est ainsi chargée de l'établissement de la balance des paiements et du « suivi du financement des entreprises » (article L. 141-6 II). Elle participe à cette mission d'information en collaboration avec l'Institut national de la statistique (INSEE) (article L. 141-6 IV).

Les articles L. 518-2 et suivants du Code monétaire et financier sont consacrés au statut de la *Caisse des dépôts et consignations.* La caisse des dépôts et consignations est originellement un établissement public administratif et aujourd'hui qualifiée d'« établissement spécial » (article L. 518-2, alinéa 2). La Caisse des dépôts et consignations visait à l'origine à mettre à l'abri des convoitises de l'Etat les sommes consignées dans le cadre de litiges ou les dépôts de certaines professions comme les notaires. Son régime fut intégré au décret impérial de 1862. Aujourd'hui la Caisse des dépôts et consignations administre des fonds considérables issus notamment de l'épargne populaire. Ces fonds sont affectés de façon privilégiée à des missions d'intérêt général, comme le financement du logement social, le développement économique local et national, la politique de la ville, le développement durable, etc. (article L. 518-2, alinéa 2). En tant que banque publique la Caisse des dépôts et consignation se trouve placée sous le contrôle du Parlement (article L. 518-2, alinéa 4). La Caisse des dépôts et consignations est donc une banque publique (investisseur institutionnel) qui mêle des activités purement financières et des activités d'intérêt général.

En vertu de l'article L. 121-3 du Code monétaire et financier, la *Monnaie de Paris* est un établissement public industriel et commercial placé sous la tutelle de l'Etat. Cette institution reçoit du législateur la mission de « fabriquer pour le compte de l'Etat » « les pièces métalliques ayant cours légal et pouvoir libératoire destinées à la circulation en France » (article L. 121-2). La Monnaie de Paris fabrique également toute autre monnaie « ayant cours légal et pouvoir libératoire » telles les « monnaies de collection françaises ». La Monnaie de Paris est corrélativement chargée de missions de police, d'expertise, de contrôle et de « lutte contre la contrefaçon des pièces métalliques ». De même participe-t-elle de la police des poids et mesures à travers la fabrication et la commercialisation des « instruments de marque » et des « poinçons de garantie métallique » (article L. 121-3). La qualification d'établissement public industriel et commercial se justifie par la double activité de cette institution, administrative d'une part, et de production et de commercialisation d'autre part. Ces activités étaient autrefois étatiques et faisaient l'objet, dans le budget de l'Etat, d'un budget annexe, le budget annexe des Monnaie et médailles.

TEXTES

Déclaration de 1789 (extraits)

Article 13

Pour l'entretien de la force publique, et pour les dépenses d'administration, une contribution commune est indispensable : elle doit être également répartie entre tous les citoyens, en raison de leurs facultés.

Article 14

Tous les Citoyens ont le droit de constater, par eux-mêmes ou par leurs représentants, la nécessité de la contribution publique, de la consentir librement, d'en suivre l'emploi, et d'en déterminer la quotité, l'assiette, le recouvrement et la durée.

Article 15

La Société a le droit de demander compte à tout Agent public de son administration.

Constitution du 4 octobre 1958 (extraits)

Article 34

La loi fixe les règles concernant : […] l'assiette, le taux et les modalités de recouvrement des impositions de toutes natures ; le régime d'émission de la monnaie.

[…]

Les lois de finances déterminent les ressources et les charges de l'État dans les conditions et sous les réserves prévues par une loi organique.

Les lois de financement de la sécurité sociale déterminent les conditions générales de son équilibre financier et, compte tenu de leurs prévisions de recettes, fixent ses objectifs de dépenses, dans les conditions et sous les réserves prévues par une loi organique.

Des lois de programmation déterminent les objectifs de l'action de l'État.

Les orientations pluriannuelles des finances publiques sont définies par des lois de programmation. Elles s'inscrivent dans l'objectif d'équilibre des comptes des administrations publiques.

Les dispositions du présent article pourront être précisées et complétées par une loi organique.

Article 39

L'initiative des lois appartient concurremment au Premier ministre et aux membres du Parlement.

Les projets de loi sont délibérés en conseil des ministres après avis du Conseil d'Etat et déposés sur le bureau de l'une des deux Assemblées. Les projets de loi de finances et de loi de financement de la sécurité sociale sont soumis en premier lieu à l'Assemblée nationale. Sans préjudice du premier alinéa de l'article 44, les projets de loi ayant pour principal objet l'organisation des collectivités territoriales sont soumis en premier lieu au Sénat.

[…]

Article 40

Les propositions et amendements formulés par les membres du Parlement ne sont pas recevables lorsque leur adoption aurait pour conséquence soit une diminution des ressources publiques, soit la création ou l'aggravation d'une charge publique.

Article 45

Tout projet ou proposition de loi est examiné successivement dans les deux assemblées du Parlement en vue de l'adoption d'un texte identique. Sans préjudice de l'application des articles 40 et 41, tout amendement est recevable en première lecture dès lors qu'il présente un lien, même indirect, avec le texte déposé ou transmis.

Lorsque, par suite d'un désaccord entre les deux assemblées, un projet ou une proposition de loi n'a pu être adopté après deux lectures par chaque assemblée ou, si le Gouvernement a décidé d'engager la procédure accélérée sans que les Conférences des présidents s'y soient conjointement opposées, après une seule lecture par chacune d'entre elles, le Premier ministre ou, pour une proposition de loi, les présidents des deux assemblées agissant conjointement, ont la faculté de provoquer la réunion d'une commission mixte paritaire chargée de proposer un texte sur les dispositions restant en discussion.

Le texte élaboré par la commission mixte peut être soumis par le Gouvernement pour approbation aux deux assemblées. Aucun amendement n'est recevable sauf accord du Gouvernement.

Si la commission mixte ne parvient pas à l'adoption d'un texte commun ou si ce texte n'est pas adopté dans les conditions prévues à l'alinéa précédent, le Gouvernement peut, après une nouvelle lecture par l'Assemblée nationale et par le Sénat, demander à l'Assemblée nationale de statuer définitivement. En ce cas, l'Assemblée nationale peut reprendre soit le texte élaboré par la commission mixte, soit le dernier texte voté par elle, modifié le cas échéant par un ou plusieurs des amendements adoptés par le Sénat.

Article 47

Le Parlement vote les projets de loi de finances dans les conditions prévues par une loi organique.

Si l'Assemblée nationale ne s'est pas prononcée en première lecture dans le délai de quarante jours après le dépôt d'un projet, le Gouvernement saisit le Sénat qui doit statuer dans un délai de quinze jours. Il est ensuite procédé dans les conditions prévues à l'article 45.

Si le Parlement ne s'est pas prononcé dans un délai de soixante-dix jours, les dispositions du projet peuvent être mises en vigueur par ordonnance.

Si la loi de finances fixant les ressources et les charges d'un exercice n'a pas été déposée en temps utile pour être promulguée avant le début de cet exercice, le Gouvernement demande d'urgence au Parlement l'autorisation de percevoir les impôts et ouvre par décret les crédits se rapportant aux services votés.

Les délais prévus au présent article sont suspendus lorsque le Parlement n'est pas en session.

Article 47-1.

Le Parlement vote les projets de loi de financement de la sécurité sociale dans les conditions prévues par une loi organique.

Si l'Assemblée nationale ne s'est pas prononcée en première lecture dans le délai de vingt jours après le dépôt d'un projet, le Gouvernement saisit le Sénat qui doit statuer dans un délai de quinze jours. Il est ensuite procédé dans les conditions prévues à l'article 45.

Si le Parlement ne s'est pas prononcé dans un délai de cinquante jours, les dispositions du projet peuvent être mises en œuvre par ordonnance.

Les délais prévus au présent article sont suspendus lorsque le Parlement n'est pas en session et, pour chaque assemblée, au cours des semaines où elle a décidé de ne pas tenir séance, conformément au deuxième alinéa de l'article 28.

Article 47-2

La Cour des comptes assiste le Parlement dans le contrôle de l'action du Gouvernement. Elle assiste le Parlement et le Gouvernement dans le contrôle de l'exécution des lois de finances et de l'application des lois de financement de la sécurité sociale ainsi que dans l'évaluation des politiques publiques. Par ses rapports publics, elle contribue à l'information des citoyens.

Les comptes des administrations publiques sont réguliers et sincères. Ils donnent une image fidèle du résultat de leur gestion, de leur patrimoine et de leur situation financière.

Article 61

Les lois organiques, avant leur promulgation, les propositions de loi mentionnées à l'article 11 avant qu'elles ne soient soumises au référendum, et les règlements des assemblées parlementaires, avant leur mise en application, doivent être soumis au Conseil constitutionnel qui se prononce sur leur conformité à la Constitution.

Aux mêmes fins, les lois peuvent être déférées au Conseil constitutionnel, avant leur promulgation, par le Président de la République, le Premier ministre, le président de l'Assemblée nationale, le président du Sénat ou soixante députés ou soixante sénateurs.

Dans les cas prévus aux deux alinéas précédents, le Conseil constitutionnel doit statuer dans le délai d'un mois. Toutefois, à la demande du Gouvernement, s'il y a urgence, ce délai est ramené à huit jours.

Dans ces mêmes cas, la saisine du conseil constitutionnel suspend le délai de promulgation.

Article 72-2

Les collectivités territoriales bénéficient de ressources dont elles peuvent disposer librement dans les conditions fixées par la loi.

Elles peuvent recevoir tout ou partie du produit des impositions de toutes natures. La loi peut les autoriser à en fixer l'assiette et le taux dans les limites qu'elle détermine.

Les recettes fiscales et les autres ressources propres des collectivités territoriales représentent, pour chaque catégorie de collectivités, une part déterminante de l'ensemble de leurs ressources. La loi organique fixe les conditions dans lesquelles cette règle est mise en oeuvre.

Tout transfert de compétences entre l'Etat et les collectivités territoriales s'accompagne de l'attribution de ressources équivalentes à celles qui étaient consacrées à leur exercice. Toute création ou extension de compétences ayant pour conséquence d'augmenter les dépenses des collectivités territoriales est accompagnée de ressources déterminées par la loi.

La loi prévoit des dispositifs de péréquation destinés à favoriser l'égalité entre les collectivités territoriales.

Loi organique n° 2001-692 du 1er août 2001 relative aux lois de finances

TITRE PRÉLIMINAIRE : DISPOSITIONS RELATIVES À LA PROGRAMMATION DES FINANCES PUBLIQUES

Article 1 A

Dans le respect de l'objectif d'équilibre des comptes des administrations publiques prévu à l'article 34 de la Constitution, la loi de programmation des finances publiques fixe l'objectif à moyen terme des administrations publiques mentionné à l'article 3 du traité sur la stabilité, la coordination et la gouvernance au sein de l'Union économique et monétaire, signé à Bruxelles le 2 mars 2012.

Elle détermine, en vue de la réalisation de cet objectif à moyen terme et conformément aux stipulations du traité précité, les trajectoires des soldes structurels et effectifs annuels successifs des comptes des administrations publiques, au sens de la comptabilité nationale, avec l'indication des calculs permettant le passage des uns aux autres ainsi que l'évolution de la dette publique. Le solde structurel est le solde corrigé des variations conjoncturelles, déduction faite des mesures ponctuelles et temporaires.

La loi de programmation des finances publiques détermine l'effort structurel au titre de chacun des exercices de la période de programmation. L'effort structurel est défini comme l'incidence des mesures nouvelles sur les recettes et la contribution des dépenses à l'évolution du solde structurel.

La loi de programmation des finances publiques présente la décomposition des soldes effectifs annuels par sous-secteur des administrations publiques.

La loi de programmation des finances publiques détermine, au titre de chacun des exercices de la période de programmation, un objectif, exprimé en volume, d'évolution des dépenses des administrations publiques présentées selon les conventions de la comptabilité nationale et une prévision, exprimée en milliards d'euros courants, de ces dépenses en valeur.

La loi de programmation des finances publiques détermine, pour l'ensemble de la période de programmation, une prévision d'évolution exprimée en volume ainsi qu'une prévision exprimée en milliards d'euros courants du montant des dépenses des administrations publiques considérées comme des dépenses d'investissement.

Article 1 B

Outre celles mentionnées à l'article 1er A, les orientations pluriannuelles des finances publiques définies par la loi de programmation des finances publiques comprennent, pour chacun des exercices auxquels elles se rapportent :

1° Une déclinaison, par sous-secteur d'administration publique, de l'objectif d'évolution en volume et de la prévision en milliards d'euros courants des dépenses des administrations publiques, mentionnés au même article 1er A ;

2° Un montant maximal pour les crédits du budget général de l'Etat, pour les prélèvements sur les recettes de l'Etat ainsi que pour les créations, suppressions ou modifications d'impositions de toutes natures affectées à des personnes publiques ou privées autres que les collectivités territoriales, leurs établissements publics et les organismes de sécurité sociale ;

3° L'objectif de dépenses des régimes obligatoires de base de sécurité sociale et des organismes concourant à leur financement ainsi que l'objectif national de dépenses d'assurance maladie de l'ensemble de ces régimes et le taux d'évolution de ses sous-objectifs ;

4° L'incidence minimale des dispositions nouvelles, législatives ou prises par le Gouvernement par voie réglementaire, relatives aux impositions de toutes natures et aux cotisations sociales, en distinguant l'incidence des dispositions portant sur les dépenses fiscales et des dispositions portant sur les exonérations, abattements d'assiette et réductions de taux applicables aux cotisations sociales ;

5° Les plafonds de crédits alloués aux missions du budget général de l'Etat ;

6° L'indication de l'ampleur et du calendrier des mesures de correction pouvant être mises en œuvre en cas d'écart important au regard des orientations pluriannuelles de solde structurel, au sens du II de l'article 62, ainsi que les conditions de prise en compte, le cas échéant, des circonstances exceptionnelles définies à l'article 3 du traité sur la stabilité, la coordination et la gouvernance au sein de l'Union économique et monétaire, signé à Bruxelles le 2 mars 2012.

La loi de programmation des finances publiques peut comporter des orientations pluriannuelles relatives à l'encadrement des dépenses, des recettes et du solde ou au recours à l'endettement de tout ou partie des administrations publiques.

La loi de programmation des finances publiques précise le champ des crédits, prélèvements et impositions mentionnés au 2° du présent article. Les montants et objectifs mentionnés aux 2° et 3° s'entendent à périmètre constant.

Article 1 C

La loi de programmation des finances publiques précise, pour chacune des orientations pluriannuelles qu'elle définit, la période de programmation couverte. Cette période représente une durée minimale de trois années civiles.

Article 1 D

La loi de programmation des finances publiques peut comporter des règles relatives à la gestion des finances publiques ne relevant pas du domaine exclusif des lois de finances et des lois de financement de la sécurité sociale ainsi qu'à l'information et au contrôle du Parlement sur cette gestion. Ces règles peuvent en particulier avoir pour objet d'encadrer les dépenses, les recettes et le solde ou le recours à l'endettement de tout ou partie des administrations publiques.

Les dispositions mentionnées au premier alinéa sont présentées de manière distincte des orientations pluriannuelles des finances publiques.

Article 1 E

Un rapport annexé au projet de loi de programmation des finances publiques et donnant lieu à approbation par le Parlement indique :

1° Les hypothèses et les méthodes retenues pour établir la programmation ;

2° Une présentation, pour l'ensemble de la période de la programmation, des principales dépenses des administrations publiques considérées comme des dépenses d'investissement au sens du dernier alinéa de l'article 1er A, compte tenu de leur contribution à la croissance potentielle du produit intérieur brut, à la transformation structurelle du pays et à son développement social et environnemental à long terme. Cette présentation retrace notamment leur nature, leur montant et leurs effets attendus ;

3° Pour chacun des exercices de la période de la programmation, les perspectives de recettes, de dépenses, de solde et d'endettement des administrations publiques et de chacun de leurs sous-secteurs, exprimées en valeur et selon les conventions de la comptabilité nationale ;

4° Pour chacun des exercices de la période de la programmation, une évaluation minimaliste, moyenne et maximaliste de l'évolution des taux d'intérêt et de son impact sur les comptes de l'Etat ;

5° Pour chacun des exercices de la période de la programmation, l'estimation des dépenses d'assurance vieillesse et des dépenses d'allocations familiales ;

6° Pour chacun des exercices de la période de la programmation, les perspectives de recettes, de dépenses et de solde des régimes complémentaires de retraite et de l'assurance chômage, exprimées selon les conventions de la comptabilité nationale ;

7° Les mesures de nature à garantir le respect de la programmation ;

8° Toute autre information utile au contrôle du respect des plafonds et objectifs mentionnés aux 2° et 3° de l'article 1er B, notamment les principes permettant de comparer les montants que la loi de programmation des finances publiques prévoit avec les montants figurant dans les lois de finances de l'année et les lois de financement de la sécurité sociale de l'année ;

9° Les projections de finances publiques à politiques inchangées, au sens de la directive 2011/85/ UE du Conseil du 8 novembre 2011 sur les exigences applicables aux cadres budgétaires des Etats membres, et la description des politiques envisagées pour réaliser l'objectif à moyen terme au regard de ces projections ;

10° Le montant et la date d'échéance des engagements financiers significatifs de l'Etat en cours n'ayant pas d'implication immédiate sur le solde structurel ;

11° Les modalités de calcul de l'effort structurel mentionné à l'article 1er A de la présente loi organique, la répartition de cet effort entre chacun des sous-secteurs des administrations publiques et les éléments permettant d'établir la correspondance entre la notion d'effort structurel et celle de solde structurel ;

12° Les hypothèses de produit intérieur brut et de produit intérieur brut potentiel retenues pour la programmation des finances publiques. Le rapport présente et justifie les différences éventuelles par rapport aux estimations de la Commission européenne ;

13° Les hypothèses ayant permis l'estimation des effets de la conjoncture sur les dépenses et les recettes publiques, notamment les hypothèses d'élasticité à la conjoncture des différentes catégories de prélèvements obligatoires et des dépenses d'indemnisation du chômage. Le rapport présente et justifie les différences éventuelles par rapport aux estimations de la Commission européenne ;

14° Les modalités de calcul du solde structurel annuel mentionné à l'article 1er A.

Ce rapport présente également la situation de la France, par rapport aux autres Etats membres de l'Union européenne, au regard des objectifs stratégiques européens.

Article 1 F

La loi de programmation des finances publiques comprend quatre parties distinctes relatives au cadre financier pluriannuel :

1° De l'ensemble des administrations publiques ;

2° Des administrations publiques centrales ;

3° Des administrations publiques locales ;

4° Des administrations de sécurité sociale.

Article 1 G

La loi de programmation des finances publiques présente de façon sincère les perspectives de dépenses, de recettes, de solde et d'endettement des administrations publiques. Sa sincérité s'apprécie compte tenu des informations disponibles et des prévisions qui peuvent raisonnablement en découler.

Article 1 H

La loi de finances de l'année, les lois de finances rectificatives, les lois de financement rectificatives de la sécurité sociale et les lois de finances de fin de gestion comprennent un article liminaire présentant un tableau de synthèse retraçant, pour l'année sur laquelle elles portent et en rappelant les prévisions de la loi de programmation des finances publiques en vigueur pour l'année en question :

1° L'état des prévisions de solde structurel et de solde effectif de l'ensemble des administrations publiques, avec l'indication des calculs permettant d'établir le passage de l'un à l'autre, et des prévisions de solde par sous-secteur ;

2° L'état de la prévision, déclinée par sous-secteur d'administration publique, de l'objectif d'évolution en volume et de la prévision en milliards d'euros courants des dépenses des administrations publiques ;

3° L'état des prévisions de prélèvements obligatoires, de dépenses et d'endettement de l'ensemble des administrations publiques, exprimées en pourcentage du produit intérieur brut.

Le tableau de synthèse de la loi de finances de l'année indique également les agrégats mentionnés aux 1°, 2° et 3°, résultant de la dernière année écoulée et des prévisions d'exécution de l'année en cours.

L'article liminaire présente également, pour l'année en question, l'état des prévisions portant sur les principales dépenses des administrations publiques considérées comme des dépenses d'investissement au sens du dernier alinéa de l'article 1er A et du 2° de l'article 1er E.

Il est indiqué, dans l'exposé des motifs du projet de loi de finances de l'année, du projet de loi de finances rectificative ou du projet de loi de financement rectificative de la sécurité sociale, si les hypothèses ayant permis le calcul du solde structurel sont les mêmes que celles ayant permis de le calculer pour cette même année dans le cadre de la loi de programmation des finances publiques.

Article 1 I

La loi relative aux résultats de la gestion et portant approbation des comptes de l'année comprend un article liminaire présentant un tableau de synthèse retraçant, pour l'année à laquelle elle se rapporte :

1° Le solde structurel et le solde effectif de l'ensemble des administrations publiques résultant de l'exécution ;

2° Les dépenses des administrations publiques résultant de l'exécution, exprimées en milliards d'euros courants, ainsi que l'évolution des dépenses publiques sur l'année, exprimée en volume ;

3° Les prélèvements obligatoires, les dépenses et l'endettement de l'ensemble des administrations publiques résultant de l'exécution, exprimés en pourcentage du produit intérieur brut.

L'article liminaire présente également, pour l'année en question, les principales dépenses des administrations publiques considérées comme des dépenses d'investissement au sens du dernier alinéa de l'article 1er A et du 2° de l'article 1er E.

Le cas échéant, l'écart par rapport aux prévisions de soldes de la loi de finances de l'année et de la loi de programmation des finances publiques est indiqué. Il est également indiqué, dans l'exposé des motifs du projet de loi relative aux résultats de la gestion et portant approbation des comptes de l'année, si les hypothèses ayant permis le calcul du solde structurel sont les mêmes que celles ayant permis de le calculer, pour cette même année, dans le cadre de la loi de finances de l'année et dans le cadre de la loi de programmation des finances publiques.

Article 1 J

Le rapport annexé au projet de loi de finances de l'année mentionné à l'article 50 présente, pour l'année à laquelle il se rapporte et pour l'ensemble des administrations publiques, l'évaluation prévisionnelle de l'effort structurel défini à l'article 1er A et du solde effectif, détaillée par sous-secteur des administrations publiques, ainsi que les éléments permettant d'établir la correspondance entre la notion d'effort structurel et celle de solde structurel.

Article 1 K

Au plus tard quinze jours avant la présentation par le Gouvernement aux institutions européennes des documents prévus par le droit de l'Union européenne dans le cadre des procédures de coordination des politiques économiques et budgétaires, le Gouvernement transmet l'ensemble de ces documents au Parlement et y joint, dans la perspective de l'examen et du vote du projet de loi de finances de l'année suivante, un rapport sur l'évolution de l'économie nationale et sur les orientations des finances publiques comportant :

1° Une analyse des évolutions économiques constatées depuis l'établissement du rapport mentionné à l'article 50 ;

2° Une description des grandes orientations de sa politique économique et budgétaire au regard des engagements européens de la France ;

3° L'évaluation pluriannuelle de l'évolution des recettes et des dépenses des administrations de sécurité sociale ainsi que de l'objectif national de dépenses d'assurance maladie ;

4° Une analyse de la situation financière des administrations publiques locales ;

5° Une actualisation des données contenues dans le rapport mentionné au II de l'article 48.

Les documents transmis au Parlement peuvent donner lieu à un débat à l'Assemblée nationale et au Sénat.

TITRE Ier. – DES LOIS DE FINANCES.

Article 1

Dans les conditions et sous les réserves prévues par la présente loi organique, les lois de finances déterminent, pour un exercice, la nature, le montant et l'affectation des ressources et des charges de l'Etat, ainsi que l'équilibre budgétaire et financier qui en résulte. Elles tiennent compte d'un équilibre économique défini, ainsi que des objectifs et des résultats des programmes qu'elles déterminent.

L'exercice s'étend sur une année civile.

Ont le caractère de lois de finances :

1° La loi de finances de l'année ;

2° Les lois de finances rectificatives ;

3° La loi de finances de fin de gestion ;

4° La loi relative aux résultats de la gestion et portant approbation des comptes de l'année ;

5° Les lois prévues à l'article 45.

TITRE II. – DES RESSOURCES ET DES CHARGES DE L'ETAT.

Article 2

Les ressources et les charges de l'Etat comprennent les ressources et les charges budgétaires ainsi que les ressources et les charges de trésorerie.

Les impositions de toute nature ne peuvent être directement affectées à un tiers qu'à raison des missions de service public confiées à lui et sous les réserves prévues par les articles 34, 36 et 51.

Chapitre Ier. – Des ressources et des charges budgétaires.

Article 3

Les ressources budgétaires de l'Etat comprennent :

1° Des impositions de toutes natures ;

2° Les revenus courants de ses activités industrielles et commerciales, de son domaine, de ses participations financières ainsi que de ses autres actifs et droits, les rémunérations des services rendus par lui, les retenues et cotisations sociales établies à son profit, le produit des amendes, les versements d'organismes publics et privés autres que ceux relevant des opérations de trésorerie, et les produits résultant des opérations de trésorerie autres que les primes à l'émission d'emprunts de l'Etat ;

3° Les fonds de concours finançant des dépenses autres que les dépenses d'investissement au sens du 5° du I de l'article 5, ainsi que les dons et legs consentis à son profit ;

3° bis Les fonds de concours finançant des dépenses d'investissement au sens du même 5° ;

4° Les revenus courants divers ;

5° Les remboursements des prêts et avances ;

6° Les produits de cession de son domaine, de ses participations financières ainsi que de ses autres actifs et droits ;

7° Les produits exceptionnels divers.

Article 4

La rémunération de services rendus par l'Etat peut être établie et perçue sur la base de décrets en Conseil d'Etat pris sur le rapport du ministre chargé des finances et du ministre intéressé. Ces décrets sont joints en annexe au projet de loi relative aux résultats de la gestion et portant approbation des comptes de l'année afférent à l'année concernée.

Article 5

I. – Les charges budgétaires de l'Etat sont regroupées sous les titres suivants :

1° Les dotations des pouvoirs publics ;

2° Les dépenses de personnel ;

3° Les dépenses de fonctionnement ;

4° Les charges de la dette de l'Etat ;

5° Les dépenses d'investissement ;

6° Les dépenses d'intervention ;

7° Les dépenses d'opérations financières.

II. – Les dépenses de personnel comprennent :

- les rémunérations d'activité ;
- les cotisations et contributions sociales ;
- les prestations sociales et allocations diverses.

Les dépenses de fonctionnement comprennent :

- les dépenses de fonctionnement autres que celles de personnel ;
- les subventions pour charges de service public.

Les charges de la dette de l'Etat comprennent :

- les intérêts de la dette financière négociable ;
- les intérêts de la dette financière non négociable ;
- les charges financières diverses.

Les dépenses d'investissement comprennent :

- les dépenses pour immobilisations corporelles de l'Etat ;
- les dépenses pour immobilisations incorporelles de l'Etat ;
- les subventions pour charges d'investissement.

Les dépenses d'intervention comprennent :

- les transferts aux ménages ;
- les transferts aux entreprises ;
- les transferts aux collectivités territoriales ;
- les transferts aux autres collectivités ;
- les appels en garantie.

Les dépenses d'opérations financières comprennent :

- les prêts et avances ;
- les dotations en fonds propres ;
- les dépenses de participations financières.

Article 6

Les ressources et les charges budgétaires de l'Etat sont retracées dans le budget sous forme de recettes et de dépenses.

Le budget décrit, pour une année, l'ensemble des recettes et des dépenses budgétaires de l'Etat. Il est fait recette du montant intégral des produits, sans contraction entre les recettes et les dépenses.

L'ensemble des recettes assurant l'exécution de l'ensemble des dépenses, toutes les recettes et toutes les dépenses sont retracées sur un compte unique, intitulé budget général.

Un montant déterminé de recettes de l'Etat peut être rétrocédé directement au profit des collectivités territoriales ou de l'Union européenne.

Ces prélèvements sur les recettes de l'Etat sont, dans leur montant, évalués de façon précise et distincte dans la loi de finances. Ils sont institués par une loi de finances, qui précise l'objet du prélèvement ainsi que les catégories de collectivités territoriales qui en sont bénéficiaires.

Les recettes des établissements du réseau de coopération et d'action culturelle français à l'étranger, services des missions diplomatiques disposant d'une autonomie financière conformément à l'article 66 de la loi de finances pour 1974 (n° 73-1150 du 27 décembre 1973), sont affectées directement à leurs dépenses. A l'exception des dotations de l'Etat, les recettes et les dépenses consolidées de ces établissements sont retracées au sein d'états financiers joints au projet de loi de finances de l'année en application de l'article 51 de la présente loi organique.

[*Nota : Par décision du Conseil constitutionnel n° 2021-831 DC du 23 décembre 2021, le dernier alinéa de l'article 6 de la loi organique n° 2001-692 du 1er août 2001 relative aux lois de finances, dans sa rédaction résultant de l'article 7 de la loi organique n° 2021-1836 du 28 décembre 2021 relative à la modernisation de la gestion des finances publiques, a été déclaré conforme à la Constitution, sous la réserve énoncée au paragraphe 36 aux termes de laquelle « les documents joints au projet de loi de finances de l'année en application de l'article 51 de cette même loi organique devront comporter des justifications aussi précises sur ces prélèvements qu'en matière de recettes et de dépenses. En outre, l'analyse des prévisions de chaque prélèvement sur les recettes de l'État devra figurer dans une annexe explicative. »*]

Chapitre II. – De la nature et de la portée des autorisations budgétaires.

Article 7

I. – Les crédits ouverts par les lois de finances pour couvrir chacune des charges budgétaires de l'Etat sont regroupés par mission relevant d'un ou plusieurs services d'un ou plusieurs ministères.

Une mission comprend un ensemble de programmes concourant à une politique publique définie. Seule une disposition de loi de finances d'initiative gouvernementale peut créer une mission.

Toutefois, une mission spécifique regroupe les crédits des pouvoirs publics, chacun d'entre eux faisant l'objet d'une ou de plusieurs dotations. De même, une mission regroupe les crédits des deux dotations suivantes :

1° Une dotation pour dépenses accidentelles, destinée à faire face à des calamités, et pour dépenses imprévisibles ;

2° Une dotation pour mesures générales en matière de rémunérations dont la répartition par programme ne peut être déterminée avec précision au moment du vote des crédits.

Un programme regroupe les crédits destinés à mettre en oeuvre une action ou un ensemble cohérent d'actions relevant d'un même ministère et auquel sont associés des objectifs précis, définis en fonction de finalités d'intérêt général, ainsi que des résultats attendus et faisant l'objet d'une évaluation.

II. – Les crédits sont spécialisés par programme ou par dotation.

Les crédits d'un programme ou d'une dotation sont présentés selon les titres mentionnés à l'article 5.

La présentation des crédits par titre est indicative. Toutefois, les crédits ouverts sur le titre des dépenses de personnel de chaque programme constituent le plafond des dépenses de cette nature.

III. – A l'exception des crédits de la dotation prévue au 2° du I, les crédits ouverts sur le titre des dépenses de personnel sont assortis de plafonds d'autorisation des emplois rémunérés par l'Etat. Ces plafonds sont spécialisés par ministère.

IV. – Les crédits ouverts sont mis à la disposition des ministres.

Les crédits ne peuvent être modifiés que par une loi de finances ou, à titre exceptionnel, en application des dispositions prévues aux articles 11 à 15, 17, 18 et 21.

La répartition des emplois autorisés entre les ministères ne peut être modifiée que par une loi de finances ou, à titre exceptionnel, en application du II de l'article 12.

Article 8

Les crédits ouverts sont constitués d'autorisations d'engagement et de crédits de paiement.

Les autorisations d'engagement constituent la limite supérieure des dépenses pouvant être engagées. Pour une opération d'investissement, l'autorisation d'engagement couvre un ensemble cohérent et de nature à être mis en service ou exécuté sans adjonction. L'autorisation d'engagement afférente aux opérations menées en partenariat pour lesquelles l'Etat confie à un tiers une mission globale relative au financement d'investissements ainsi qu'à leur réalisation, leur maintenance, leur exploitation ou leur gestion couvre, dès l'année où le contrat est conclu, la totalité de l'engagement juridique.

Les crédits de paiement constituent la limite supérieure des dépenses pouvant être ordonnancées ou payées pendant l'année pour la couverture des engagements contractés dans le cadre des autorisations d'engagement.

Pour les dépenses de personnel, le montant des autorisations d'engagement ouvertes est égal au montant des crédits de paiement ouverts.

Article 9

Les crédits sont limitatifs, sous réserve des dispositions prévues aux articles 10 et 24. Les dépenses ne peuvent être engagées et ordonnancées que dans la limite des crédits ouverts.

Les conditions dans lesquelles des dépenses peuvent être engagées par anticipation sur les crédits de l'année suivante sont définies par une disposition de loi de finances.

Les plafonds des autorisations d'emplois sont limitatifs.

Article 10

Les crédits relatifs aux charges de la dette de l'Etat, aux remboursements, restitutions et dégrèvements et à la mise en jeu des garanties accordées par l'Etat ont un caractère évaluatif. Ils sont ouverts sur des programmes distincts des programmes dotés de crédits limitatifs.

Les dépenses auxquelles s'appliquent les crédits évaluatifs s'imputent, si nécessaire, au-delà des crédits ouverts. Dans cette hypothèse, le ministre chargé des finances informe les commissions de l'Assemblée nationale et du Sénat chargées des finances des motifs du dépassement et des perspectives d'exécution jusqu'à la fin de l'année.

Les dépassements de crédits évaluatifs font l'objet de propositions d'ouverture de crédits dans le plus prochain projet de loi de finances afférent à l'année concernée.

Les crédits prévus au premier alinéa ne peuvent faire l'objet ni des annulations liées aux mouvements prévus aux articles 12 et 13 ni des mouvements de crédits prévus à l'article 15.

Les crédits relatifs aux remboursements, restitutions et dégrèvements des impositions de toutes natures revenant à l'Etat ne sont pas pris en compte pour l'évaluation des recettes et la présentation du tableau d'équilibre prévues à l'article 34.

Article 11

En tant que de besoin, les crédits ouverts sur la dotation pour dépenses accidentelles et imprévisibles sont répartis par programme, par décret pris sur le rapport du ministre chargé des finances. Lorsque ce décret occasionne une répartition de crédits excédant 100 millions d'euros, le ministre chargé des finances informe, trois jours au moins avant sa publication, les présidents et rapporteurs généraux des commissions de l'Assemblée nationale et du Sénat chargées des finances du montant et du motif de cette répartition ainsi que des programmes concernés.

Les crédits ouverts sur la dotation pour mesures générales en matière de rémunérations sont, par arrêté du ministre chargé des finances, répartis par programme. Cet arrêté ne peut majorer que des crédits ouverts sur le titre des dépenses de personnel.

Article 12

I. – Des virements peuvent modifier la répartition des crédits entre programmes d'un même ministère. Le montant cumulé, au cours d'une même année, des crédits ayant fait l'objet de virements, ne peut excéder 2 % des crédits ouverts par la loi de finances de l'année pour chacun des programmes concernés. Ce plafond s'applique également aux crédits ouverts sur le titre des dépenses de personnel pour chacun des programmes concernés.

II. – Des transferts peuvent modifier la répartition des crédits entre programmes de ministères distincts, dans la mesure où l'emploi des crédits ainsi transférés, pour un objet déterminé, correspond à des actions du programme d'origine. Ces transferts peuvent être assortis de modifications de la répartition des emplois autorisés entre les ministères concernés.

III. – Les virements et transferts sont effectués par décret pris sur le rapport du ministre chargé des finances, après information des commissions de l'Assemblée nationale et du Sénat chargées des finances et des autres commissions concernées. L'utilisation des crédits virés ou transférés donne lieu à l'établissement d'un compte rendu spécial, inséré au rapport établi en application du 4° de l'article 54.

IV. – Aucun virement ni transfert ne peut être effectué au profit de programmes non prévus par une loi de finances.

Aucun virement ni transfert ne peut être effectué au profit du titre des dépenses de personnel à partir d'un autre titre.

Article 13

En cas d'urgence, des décrets d'avance pris sur avis du Conseil d'Etat et après avis des commissions de l'Assemblée nationale et du Sénat chargées des finances peuvent ouvrir des crédits supplémentaires sans affecter l'équilibre budgétaire défini par la dernière loi de finances. A cette fin, les décrets d'avance procèdent à l'annulation de crédits ou constatent des recettes supplémentaires. Le montant cumulé des crédits ainsi ouverts ne peut excéder 1 % des crédits ouverts par la loi de finances de l'année.

La commission chargée des finances de chaque assemblée fait connaître son avis au Premier ministre dans un délai de sept jours à compter de la notification qui lui a été faite du projet de décret. La signature du décret ne peut intervenir qu'après réception des avis de ces commissions ou, à défaut, après l'expiration du délai susmentionné.

La ratification des modifications apportées, sur le fondement des deux alinéas précédents, aux crédits ouverts par la dernière loi de finances est demandée au Parlement dans le plus prochain projet de loi de finances afférent à l'année concernée.

En cas d'urgence et de nécessité impérieuse d'intérêt national, des crédits supplémentaires peuvent être ouverts, après information des commissions de l'Assemblée nationale et du Sénat chargées des finances, par décret d'avance pris en Conseil des ministres sur avis du Conseil d'Etat. Un projet de loi de finances portant ratification de ces crédits est déposé immédiatement ou à l'ouverture de la plus prochaine session du Parlement.

Article 14

I. – Afin de prévenir une détérioration de l'équilibre budgétaire défini par la dernière loi de finances afférente à l'année concernée, un crédit peut être annulé par décret pris sur le rapport du ministre chargé des finances. Un crédit devenu sans objet peut être annulé par un décret pris dans les mêmes conditions.

Avant sa publication, tout décret d'annulation est transmis pour information aux commissions de l'Assemblée nationale et du Sénat chargées des finances et aux autres commissions concernées.

Le montant cumulé des crédits annulés par décret en vertu du présent article et de l'article 13 ne peut dépasser 1,5 % des crédits ouverts par les lois de finances afférentes à l'année en cours.

II. – Les crédits dont l'annulation est proposée par un projet de loi de finances rectificative ou de fin de gestion sont indisponibles pour engager ou ordonnancer des dépenses à compter de son dépôt jusqu'à l'entrée en vigueur de ladite loi ou, le cas échéant, jusqu'à la décision du Conseil constitutionnel interdisant la mise en application de ces annulations en vertu du premier alinéa de l'article 62 de la Constitution.

III. – Tout acte, quelle qu'en soit la nature, ayant pour objet ou pour effet de rendre des crédits indisponibles, est communiqué aux commissions de l'Assemblée nationale et du Sénat chargées des finances.

Article 15

I. – Sous réserve des dispositions concernant les autorisations d'engagement, les crédits ouverts et les plafonds des autorisations d'emplois fixés au titre d'une année ne créent aucun droit au titre des années suivantes.

II. – Les autorisations d'engagement disponibles sur un programme à la fin de l'année peuvent être reportées sur le même programme ou, à défaut, sur un programme poursuivant les mêmes objectifs, par arrêté conjoint du ministre chargé des finances et du ministre intéressé, majorant à due concurrence les crédits de l'année suivante. Ces reports ne peuvent majorer les crédits inscrits sur le titre des dépenses de personnel.

Sous réserve des dispositions prévues à l'article 21, les crédits de paiement disponibles sur un programme à la fin de l'année peuvent être reportés sur le même programme ou, à défaut, sur un programme poursuivant les mêmes objectifs, par arrêté conjoint du ministre chargé des finances et du ministre intéressé, dans les conditions suivantes :

1° A l'exception des crédits ouverts sur un programme en application du II de l'article 17, les crédits inscrits sur le titre des dépenses de personnel ne peuvent faire l'objet d'un report sur l'année suivante ;

2° Les crédits inscrits sur les autres titres du programme bénéficiant du report peuvent être majorés dans la limite globale de 3 % de l'ensemble des crédits initiaux inscrits sur les mêmes titres du programme à partir duquel les crédits sont reportés. Ce plafond peut faire l'objet d'une majoration par une disposition dûment motivée de la loi de finances. Le montant total des crédits de paiement ainsi reportés ne peut excéder 5 % des crédits ouverts par la loi de finances de l'année. Toutefois, en cas de nécessité impérieuse d'intérêt national, la loi de finances peut autoriser une dérogation à ce plafond.

III. – Les crédits ouverts sur un programme en application des dispositions du II de l'article 17 et disponibles à la fin de l'année sont reportés sur le même programme ou, à défaut, sur un programme poursuivant les mêmes objectifs, par arrêté conjoint du ministre chargé des finances et du ministre intéressé.

Le montant des crédits ainsi reportés ne peut excéder la différence entre les recettes et les dépenses constatées sur le fondement des dispositions précitées.

Les reports de crédits de paiement effectués en application du présent paragraphe ne sont pas pris en compte pour apprécier les limites fixées aux 1° et 2° du II.

IV. – Les arrêtés de report sont publiés au plus tard le 15 mars de l'année suivant celle à la fin de laquelle la disponibilité des autorisations d'engagement ou des crédits de paiement a été constatée.

Chapitre III. – Des affectations de recettes.

Article 16

Certaines recettes peuvent être directement affectées à certaines dépenses. Ces affectations prennent la forme de budgets annexes, de comptes spéciaux ou de procédures comptables particulières au sein du budget général, d'un budget annexe ou d'un compte spécial.

Article 17

I. – Les procédures particulières permettant d'assurer une affectation au sein du budget général, d'un budget annexe ou d'un compte spécial sont la procédure de fonds de concours, la procédure d'attribution de produits et la procédure de rétablissement de crédits.

II. – Les fonds de concours sont constitués, d'une part, par des fonds à caractère non fiscal versés par des personnes morales ou physiques pour concourir à des dépenses d'intérêt public et, d'autre part, par les produits de legs et donations attribués à l'Etat.

Les fonds de concours sont directement portés en recettes au budget général, au budget annexe ou au compte spécial considéré. Un crédit supplémentaire de même montant est ouvert par arrêté du ministre chargé des finances sur le programme ou la dotation concernée.

Les recettes des fonds de concours sont prévues et évaluées par la loi de finances. Les plafonds de dépenses et de charges prévus au 6° du I de l'article 34 incluent le montant des crédits susceptibles d'être ouverts par voie de fonds de concours.

L'emploi des fonds doit être conforme à l'intention de la partie versante. A cette fin, un décret en Conseil d'Etat définit les règles d'utilisation des crédits ouverts par voie de fonds de concours.

III. – Les recettes tirées de la rémunération de prestations régulièrement fournies par un service de l'Etat peuvent, par décret pris sur le rapport du ministre chargé des finances, faire l'objet d'une procédure d'attribution de produits. Les règles relatives aux fonds de concours leur sont applicables. Les crédits ouverts dans le cadre de cette procédure sont affectés au service concerné.

IV. – Peuvent donner lieu à rétablissement de crédits dans des conditions fixées par arrêté du ministre chargé des finances :

1° Les recettes provenant de la restitution au Trésor de sommes payées indûment ou à titre provisoire sur crédits budgétaires ;

2° Les recettes provenant de cessions entre services de l'Etat ayant donné lieu à paiement sur crédits budgétaires.

Article 18

I. – Des budgets annexes peuvent retracer, dans les conditions prévues par une loi de finances, les opérations des services de l'Etat non dotés de la personnalité morale résultant de leur activité de production de biens ou de prestation de services donnant lieu au paiement de redevances, lorsqu'elles sont effectuées à titre principal par lesdits services. Les opérations associées à celles mentionnées à la première phrase du présent alinéa peuvent également être retracées sur les budgets annexes.

La création d'un budget annexe et l'affectation d'une recette à un budget annexe ne peuvent résulter que d'une disposition de loi de finances.

II. – Un budget annexe constitue une mission, au sens des articles 7 et 47. Sous réserve des règles particulières définies au présent article, les opérations des budgets annexes sont prévues, autorisées et exécutées dans les mêmes conditions que celles du budget général.

Par dérogation aux dispositions du III de l'article 7, les plafonds des autorisations d'emplois dont sont assortis les crédits ouverts sur le titre des dépenses de personnel sont spécialisés par budget annexe.

Les ressources et les charges des budgets annexes comprennent les ressources et les charges budgétaires ainsi que les ressources et les charges de trésorerie, définies selon les règles établies aux articles 3,5 et 25. La dette nette de chaque budget annexe fait l'objet d'un suivi spécifique.

Aucun des mouvements de crédits prévus aux articles 11 et 12 ne peut être effectué entre le budget général et un budget annexe.

Article 19

Les comptes spéciaux ne peuvent être ouverts que par une loi de finances. Les catégories de comptes spéciaux sont les suivantes :

1° Les comptes d'affectation spéciale ;

2° Les comptes de commerce ;

3° Les comptes d'opérations monétaires ;

4° Les comptes de concours financiers.

L'affectation d'une recette à un compte spécial ne peut résulter que d'une disposition de loi de finances.

Article 20

I. – Il est interdit d'imputer directement à un compte spécial des dépenses résultant du paiement de traitements, salaires, indemnités et allocations de toute nature.

Sous réserve des règles particulières prévues aux articles 21 à 24, les opérations des comptes spéciaux sont prévues, autorisées et exécutées dans les mêmes conditions que celles du budget général. Sauf dispositions contraires prévues par une loi de finances, le solde de chaque compte spécial est reporté sur l'année suivante.

II. – Chacun des comptes spéciaux dotés de crédits constitue une mission au sens des articles 7 et 47. Leurs crédits sont spécialisés par programme.

Aucun des mouvements de crédits prévus aux articles 11 et 12 ne peut être effectué entre le budget général et un compte spécial doté de crédits.

Article 21

I. – Les comptes d'affectation spéciale retracent, dans les conditions prévues par une loi de finances, des opérations budgétaires financées au moyen de recettes particulières qui sont, par nature, en relation directe avec les dépenses concernées. Ces recettes peuvent être complétées par des versements du budget général, dans la limite de 10 % des crédits initiaux de chaque compte.

Les opérations de nature patrimoniale liées à la gestion des participations financières de l'Etat, à l'exclusion de toute opération de gestion courante, sont, de droit, retracées sur un unique compte d'affectation spéciale. Les versements du budget général au profit de ce compte ne sont pas soumis à la limite prévue au premier alinéa. Toutefois, les versements du budget général au profit de ce compte excédant la limite prévue au même premier alinéa donnent lieu à une information préalable des présidents et des rapporteurs généraux des commissions de l'Assemblée nationale et du Sénat chargées des finances, portant sur le montant et le motif de ces versements. Cette information n'est pas rendue publique.

Il en est de même pour les opérations relatives aux pensions et avantages accessoires. Les versements du budget général au profit de ce compte ne sont pas soumis à la limite prévue au premier alinéa.

II. – Sauf dérogation expresse prévue par une loi de finances, aucun versement au profit du budget général, d'un budget annexe ou d'un compte spécial ne peut être effectué à partir d'un compte d'affectation spéciale.

En cours d'année, le total des dépenses engagées ou ordonnancées au titre d'un compte d'affectation spéciale ne peut excéder le total des recettes constatées, sauf pendant les trois mois suivant sa création. Durant cette dernière période, le découvert ne peut être supérieur à un montant fixé par la loi de finances créant le compte.

Si, en cours d'année, les recettes effectives sont supérieures aux évaluations des lois de finances, des crédits supplémentaires peuvent être ouverts, par arrêté du ministre chargé des finances, dans la limite de cet excédent. Au préalable, le ministre chargé des finances informe les commissions de l'Assemblée nationale et du Sénat chargées des finances des raisons de cet excédent, de l'emploi prévu pour les crédits ainsi ouverts et des perspectives d'exécution du compte jusqu'à la fin de l'année.

Les autorisations d'engagement et les crédits de paiement disponibles en fin d'année sont reportés sur l'année suivante, dans les conditions prévues aux II et IV de l'article 15, pour un montant qui ne peut excéder le solde du compte.

Article 22

I. – Les comptes de commerce retracent des opérations de caractère industriel et commercial effectuées à titre accessoire par des services de l'Etat non dotés de la personnalité morale. Les évaluations de recettes et les prévisions de dépenses de ces comptes ont un caractère indicatif. Seul le découvert fixé pour chacun d'entre eux a un caractère limitatif. Sauf dérogation expresse prévue par une loi de finances, il est interdit d'exécuter, au titre de ces comptes, des opérations d'investissement financier, de prêts ou d'avances, ainsi que des opérations d'emprunt.

II. – Les opérations budgétaires relatives à la dette et à la trésorerie de l'Etat, à l'exclusion de toute opération de gestion courante, sont retracées dans un compte de commerce déterminé. Ce compte est divisé en sections distinguant les opérations selon leur nature.

Chaque section est dotée d'une autorisation de découvert.

Sont déterminés par une disposition de loi de finances :

- la nature des opérations autorisées, chaque année, sur chaque section ;

- le caractère limitatif ou évaluatif de chaque autorisation de découvert ;

- les modalités générales d'information du Parlement sur l'activité du compte et les modalités particulières selon lesquelles le ministre chargé des finances informe les commissions de l'Assemblée nationale et du Sénat chargées des finances de tout dépassement d'une autorisation de découvert ;

- les conditions générales de fonctionnement du compte.

Article 23

Les comptes d'opérations monétaires retracent les recettes et les dépenses de caractère monétaire. Pour cette catégorie de comptes, les évaluations de recettes et les prévisions de dépenses ont un caractère indicatif. Seul le découvert fixé pour chacun d'entre eux a un caractère limitatif.

Article 24

Les comptes de concours financiers retracent les prêts et avances consentis par l'Etat. Un compte distinct doit être ouvert pour chaque débiteur ou catégorie de débiteurs.

Les comptes de concours financiers sont dotés de crédits limitatifs, à l'exception des comptes ouverts au profit des Etats étrangers et des banques centrales liées à la France par un accord monétaire international, qui sont dotés de crédits évaluatifs.

Les prêts et avances sont accordés pour une durée déterminée. Ils sont assortis d'un taux d'intérêt qui ne peut être inférieur à celui des obligations ou bons du Trésor de même échéance ou, à défaut, d'échéance la plus proche. Il ne peut être dérogé à cette disposition que par décret en Conseil d'Etat.

Le montant de l'amortissement en capital des prêts et avances est pris en recettes au compte intéressé.

Toute échéance qui n'est pas honorée à la date prévue doit faire l'objet, selon la situation du débiteur :

- soit d'une décision de recouvrement immédiat, ou, à défaut de recouvrement, de poursuites effectives engagées dans un délai de six mois ;

- soit d'une décision de rééchelonnement faisant l'objet d'une publication au Journal officiel ;

- soit de la constatation d'une perte probable faisant l'objet d'une disposition particulière de loi de finances et imputée au résultat de l'exercice dans les conditions prévues à l'article 37. Les remboursements ultérieurement constatés sont portés en recettes au budget général.

Chapitre IV. – Des ressources et des charges de trésorerie.

Article 25

Les ressources et les charges de trésorerie de l'Etat résultent des opérations suivantes :

1° Le mouvement des disponibilités de l'Etat ;

2° L'escompte et l'encaissement des effets de toute nature émis au profit de l'Etat ;

3° La gestion des fonds déposés par des correspondants ;

4° L'émission, la conversion, la gestion et le remboursement des emprunts et autres dettes de l'Etat. Les ressources et les charges de trésorerie afférentes à ces opérations incluent les primes et décotes à l'émission.

Article 26

Les opérations prévues à l'article 25 sont effectuées conformément aux dispositions suivantes :

1° Le placement des disponibilités de l'Etat est effectué conformément aux autorisations annuelles générales ou particulières données par la loi de finances de l'année ;

2° Aucun découvert ne peut être consenti aux correspondants prévus au 3° de l'article 25 ;

3° Sauf disposition expresse d'une loi de finances, les collectivités territoriales et leurs établissements publics sont tenus de déposer toutes leurs disponibilités auprès de l'Etat ;

4° L'émission, la conversion et la gestion des emprunts sont effectuées conformément aux autorisations annuelles générales ou particulières données par la loi de finances de l'année. Sauf disposition expresse d'une loi de finances, les emprunts émis par l'Etat sont libellés en euros. Ils ne peuvent prévoir d'exonération fiscale. Les emprunts émis par l'Etat ou toute autre personne morale de droit public ne peuvent être utilisés comme moyen de paiement d'une dépense publique. Les remboursements d'emprunts sont exécutés conformément au contrat d'émission.

Chapitre V. – Des comptes de l'Etat.

Article 27

L'Etat tient une comptabilité des recettes et des dépenses budgétaires et une comptabilité générale de l'ensemble de ses opérations.

En outre, il met en oeuvre une comptabilité analytique des différentes actions engagées dans le cadre des programmes.

Les comptes de l'Etat doivent être réguliers, sincères et donner une image fidèle de son patrimoine et de sa situation financière.

Article 28

La comptabilisation des recettes et des dépenses budgétaires obéit aux principes suivants :

1° Les recettes sont prises en compte au titre du budget de l'année au cours de laquelle elles sont encaissées par un comptable public ;

2° Les dépenses sont prises en compte au titre du budget de l'année au cours de laquelle elles sont payées par les comptables assignataires. Toutes les dépenses doivent être imputées sur les crédits de l'année considérée, quelle que soit la date de la créance.

Dans des conditions fixées par décret en Conseil d'Etat, des recettes et des dépenses budgétaires peuvent être comptabilisées au cours d'une période complémentaire à l'année civile, dont la durée ne peut excéder vingt jours. En outre, lorsqu'une loi de finances rectificative ou de fin de gestion est promulguée au cours du dernier mois de l'année civile, les opérations de recettes et de dépenses qu'elle prévoit peuvent être exécutées au cours de cette période complémentaire.

Les recettes et les dépenses portées aux comptes d'imputation provisoire sont enregistrées aux comptes définitifs au plus tard à la date d'expiration de la période complémentaire. Le détail des opérations de recettes qui, à titre exceptionnel, n'auraient pu être imputées à un compte définitif à cette date figure dans l'annexe prévue par le 7° de l'article 54.

Article 29

Les ressources et les charges de trésorerie sont imputées à des comptes de trésorerie par opération. Les recettes et les dépenses de nature budgétaire résultant de l'exécution d'opérations de trésorerie sont imputées dans les conditions prévues à l'article 28.

Article 30

La comptabilité générale de l'Etat est fondée sur le principe de la constatation des droits et obligations. Les opérations sont prises en compte au titre de l'exercice auquel elles se rattachent, indépendamment de leur date de paiement ou d'encaissement.

Les règles applicables à la comptabilité générale de l'Etat ne se distinguent de celles applicables aux entreprises qu'en raison des spécificités de son action.

Elles sont arrêtées après avis d'un comité de personnalités qualifiées publiques et privées dans les conditions prévues par la loi de finances. Cet avis est communiqué aux commissions de l'Assemblée nationale et du Sénat chargées des finances et publié.

Article 31

Les comptables publics chargés de la tenue et de l'établissement des comptes de l'Etat veillent au respect des principes et règles mentionnés aux articles 27 à 30. Ils s'assurent notamment de la sincérité des enregistrements comptables et du respect des procédures.

TITRE III. – DU CONTENU ET DE LA PRESENTATION DES LOIS DE FINANCES

Chapitre Ier. – Du principe de sincérité.

Article 32

Les lois de finances présentent de façon sincère l'ensemble des ressources et des charges de l'Etat. Leur sincérité s'apprécie compte tenu des informations disponibles et des prévisions qui peuvent raisonnablement en découler.

Article 33

Sous réserve des dispositions de l'article 13 de la présente loi organique, lorsque des dispositions d'ordre législatif ou réglementaire sont susceptibles d'affecter les ressources ou les charges de l'Etat dans le courant de l'année, les conséquences de chacune d'entre elles sur les composantes de l'équilibre financier doivent être évaluées et autorisées dans la plus prochaine loi de finances afférente à cette année.

Chapitre II. – Des dispositions des lois de finances.

Article 34

Outre l'article liminaire mentionné à l'article 1er H, la loi de finances de l'année comprend deux parties distinctes.

I. – Dans la première partie, la loi de finances de l'année :

1° Autorise, pour l'année, la perception des ressources de l'Etat et des impositions de toutes natures affectées à des personnes morales autres que l'Etat ;

2° Comporte les dispositions relatives aux ressources de l'Etat ;

3° Comporte toutes dispositions relatives aux affectations de recettes au sein du budget de l'Etat ;

3° bis Peut comporter des dispositions relatives à l'assiette, au taux, à l'affectation et aux modalités de recouvrement des impositions de toutes natures affectées à une personne morale autre que l'Etat ;

4° Institue et évalue chacun des prélèvements mentionnés à l'article 6 ;

5° Comporte l'évaluation de chacune des recettes budgétaires ;

5° bis Présente la liste et le produit prévisionnel de l'ensemble des impositions de toutes natures dont le produit est affecté à une personne morale autre que les collectivités territoriales, leurs établissements publics et les organismes de sécurité sociale et décide, le cas échéant, d'attribuer totalement ou partiellement ce produit à l'Etat ;

6° Fixe les plafonds des dépenses du budget général et de chaque budget annexe, les plafonds des charges de chaque catégorie de comptes spéciaux ainsi que le plafond d'autorisation des emplois rémunérés par l'Etat ;

7° Arrête les données générales de l'équilibre budgétaire, présentées dans un tableau d'équilibre. Ce tableau distingue également les ressources de fonctionnement et d'investissement et les charges de fonctionnement et d'investissement prévues par le projet de loi de finances. Les ressources de fonctionnement sont constituées des ressources mentionnées aux 1° à 3°, 4° et 7° de l'article 3, déduction faite des prélèvements sur recettes mentionnés aux quatrième et avant-dernier alinéas de l'article 6. Les ressources d'investissement sont constituées des ressources mentionnées aux 3° bis, 5° et 6° de l'article 3 ainsi que des émissions de dette à moyen et long terme nettes des rachats. Les charges de fonctionnement sont constituées des charges mentionnées aux 1° à 4° et 6° du I de l'article 5. Les charges d'investissement sont constituées des charges mentionnées aux 5° et 7° du même I ;

8° Comporte les autorisations relatives aux emprunts et à la trésorerie de l'Etat prévues à l'article 26 et évalue les ressources et les charges de trésorerie qui concourent à la réalisation de l'équilibre financier, présentées dans un tableau de financement ;

9° Fixe le plafond de la variation nette, appréciée en fin d'année, de la dette négociable de l'Etat d'une durée supérieure à un an ainsi que, pour chaque budget annexe, le plafond de l'encours total de dette autorisé ;

10° Arrête les modalités selon lesquelles sont utilisés les éventuels surplus, par rapport aux évaluations de la loi de finances de l'année, du produit des impositions de toutes natures établies au profit de l'Etat.

II. – Dans la seconde partie, la loi de finances de l'année :

1° Fixe, pour le budget général, par mission, le montant des autorisations d'engagement et des crédits de paiement ;

2° Fixe, par ministère et par budget annexe, le plafond des autorisations d'emplois ;

2° bis Fixe le plafond d'autorisation des emplois des opérateurs de l'Etat par mission, le plafond d'autorisation des emplois des établissements à autonomie financière mentionnés à l'article 66 de la loi de finances pour 1974 (n° 73-1150 du 27 décembre 1973) ainsi que le plafond d'autorisation des emplois des autorités publiques indépendantes dotées de la personnalité morale ;

3° Fixe, par budget annexe et par compte spécial, le montant des autorisations d'engagement et des crédits de paiement ouverts ou des découverts autorisés ;

4° Fixe, pour le budget général, les budgets annexes et les comptes spéciaux, par programme, le montant du plafond des reports prévu au 2° du II de l'article 15 de la présente loi organique ;

4° bis Définit, pour chaque mission du budget général, chaque budget annexe et chaque compte spécial, des objectifs de performance et des indicateurs associés à ces objectifs ;

4° ter Récapitule, pour chaque mission du budget général, d'une part, le montant des crédits de paiement de la mission, en distinguant les crédits de subventions aux opérateurs et ceux finançant des dépenses d'investissement au sens du 5° du I de l'article 5 et, d'autre part, les montants respectifs des dépenses fiscales, des ressources affectées, des prélèvements sur recettes mentionnés aux quatrième et avant-dernier alinéas de l'article 6 et des crédits des comptes spéciaux qui concourent à la mise en œuvre des politiques publiques financées par cette mission ;

5° Autorise l'octroi des garanties de l'Etat et fixe leur régime ;

6° Autorise l'Etat à prendre en charge les dettes de tiers, à constituer tout autre engagement correspondant à une reconnaissance unilatérale de dette, et fixe le régime de cette prise en charge ou de cet engagement ;

7° Peut :

a) (Abrogé) ;

b) Comporter des dispositions affectant directement les dépenses budgétaires :

-soit de l'année ;

-soit de l'année et d'une ou de plusieurs années ultérieures ;

c) Définir les modalités de répartition des concours de l'Etat aux collectivités territoriales ou des recettes fiscales affectées à ces dernières et à leurs établissements publics ;

d) Approuver des conventions financières ;

e) Comporter toutes dispositions relatives à l'information et au contrôle du Parlement sur la gestion des finances publiques ;

f) Comporter toutes dispositions relatives à la comptabilité publique et au régime de la responsabilité pécuniaire des agents des services publics ;

g) Comporter des dispositions autorisant le transfert de données fiscales, lorsque celui-ci permet de limiter les charges ou d'accroître les ressources de l'Etat.

III. – La loi de finances de l'année doit comporter les dispositions prévues aux 1°, 5°, 6°, 7°, 8° et 9° du I ainsi qu'aux 1°, 2°, 3°, 4° bis et 4° ter du II.

Article 35

Sous réserve des exceptions prévues par la présente loi organique, seules les lois de finances rectificatives et les lois de finances de fin de gestion peuvent, en cours d'année, modifier les dispositions de la loi de finances de l'année prévues aux 1°, 3° et 4° à 10° du I et au 1° à 6° du II de l'article 34.

Le cas échéant, les lois de finances rectificatives et les lois de finances de fin de gestion ratifient les modifications apportées par décret d'avance aux crédits ouverts par la dernière loi de finances.

Les lois de finances rectificatives et les lois de finances de fin de gestion doivent comporter les dispositions prévues aux 6° et 7° du I de l'article 34.

Les lois de finances de fin de gestion ne peuvent comporter les dispositions prévues aux 2° et 3° bis du I et au 7° du II du même article 34, à l'exception de celles prévues au b du même 7° lorsque les dispositions affectent directement les dépenses budgétaires de l'année. Elles peuvent toutefois comporter des dispositions tendant à modifier, pour l'année en cours, l'affectation d'impositions de toutes natures.

Les lois de finances rectificatives et les lois de finances de fin de gestion sont présentées en partie ou en totalité dans les mêmes formes que la loi de finances de l'année. Les dispositions de l'article 55 leur sont applicables.

Article 36 (Abrogé)

Article 37

I A. – La loi relative aux résultats de la gestion et portant approbation des comptes de l'année comprend l'article liminaire mentionné à l'article 1er I.

I. – La loi relative aux résultats de la gestion et portant approbation des comptes de l'année arrête le montant définitif des recettes et des dépenses du budget auquel elle se rapporte, ainsi que le résultat budgétaire qui en découle.

II. – La loi relative aux résultats de la gestion et portant approbation des comptes de l'année arrête le montant définitif des ressources et des charges de trésorerie ayant concouru à la réalisation de l'équilibre financier de l'année correspondante, présenté dans un tableau de financement.

III. – La loi relative aux résultats de la gestion et portant approbation des comptes de l'année approuve le compte de résultat de l'exercice, établi à partir des ressources et des charges constatées dans les conditions prévues à l'article 30. Elle affecte au bilan le résultat comptable de l'exercice et approuve le bilan après affectation ainsi que ses annexes.

IV. – Le cas échéant, la loi relative aux résultats de la gestion et portant approbation des comptes de l'année :

1° Ratifie les modifications apportées par décret d'avance aux crédits ouverts par la dernière loi de finances afférente à cette année ;

2° Ouvre, pour chaque programme ou dotation concerné, les crédits nécessaires pour régulariser les dépassements constatés résultant de circonstances de force majeure dûment justifiées et procède à l'annulation des crédits n'ayant été ni consommés ni reportés ;

3° Majore, pour chaque compte spécial concerné, le montant du découvert autorisé au niveau du découvert constaté ;

4° Arrête les soldes des comptes spéciaux non reportés sur l'exercice suivant ;

5° Apure les profits et pertes survenus sur chaque compte spécial.

V. – La loi relative aux résultats de la gestion et portant approbation des comptes de l'année peut également comporter toutes dispositions relatives à l'information et au contrôle du Parlement sur la gestion des finances publiques, ainsi qu'à la comptabilité de l'Etat et au régime de la responsabilité pécuniaire des agents des services publics.

TITRE IV. – DE L'EXAMEN ET DU VOTE DES PROJETS DE LOI DE FINANCES.

Article 38

Sous l'autorité du Premier ministre, le ministre chargé des finances prépare les projets de loi de finances, qui sont délibérés en conseil des ministres.

Chapitre Ier. – Du projet de loi de finances de l'année et des projets de loi de finances rectificative.

Article 39

Le projet de loi de finances de l'année, y compris les documents prévus aux articles 50 et 51, est déposé au plus tard le premier mardi d'octobre de l'année qui précède celle de l'exécution du budget. Il est immédiatement renvoyé à l'examen de la commission chargée des finances.

Toutefois, chaque annexe générale destinée à l'information et au contrôle du Parlement est déposée sur le bureau des assemblées avant le début de l'examen du projet de loi de finances de l'année en séance publique par l'Assemblée nationale.

[*Nota : Par décision du Conseil constitutionnel n° 2021-831 DC du 23 décembre 2021, l'article 39 de la loi organique n° 2001-692 du 1er août 2001 relative aux lois de finances, dans sa rédaction résultant de l'article 17 de la loi organique n° 2021-1836 du 28 décembre 2021 relative à la modernisation de la gestion des finances publiques, a été déclaré conforme à la Constitution, sous la réserve énoncée au paragraphe 71 aux termes de laquelle « Ce délai a pour objet d'assurer l'information du Parlement en temps utile pour se prononcer en connaissance de cause sur les projets de lois de finances soumis à son approbation. Un éventuel retard dans le dépôt de tout ou partie de ces annexes ne saurait faire obstacle à l'examen du projet de loi de finances de l'année. La conformité de la loi de finances à la Constitution serait alors appréciée au regard tant des exigences de continuité de la vie nationale que de l'impératif de sincérité qui s'attache à l'examen des lois de finances pendant toute la durée de celui-ci ».*]

Article 40

L'Assemblée nationale doit se prononcer, en première lecture, dans le délai de quarante jours après le dépôt d'un projet de loi de finances.

Le Sénat doit se prononcer en première lecture dans un délai de vingt jours après avoir été saisi.

Si l'Assemblée nationale n'a pas émis un vote en première lecture sur l'ensemble du projet dans le délai prévu au premier alinéa, le Gouvernement saisit le Sénat du texte qu'il a initialement présenté, modifié le cas échéant par les amendements votés par l'Assemblée nationale et acceptés par lui. Le Sénat doit alors se prononcer dans un délai de quinze jours après avoir été saisi.

Si le Sénat n'a pas émis un vote en première lecture sur l'ensemble du projet de loi de finances dans le délai imparti, le Gouvernement saisit à nouveau l'Assemblée du texte soumis au Sénat, modifié, le cas échéant, par les amendements votés par le Sénat et acceptés par lui.

Le projet de loi de finances est ensuite examiné selon la procédure accélérée dans les conditions prévues à l'article 45 de la Constitution.

Si le Parlement ne s'est pas prononcé dans le délai de soixante-dix jours après le dépôt du projet, les dispositions de ce dernier peuvent être mises en vigueur par ordonnance.

Article 41

Le projet de loi de finances de l'année ne peut être mis en discussion devant une assemblée avant le vote par celle-ci, en première lecture, sur le projet de loi relative aux résultats de la gestion et portant approbation des comptes de l'année afférent à l'année qui précède celle de la discussion dudit projet de loi de finances.

Article 42

La seconde partie du projet de loi de finances de l'année et, s'il y a lieu, des projets de loi de finances rectificative ou de fin de gestion, ne peut être mise en discussion devant une assemblée avant l'adoption de la première partie.

Article 43

Les évaluations de recettes font l'objet d'un vote d'ensemble pour le budget général, les budgets annexes et les comptes spéciaux.

Les évaluations de ressources et de charges de trésorerie font l'objet d'un vote unique.

La discussion des crédits du budget général donne lieu à un vote par mission. Les votes portent à la fois sur les autorisations d'engagement et sur les crédits de paiement.

Les plafonds des autorisations d'emplois font l'objet d'un vote unique.

Les crédits des budgets annexes et les crédits ou les découverts des comptes spéciaux sont votés par budget annexe et par compte spécial.

Article 44

Dès la promulgation de la loi de finances de l'année ou d'une loi de finances rectificative ou de fin de gestion, ou dès la publication de l'ordonnance prévue à l'article 47 de la Constitution, le Gouvernement prend un décret portant désignation des ministres bénéficiaires des crédits ouverts sur chaque programme, dotation ou compte spécial.

Article 45

Dans le cas prévu au quatrième alinéa de l'article 47 de la Constitution, le Gouvernement dispose des deux procédures prévues ci-dessous :

1° Il peut demander à l'Assemblée nationale, avant le 11 décembre de l'année qui précède le début de l'exercice, d'émettre un vote séparé sur l'ensemble de la première partie de la loi de finances de l'année. Ce projet de loi partiel est soumis au Sénat selon la procédure accélérée ;

2° Si la procédure prévue au 1° n'a pas été suivie ou n'a pas abouti, le Gouvernement dépose, avant le 19 décembre de l'année qui précède le début de l'exercice, devant l'Assemblée nationale, un projet de loi spéciale l'autorisant à continuer à percevoir les impôts existants jusqu'au vote de la loi de finances de l'année. Ce projet est discuté selon la procédure accélérée.

Si la loi de finances de l'année ne peut être promulguée ni mise en application en vertu du premier alinéa de l'article 62 de la Constitution, le Gouvernement dépose immédiatement devant l'Assemblée nationale un projet de loi spéciale l'autorisant à continuer à percevoir les impôts existants jusqu'au vote de la loi de finances de l'année. Ce projet est discuté selon la procédure accélérée.

Après avoir reçu l'autorisation de continuer à percevoir les impôts soit par la promulgation de la première partie de la loi de finances de l'année, soit par la promulgation d'une loi spéciale, le Gouvernement prend des décrets ouvrant les crédits applicables aux seuls services votés.

La publication de ces décrets n'interrompt pas la procédure de discussion du projet de loi de finances de l'année, qui se poursuit dans les conditions prévues par les articles 45 et 47 de la Constitution et par les articles 40, 42, 43 et 47 de la présente loi organique.

Les services votés, au sens du quatrième alinéa de l'article 47 de la Constitution, représentent le minimum de crédits que le Gouvernement juge indispensable pour poursuivre l'exécution des services publics dans les conditions qui ont été approuvées l'année précédente par le Parlement. Ils ne peuvent excéder le montant des crédits ouverts par la dernière loi de finances de l'année.

Chapitre II. – Du projet de loi relative aux résultats de la gestion et portant approbation des comptes de l'année.

Article 46

Le projet de loi relative aux résultats de la gestion et portant approbation des comptes de l'année, y compris les documents prévus à l'article 54 et aux 4° et 5° de l'article 58, est déposé avant le 1er mai de l'année suivant celle de l'exécution du budget auquel il se rapporte.

Chapitre III. – Dispositions communes.

Article 47

Au sens des articles 34 et 40 de la Constitution, la charge s'entend, s'agissant des amendements s'appliquant aux crédits, de la mission.

Tout amendement doit être motivé et accompagné des développements des moyens qui le justifient.

Les amendements non conformes aux dispositions de la présente loi organique sont irrecevables.

TITRE V. – DE L'INFORMATION ET DU CONTROLE SUR LES FINANCES PUBLIQUES

Chapitre Ier. – De l'information.

Article 48

I. – En vue de l'examen et du vote du projet de loi de finances de l'année suivante par le Parlement, le Gouvernement présente, avant le 15 juillet, un rapport indiquant les plafonds de crédits envisagés pour l'année à venir pour chaque mission du budget général, l'état de la prévision de l'objectif, exprimé en volume, d'évolution de la dépense des administrations publiques et de la prévision, exprimée en milliards d'euros courants, de cette dépense en valeur, chacun décliné par sous-secteur d'administration publique, ainsi que les montants prévus des concours aux collectivités territoriales. Ce rapport indique également la liste des missions, des programmes et des indicateurs de performance associés à chacune de ces missions et à chacun de ces programmes, envisagés pour le projet de loi de finances de l'année suivante.

II. – Le Gouvernement présente, avant le début de la session ordinaire, un rapport analysant la trajectoire, les conditions de financement et la soutenabilité de la dette de l'ensemble des administrations publiques et de leurs sous-secteurs. Ce rapport peut donner lieu à un débat à l'Assemblée nationale et au Sénat.

[*Par décision du Conseil constitutionnel n° 2021-831 DC du 23 décembre 2021, l'article 48 de la loi organique n° 2001-692 du 1er août 2001 relative aux lois de finances, dans sa rédaction résultant de l'article 23 de la loi organique n° 2021-1836 du 28 décembre 2021 relative à la modernisation de la gestion des finances publiques, a été déclaré conforme à la Constitution sous la réserve énoncée au paragraphe 83 aux termes de laquelle « L'objet de ces dispositions est de prévoir les conditions dans lesquelles les membres du Parlement sont informés de l'exécution des lois de finances, de la gestion des finances publiques et des prévisions de ressources et de charges de l'État avant d'examiner les projets de loi de finances. Elles trouvent leur fondement dans l'habilitation conférée à la loi organique par le premier alinéa de l'article 47 de la Constitution. Toutefois, une éventuelle méconnaissance de ces procédures ne saurait faire obstacle à la mise en discussion d'un projet de loi de finances. La conformité de la loi de finances à la Constitution serait alors appréciée au regard tant des exigences de la continuité de la vie nationale que de l'impératif de sincérité qui s'attache à l'examen des lois de finances pendant toute la durée de celui-ci. »*]

Article 49

En vue de l'examen et du vote du projet de loi de finances de l'année, et sans préjudice de toute autre disposition relative à l'information et au contrôle du Parlement sur la gestion des finances publiques, les commissions de l'Assemblée nationale et du Sénat chargées des finances et les autres commissions concernées adressent des questionnaires au Gouvernement avant le 10 juillet de chaque année. Celui-ci y répond par écrit au plus tard le 10 octobre.

Article 50

Est joint au projet de loi de finances de l'année un rapport sur la situation et les perspectives économiques, sociales et financières de la nation. Il comprend notamment la présentation des hypothèses, des méthodes et des résultats des projections sur la base desquelles est établi le projet de loi de finances de l'année. Il explicite le passage, pour l'année considérée et celle qui précède, du solde budgétaire à la capacité ou au besoin de financement de l'Etat tel qu'il est mesuré pour permettre la vérification du respect des engagements européens de la France, en indiquant notamment l'impact des opérations mentionnées au deuxième alinéa de l'article 8. Il présente et explicite les perspectives d'évolution, pour au moins les quatre années suivant celle du dépôt du projet de loi de finances, des recettes, des dépenses et du solde de l'ensemble des administrations publiques détaillées par sous-secteurs et exprimées selon les conventions de la comptabilité nationale, au regard des engagements européens de la France, ainsi que, le cas échéant, des recommandations adressées à elle sur le fondement du traité instituant la Communauté européenne. Ce rapport comporte, en outre, les éléments mentionnés au I de l'article 1er J.

Ce rapport présente, pour chacun des exercices de la loi de programmation des finances publiques en vigueur, les écarts cumulés entre d'une part, les prévisions en milliards d'euros courants des dépenses des administrations publiques qui figurent dans cette même loi et, d'autre part, les dépenses réalisées ou prévues au sein de la dernière loi de finances afférente à l'exercice concerné. Il précise les raisons et les hypothèses expliquant ces écarts cumulés ainsi que, le cas échéant, les mesures prévues par le Gouvernement pour les réduire.

Ce rapport retrace l'ensemble des prélèvements obligatoires et des dépenses publiques ainsi que leur évolution. Il comporte l'évaluation financière, pour l'année en cours et les deux années suivantes, de chacune des dispositions, de nature législative ou réglementaire, relatives aux prélèvements obligatoires et envisagées par le Gouvernement.

Ce rapport analyse les relations financières de l'Etat avec les autres organismes relevant de la catégorie des administrations publiques centrales définies par le système européen des comptes nationaux et régionaux en vigueur et détaille les dépenses, les recettes, les soldes, l'endettement et les autres engagements financiers de ces organismes.

Ce rapport présente les dépenses, les recettes, les soldes et l'endettement du régime général et des autres organismes relevant de la catégorie des administrations publiques de sécurité sociale définies par le même règlement.

Ce rapport présente les dépenses, les recettes, les soldes et l'endettement des collectivités territoriales et des autres organismes relevant de la catégorie des administrations publiques locales définies par ledit règlement.

Sont joints à cette annexe les rapports sur les comptes de la Nation, qui comportent une présentation des comptes des années précédentes.

Ce rapport peut faire l'objet d'un débat à l'Assemblée nationale et au Sénat.

Article 51

Sont joints au projet de loi de finances de l'année :

1° Une annexe explicative comportant la liste et l'évaluation, par bénéficiaire ou catégorie de bénéficiaires, des ressources affectées à des personnes morales autres que l'Etat ;

1° bis Une annexe explicative récapitulant les dispositions relatives aux règles concernant l'assiette, le taux et les modalités de recouvrement des impositions de toutes natures adoptées depuis le dépôt du projet de loi de finances de l'année précédente. Cette annexe précise, pour chacune de ces dispositions, la loi qui l'a créée, son objet, la période pendant laquelle il est prévu de l'appliquer et son effet, pour l'année de son entrée en vigueur et les trois années suivantes, sur les recettes :

a) De l'Etat ;

b) Des collectivités territoriales ;

c) Des tiers, autres que les organismes de sécurité sociale, bénéficiaires d'une ou de plusieurs impositions de toutes natures affectées ;

2° Une analyse des changements de la présentation budgétaire faisant connaître leurs effets sur les recettes, les dépenses et le solde budgétaire de l'année concernée ;

3° Une présentation des recettes et des dépenses budgétaires en une section de fonctionnement et une section d'investissement. Les ressources de fonctionnement sont constituées des ressources mentionnées aux 1° à 3°, 4° et 7° de l'article 3, déduction faite des prélèvements sur recettes mentionnés aux quatrième et avant-dernier alinéas de l'article 6. Les ressources d'investissement sont constituées des ressources mentionnées aux 3° bis, 5° et 6° de l'article 3, ainsi que des émissions de dette à moyen et long termes nettes des rachats. Les charges de fonctionnement sont constituées des charges mentionnées aux 1° à 4° et 6° du I de l'article 5. Les charges d'investissement sont constituées des charges mentionnées aux 5° et 7° du même I ;

4° Une annexe explicative analysant les prévisions de chaque recette budgétaire et présentant les dépenses fiscales. Cette annexe comporte, pour les dépenses fiscales :

a) L'évaluation de leur montant et le nombre de bénéficiaires ;

b) La liste de celles qui feront l'objet d'une évaluation dans l'année ;

c) Pour chaque mission, l'évaluation de l'écart entre le montant exécuté au titre d'une année et la prévision correspondant à cette année inscrite dans le projet de loi de finances ainsi que les éléments d'explication de cet écart ;

d) La présentation, par mission, du ratio entre le montant prévisionnel des dépenses fiscales et le montant des crédits budgétaires ;

4° bis Une présentation des mesures envisagées pour assurer en exécution le respect du plafond global des dépenses du budget général voté par le Parlement, indiquant en particulier, pour les programmes dotés de crédits limitatifs, le taux de mise en réserve prévu pour les crédits ouverts sur le titre des dépenses de personnel et celui prévu pour les crédits ouverts sur les autres titres ;

4° ter Le cas échéant, le rapport mentionné au III de l'article 62 ;

5° Des annexes explicatives développant conformément aux dispositions de l'article 5, pour l'année en cours, l'année considérée et, à titre prévisionnel, les deux années suivantes, par programme ou par dotation, le montant des crédits présentés par titre et présentant, dans les mêmes conditions, une estimation des crédits susceptibles d'être ouverts par voie de fonds de concours. Ces annexes sont accompagnées du projet annuel de performances de chaque programme précisant :

a) La présentation des actions, des coûts associés, des objectifs poursuivis, des résultats obtenus et attendus pour les années à venir mesurés au moyen d'indicateurs précis dont le choix est justifié ;

a bis) Une présentation des crédits alloués à titre prévisionnel pour les deux années suivant l'année considérée ;

b) L'évaluation des dépenses fiscales ;

c) La justification de l'évolution des crédits par rapport aux dépenses effectives de l'année antérieure, aux crédits ouverts par la loi de finances de l'année en cours et à ces mêmes crédits éventuellement majorés des crédits reportés de l'année précédente, en indiquant leurs perspectives d'évolution ultérieure ;

d) L'échéancier des crédits de paiement associés aux autorisations d'engagement ;

e) Par catégorie, présentée par corps ou par métier, ou par type de contrat, la répartition prévisionnelle des emplois rémunérés par l'Etat et la justification des variations par rapport à la situation existante ;

f) Une présentation indicative des emplois rémunérés par les organismes bénéficiaires d'une subvention pour charges de service public prévue au II de l'article 5 et la justification des variations par rapport à la situation existante ;

6° Des annexes explicatives développant, pour chaque compte spécial, le montant du découvert ou des recettes et des crédits proposés pour l'année considérée et présentés à titre prévisionnel pour les deux années suivantes, par programme ou par dotation. Ces annexes sont accompagnées du projet annuel de performances de chacun d'entre eux, dans les conditions prévues au 5° en justifiant les prévisions de recettes et, le cas échéant, son découvert ;

6° bis Des annexes explicatives développant, pour chaque budget annexe, d'une part, le montant des recettes et, d'autre part, le montant des crédits proposés pour l'année considérée et présentés à titre prévisionnel pour les deux années suivantes, par programme. Elles sont accompagnées du projet annuel de performances de chaque programme, dans les conditions prévues au 5°, en justifiant les prévisions de recettes. Ce projet évalue les ressources et les charges de trésorerie qui concourent à la réalisation de l'équilibre financier ainsi que la dette nette, présentées dans un tableau de financement ;

7° Des annexes générales prévues par les lois de finances, destinées à l'information et au contrôle du Parlement ;

8° Pour les dispositions relevant du 2° du I et du 7° du II de l'article 34, une évaluation préalable comportant les documents visés aux dix derniers alinéas de l'article 8 de la loi organique n° 2009-403 du 15 avril 2009 relative à l'application des articles 34-1,39 et 44 de la Constitution.

Les données chiffrées mentionnées aux 1°, 3°, 4°, 4° bis, 5°, 6° et 6° bis du présent article sont publiées sous forme électronique, dans un standard ouvert aisément réutilisable et exploitable par un système de traitement automatisé.

[*Nota : Par décision du Conseil constitutionnel n° 2021-831 DC du 23 décembre 2021, le 1° bis de l'article 51 de la loi organique n° 2001-692 du 1er août 2001 relative aux lois de finances, dans sa rédaction résultant de l'article 25 de la loi organique n° 2021-1836 du 28 décembre 2021 relative à la modernisation de la gestion des finances publiques, a été déclaré conforme à la Constitution, sous la réserve énoncée au paragraphe 71 aux termes de laquelle « Ce délai a pour objet d'assurer l'information du Parlement en temps utile pour se prononcer en connaissance de cause sur les projets de lois de finances soumis à son approbation. Un éventuel retard dans le dépôt de tout ou partie de ces annexes ne saurait faire obstacle à l'examen du projet de loi de finances de l'année. La conformité de la loi de finances à la Constitution serait alors appréciée au regard tant des exigences de continuité de la vie nationale que de l'impératif de sincérité qui s'attache à l'examen des lois de finances pendant toute la durée de celui-ci.* »]

Article 52

Est joint au projet de loi de finances de l'année un rapport portant sur :

1° La situation des finances publiques locales ;

2° L'évolution des charges résultant des transferts de compétences entre l'Etat et les collectivités territoriales et leurs groupements ;

3° L'évolution et l'efficacité des transferts financiers entre l'Etat et les collectivités territoriales et leurs groupements, d'une part, et entre les collectivités territoriales elles-mêmes, d'autre part, notamment ceux effectués à des fins de péréquation au sens de l'article 72-2 de la Constitution ;

4° L'état de l'objectif d'évolution des dépenses des administrations publiques locales inscrit dans la loi de programmation des finances publiques en application de l'article 1er B de la présente loi organique ;

5° La présentation de la nature et des conséquences, notamment financières, de l'ensemble des mesures inscrites dans le projet de loi de finances de l'année et relatives aux collectivités territoriales et à leurs groupements ;

6° Pour chaque allègement facultatif de fiscalité locale prévu par la loi, le nombre de délibérations en vigueur, en distinguant par catégorie de collectivités territoriales.

Ce rapport peut faire l'objet d'un débat à l'Assemblée nationale et au Sénat.

Article 53

Sont joints à tout projet de loi de finances rectificative ou de fin de gestion :

1° Un rapport présentant les évolutions de la situation économique et budgétaire justifiant les dispositions qu'il comporte ;

2° Une annexe explicative détaillant les modifications de crédits proposées ;

3° Des tableaux récapitulant les mouvements intervenus par voie réglementaire et relatifs aux crédits de l'année en cours ;

3° bis Des tableaux récapitulant, pour chaque mission du budget général, chaque budget annexe et chaque compte spécial, par programme, ainsi qu'en fonction des titres mentionnés au I de l'article 5, le montant des autorisations d'engagement et des crédits de paiement consommés et disponibles au jour de la transmission du projet de loi au Conseil d'Etat ;

4° Pour les dispositions relevant du 2° du I et du 7° du II de l'article 34, une évaluation préalable comportant les documents visés aux dix derniers alinéas de l'article 8 de la loi organique n° 2009-403 du 15 avril 2009 relative à l'application des articles 34-1, 39 et 44 de la Constitution.

[*Nota : Par décision du Conseil constitutionnel n° 2021-831 DC du 23 décembre 2021, le 3° bis de l'article 53 de la loi organique n° 2001-692 du 1er août 2001 relative aux lois de finances, dans sa rédaction résultant de l'article 27 de la loi organique n° 2021-1836 du 28 décembre 2021 relative à la modernisation de la gestion des finances publiques, a été déclaré conforme à la Constitution sous la réserve énoncée au paragraphe 71 aux termes de laquelle « Ce délai a pour objet d'assurer l'information du Parlement en temps utile pour se prononcer en connaissance de cause sur les projets de lois de finances soumis à son approbation. Un éventuel retard dans le dépôt de tout ou partie de ces annexes ne saurait faire obstacle à l'examen du projet 15 de loi de finances de l'année. La conformité de la loi de finances à la Constitution serait alors appréciée au regard tant des exigences de continuité de la vie nationale que de l'impératif de sincérité qui s'attache à l'examen des lois de finances pendant toute la durée de celui-ci. »*]

Article 54

Sont joints au projet de loi relative aux résultats de la gestion et portant approbation des comptes de l'année :

1° Le développement des recettes du budget général et le montant des dépenses fiscales ;

2° Des annexes explicatives, développant, par programme ou par dotation, le montant définitif des crédits ouverts et des dépenses constatées, en indiquant les écarts avec la présentation par titre des crédits ouverts, et les modifications de crédits demandées. Elles présentent également l'écart entre les estimations et les réalisations au titre des fonds de concours ;

3° Une annexe explicative présentant les recettes et les dépenses effectives du budget de l'Etat selon les conventions prévues au 3° de l'article 51 et comportant pour chaque programme, les justifications des circonstances ayant conduit à ne pas engager les dépenses correspondant aux crédits destinés à financer les dépenses visées au 5° du I de l'article 5 ;

4° Les rapports annuels de performances, faisant connaître, par programme, en mettant en évidence les écarts avec les prévisions des lois de finances de l'année considérée, ainsi qu'avec les réalisations constatées dans la dernière loi relative aux résultats de la gestion et portant approbation des comptes de l'année :

a) Les objectifs, les résultats attendus et obtenus, les indicateurs et les coûts associés ;

b) La justification, pour chaque titre, des mouvements de crédits et des dépenses constatées, en précisant, le cas échéant, l'origine des dépassements de crédits exceptionnellement constatés pour cause de force majeure ;

c) La gestion des autorisations d'emplois, en précisant, d'une part, la répartition des emplois effectifs selon les modalités prévues au e du 5° de l'article 51, ainsi que les coûts correspondants et, d'autre part, les mesures justifiant la variation du nombre des emplois présentés selon les mêmes modalités ainsi que les coûts associés à ces mesures ;

d) La présentation des emplois effectivement rémunérés par les organismes bénéficiaires d'une subvention pour charges de service public prévue au II de l'article 5 ;

e) Le montant des dépenses fiscales ;

5° Des annexes explicatives développant, par programme ou par dotation, pour chaque compte spécial, le montant définitif des recettes et des dépenses constatées, des crédits ouverts ou du découvert autorisé, ainsi que les modifications de crédits ou de découvert démandées, Ces annexes sont accompagnées du rapport annuel de performances de chacun d'entre eux, dans les conditions prévues au 4° ;

5° bis Des annexes explicatives développant, pour chaque budget annexe, d'une part, le montant définitif des recettes et, d'autre part, des dépenses constatées par programme et des crédits ouverts, ainsi que les modifications de crédits demandées. Elles sont accompagnées du rapport annuel de performances de chaque programme, dans les conditions prévues au 4°, en justifiant

les réalisations de recettes. Ce rapport présente la réalisation de l'équilibre financier ainsi que la dette nette de l'année correspondante, présentées dans un tableau de financement ;
6° Des annexes explicatives présentant les résultats de la comptabilité selon les dispositions prévues au deuxième alinéa de l'article 27 ;

7° Le compte général de l'Etat, qui comprend la balance générale des comptes, le compte de résultat, le bilan et ses annexes parmi lesquelles la présentation du traitement comptable des opérations mentionnées au deuxième alinéa de l'article 8, une évaluation des engagements hors bilan de l'Etat, ainsi que la liste des contrats de partenariat et des baux emphytéotiques avec leurs montants et leurs dates d'échéances. Il est accompagné d'un rapport de présentation, qui indique notamment les changements des méthodes et des règles comptables appliqués au cours de l'exercice ;

8° L'avis du Haut Conseil des finances publiques mentionné au I de l'article 62 ;

9° La liste des subventions versées sur proposition du Parlement au moyen de crédits ouverts dans les lois de finances afférentes à l'année concernée. Cette liste présente, pour chaque département, collectivité d'outre-mer et pour la Nouvelle-Calédonie :

a) L'ensemble des subventions pour travaux divers d'intérêt local versées à partir de programmes relevant du ministère de l'intérieur ;

b) L'ensemble des subventions versées à des associations.

Elle indique, pour chaque subvention, le nom du bénéficiaire, le montant versé, la nature du projet financé, le programme concerné et le nom du membre du Parlement, du groupe politique ou de la présidence de l'assemblée qui a proposé la subvention.

Les données chiffrées mentionnées aux 1° à 7° et au 9° sont publiées sous forme électronique, dans un standard ouvert aisément réutilisable et exploitable par un système de traitement automatisé.

Article 55

Chacune des dispositions d'un projet de loi de finances affectant les ressources ou les charges de l'Etat fait l'objet d'une évaluation chiffrée de son incidence au titre de l'année considérée et, le cas échéant, des années suivantes.

Article 56

Les décrets et arrêtés prévus par la présente loi organique sont publiés au Journal officiel. Il en est de même des rapports qui en présentent les motivations, sauf en ce qui concerne les sujets à caractère secret touchant à la défense nationale, à la sécurité intérieure ou extérieure de l'Etat ou aux affaires étrangères.

Chapitre II. – Du contrôle.

Article 57

Les commissions de l'Assemblée nationale et du Sénat chargées des finances suivent et contrôlent l'exécution des lois de finances et procèdent à l'évaluation de toute question relative aux finances publiques. Cette mission est confiée à leur président, à leur rapporteur général ainsi que, dans leurs domaines d'attributions définis par ces commissions, à leurs rapporteurs spéciaux et chaque année, pour un objet et une durée déterminés, à un ou plusieurs membres d'une de ces commissions obligatoirement désignés par elle à cet effet. A cet effet, ils procèdent à toutes investigations sur pièces et sur place, et à toutes auditions qu'ils jugent utiles.

Tous les renseignements et documents d'ordre financier et administratif qu'ils demandent, y compris tout rapport établi par les organismes et services chargés du contrôle de l'administration, réserve faite des sujets à caractère secret concernant la défense nationale et la sécurité intérieure ou extérieure de l'Etat et du respect du secret de l'instruction et du secret médical, doivent leur être fournis.

En vue de l'évaluation des conséquences, notamment financières, des dispositions relevant du domaine des lois de finances ainsi que de la réalisation des travaux prévus à la première phrase du premier alinéa, le président et le rapporteur général des commissions de l'Assemblée nationale et du Sénat chargées des finances [Dispositions déclarées non conformes à la Constitution par la décision du Conseil constitutionnel n° 2021-831 DC du 23 décembre 2021.] sont habilités à accéder à l'ensemble des informations qui relèvent de la statistique publique ainsi qu'à celles recueillies à l'occasion des opérations de détermination de l'assiette, de contrôle, de recouvrement ou de contentieux des impôts, droits, taxes et redevances et qui sont, le cas échéant, couvertes par le secret statistique ou fiscal. L'accès à ces informations s'effectue dans des conditions préservant la confidentialité des données. Les travaux issus de l'exploitation de ces données ne peuvent en aucun cas faire état des personnes auxquelles elles se rapportent ni permettre leur identification. Les modalités d'application du présent alinéa sont fixées par décret en Conseil d'Etat.

Les personnes dont l'audition est jugée nécessaire par le président et le rapporteur général de la commission chargée des finances de chaque assemblée ont l'obligation de s'y soumettre. Elles sont déliées du secret professionnel sous les réserves prévues au deuxième alinéa.

Les autorités administratives indépendantes et les autorités publiques indépendantes peuvent être sollicitées par les commissions de l'Assemblée nationale et du Sénat chargées des finances pour l'obtention d'informations relatives aux finances publiques.

Article 58

La mission d'assistance du Parlement confiée à la Cour des comptes par le premier alinéa de l'article 47-2 de la Constitution comporte notamment :

1° L'obligation de répondre aux demandes d'assistance formulées par le président et le rapporteur général de la commission chargée des finances de chaque assemblée dans le cadre des missions de contrôle et d'évaluation prévues à l'article 57 ;

2° La réalisation de toute enquête demandée par les commissions de l'Assemblée nationale et du Sénat chargées des finances sur la gestion des services ou organismes qu'elle contrôle. Les conclusions de ces enquêtes sont obligatoirement communiquées dans un délai de huit mois après la formulation de la demande à la commission dont elle émane, qui statue sur leur publication ;

3° Le dépôt, avant la fin du mois de juin, d'un rapport relatif à la situation et aux perspectives des finances publiques ;

4° Le dépôt d'un rapport conjoint au dépôt du projet de loi relative aux résultats de la gestion et portant approbation des comptes de l'année, relatif aux résultats de l'exécution de l'exercice antérieur et aux comptes associés, qui, en particulier, analyse par mission et par programme l'exécution des crédits ;

5° La certification de la régularité, de la sincérité et de la fidélité des comptes de l'Etat au regard des règles mentionnées à l'article 30. Cette certification est annexée au projet de loi relative aux résultats de la gestion et portant approbation des comptes de l'année et accompagnée du compte rendu des vérifications opérées ;

6° Le dépôt d'un rapport conjoint au dépôt de tout projet de loi de finances sur les mouvements de crédits opérés par voie administrative dont la ratification est demandée dans ledit projet de loi de finances.

Les rapports visés aux 3°, 4° et 6° sont, le cas échéant, accompagnés des réponses des ministres concernés.

Le rapport annuel de la Cour des comptes peut faire l'objet d'un débat à l'Assemblée nationale et au Sénat.

Article 59

Lorsque, dans le cadre d'une mission de contrôle et d'évaluation, la communication des renseignements demandés en application de l'article 57 ne peut être obtenue au terme d'un délai raisonnable, apprécié au regard de la difficulté de les réunir, les présidents des commissions de l'Assemblée nationale et du Sénat chargées des finances peuvent demander à la juridiction compétente, statuant en référé, de faire cesser cette entrave sous astreinte.

Article 60

Lorsqu'une mission de contrôle et d'évaluation donne lieu à des observations notifiées au Gouvernement, celui-ci y répond, par écrit, dans un délai de deux mois.

TITRE VI : DISPOSITIONS RELATIVES AU HAUT CONSEIL DES FINANCES PUBLIQUES ET AU MÉCANISME DE CORRECTION

Article 61

I. – Le Haut Conseil des finances publiques, organisme indépendant, est placé auprès de la Cour des comptes. Il est présidé par le premier président de la Cour des comptes.

Outre son président, le Haut Conseil des finances publiques comprend dix membres :

1° Quatre magistrats de la Cour des comptes en activité à la Cour, désignés par son premier président ;

2° Quatre membres nommés, respectivement, par le président de l'Assemblée nationale, le président du Sénat et les présidents des commissions de l'Assemblée nationale et du Sénat chargées des finances en raison de leurs compétences dans le domaine des prévisions macroéconomiques et des finances publiques. Ils ne peuvent exercer de fonctions publiques électives ;

3° Un membre nommé par le président du Conseil économique, social et environnemental en raison de ses compétences dans le domaine des prévisions macroéconomiques et des finances publiques. Il ne peut exercer de fonctions publiques électives ;

4° Le directeur général de l'Institut national de la statistique et des études économiques.
Les membres du Haut Conseil des finances publiques ne sont pas rémunérés.

Les membres du Haut Conseil des finances publiques mentionnés aux 1° à 3° du présent I sont nommés pour cinq ans ; le mandat des membres mentionnés au 1° est renouvelable une fois ; le mandat des membres mentionnés aux 2° et 3° n'est pas renouvelable.

Les membres du Haut Conseil des finances publiques mentionnés aux 1° à 3° sont renouvelés par moitié tous les trente mois.

Lors de leur nomination, les membres mentionnés aux 1° à 4° remettent au premier président de la Cour des comptes une déclaration d'intérêts.

Dans l'exercice de leurs missions, les membres du Haut Conseil des finances publiques ne peuvent solliciter ou recevoir aucune instruction du Gouvernement ou de toute personne publique ou privée.

En cas de décès ou de démission d'un membre mentionné aux 1°, 2° ou 3°, de cessation des fonctions d'un membre dans les conditions prévues au dernier alinéa du présent I ou, s'agissant d'un magistrat de la Cour des comptes, de cessation de son activité à la Cour, il est pourvu à son remplacement pour la durée du mandat restant à courir. Si cette durée est inférieure à un an, le mandat du nouveau membre est renouvelable une fois.

Il ne peut être mis fin aux fonctions d'un membre du Haut Conseil des finances publiques mentionné aux 1°, 2° ou 3° que par l'autorité l'ayant désigné et sur avis conforme émis à la majorité des deux tiers des autres membres constatant qu'une incapacité physique permanente ou qu'un manquement grave à ses obligations empêche la poursuite de son mandat.

II. – Lorsqu'il exprime un avis sur l'estimation du produit intérieur brut potentiel sur laquelle repose le projet de loi de programmation des finances publiques, le Haut Conseil des finances publiques le motive, notamment au regard des estimations du Gouvernement et de la Commission européenne.

Lorsqu'il exprime un avis sur une prévision de croissance, il tient compte des prévisions d'un ensemble d'organismes dont il a établi et rendu publique la liste.

III. – Le Haut Conseil des finances publiques est saisi par le Gouvernement des prévisions macroéconomiques et de l'estimation du produit intérieur brut potentiel sur lesquelles repose le projet de loi de programmation des finances publiques. Au plus tard une semaine avant que le Conseil d'Etat soit saisi du projet de loi de programmation des finances publiques, le Gouvernement transmet au Haut Conseil ce projet ainsi que tout autre élément lui permettant d'apprécier la cohérence de la programmation envisagée au regard de l'objectif à moyen terme retenu et des engagements européens de la France.

Le Haut Conseil rend un avis sur l'ensemble des éléments mentionnés au premier alinéa du présent III. Cet avis est joint au projet de loi de programmation des finances publiques lors de sa transmission au Conseil d'Etat. Il est joint au projet de loi de programmation des finances publiques déposé au Parlement et rendu public par le Haut Conseil lors de ce dépôt.

IV. – Le Haut Conseil des finances publiques est saisi par le Gouvernement des prévisions macroéconomiques sur lesquelles reposent le projet de loi de finances de l'année et le projet de loi de financement de la sécurité sociale de l'année. Au plus tard une semaine avant que le

Conseil d'Etat soit saisi du projet de loi de finances de l'année et du projet de loi de financement de la sécurité sociale de l'année, le Gouvernement transmet au Haut Conseil les éléments du projet de loi de finances de l'année et du projet de loi de financement de la sécurité sociale de l'année lui permettant d'apprécier :

1° La cohérence de l'article liminaire du projet de loi de finances de l'année, au regard des orientations pluriannuelles de solde structurel et de dépenses des administrations publiques mentionnées à l'article 1er A de la présente loi organique et définies dans la loi de programmation des finances publiques, ainsi que le réalisme des prévisions de recettes et de dépenses du projet de loi de finances de l'année ;

2° La cohérence de l'article liminaire du projet de loi de financement de la sécurité sociale de l'année, au regard des orientations pluriannuelles de solde structurel et de dépenses des administrations publiques mentionnées au même article 1er A et définies dans la loi de programmation des finances publiques, ainsi que le réalisme des prévisions de recettes et de dépenses du projet de loi de financement de la sécurité sociale de l'année.

Le Haut Conseil rend un avis sur l'ensemble des éléments mentionnés au 1° du présent IV. Cet avis est joint au projet de loi de finances de l'année lors de sa transmission au Conseil d'Etat et joint au projet de loi déposé à l'Assemblée nationale. Il est rendu public par le Haut Conseil lors de ce dépôt.

Le Haut Conseil rend un avis sur l'ensemble des éléments mentionnés au 2° du présent IV. Cet avis est joint au projet de loi de financement de la sécurité sociale de l'année lors de sa transmission au Conseil d'Etat et joint au projet de loi déposé à l'Assemblée nationale. Il est rendu public par le Haut Conseil lors de ce dépôt.

V. – Lorsque le Gouvernement prévoit de déposer à l'Assemblée nationale un projet de loi de finances rectificative, un projet de loi de finances de fin de gestion ou un projet de loi de financement rectificative de la sécurité sociale, il informe sans délai le Haut Conseil des finances publiques des prévisions macroéconomiques qu'il retient pour l'élaboration de ce projet. Le Gouvernement transmet au Haut Conseil les éléments permettant à ce dernier d'apprécier la cohérence du projet de loi, notamment de son article liminaire, au regard des orientations pluriannuelles de solde structurel définies dans la loi de programmation des finances publiques, ainsi que le réalisme des prévisions de recettes et de dépenses du projet de loi.

Le Haut Conseil rend un avis sur l'ensemble des éléments mentionnés au premier alinéa du présent V. Cet avis est joint au projet de loi de finances rectificative, au projet de loi de finances de fin de gestion ou au projet de loi de financement rectificative de la sécurité sociale lors de sa transmission au Conseil d'Etat et joint au projet de loi déposé à l'Assemblée nationale. Il est rendu public par le Haut Conseil lors de ce dépôt.

VI. – Lorsque, au cours de l'examen par le Parlement d'un projet de loi de programmation des finances publiques, d'un projet de loi de finances ou d'un projet de loi de financement de la sécurité sociale, le Gouvernement entend réviser les prévisions macroéconomiques sur lesquelles reposait initialement son projet, il informe sans délai le Haut Conseil des finances publiques du nouvel état de ses prévisions. Avant l'adoption définitive de la loi de programmation des finances publiques, de la loi de finances ou de la loi de financement de la sécurité sociale, le Haut Conseil rend un avis public sur ces prévisions.

VII. – Le Haut Conseil des finances publiques est saisi par le Gouvernement des dispositions des projets de loi de programmation mentionnés au vingtième alinéa de l'article 34 de la

Constitution ayant une incidence sur les finances publiques. Au plus tard quinze jours avant que le Conseil d'Etat soit saisi d'un tel projet de loi, le Gouvernement transmet au Haut Conseil les éléments de ce projet de loi lui permettant d'évaluer la compatibilité de ces dispositions avec les objectifs de dépenses prévus, en application de l'avant-dernier alinéa de l'article 1er A de la présente loi organique, par la loi de programmation des finances publiques en vigueur ou, à défaut, par l'article liminaire de la dernière loi de finances.

Le Haut Conseil rend un avis sur l'ensemble des éléments mentionnés au premier alinéa du présent VII. Cet avis est joint au projet de loi de programmation des finances publiques lors de sa transmission au Conseil d'Etat, puis lors de son dépôt. Il est rendu public par le Haut Conseil lors de ce dépôt.

VIII. – Le Haut Conseil des finances publiques est saisi par le Gouvernement des prévisions macroéconomiques sur lesquelles repose le projet de programme de stabilité établi au titre de la coordination des politiques économiques des Etats membres de l'Union européenne.

Il rend public son avis au moins deux semaines avant la date limite de transmission du programme de stabilité au Conseil de l'Union européenne et à la Commission européenne.

L'avis du Haut Conseil des finances publiques est joint au programme de stabilité lors de cette transmission.

IX. – Le Haut Conseil des finances publiques peut procéder à l'audition des représentants de l'ensemble des administrations compétentes dans le domaine des finances publiques, de la statistique et de la prévision économique.

Il peut faire appel à des organismes ou des personnalités extérieurs à l'administration, notamment pour apprécier les perspectives de recettes, de dépenses, de solde et d'endettement des administrations publiques et de chacun de leurs sous-secteurs.

Le Gouvernement répond aux demandes d'information que lui adresse le Haut Conseil dans le cadre de la préparation de ses avis.

X. – Le Haut Conseil des finances publiques et le Parlement sont informés par le Gouvernement, lors de l'examen du projet de loi de finances de l'année, des engagements financiers de l'Etat significatifs nouvellement autorisés n'ayant pas d'implication immédiate sur le solde structurel.

XI. – Le Haut Conseil des finances publiques se réunit sur convocation de son président. Il délibère valablement s'il réunit, outre son président, cinq de ses membres, dont deux ont été désignés dans les conditions prévues aux 2° et 3° du I. Il se prononce à la majorité des voix. En cas de partage égal des voix, celle de son président est prépondérante.

Ses membres sont tenus au secret de ses délibérations. Il ne peut publier d'opinion dissidente.

Il ne peut délibérer ni publier d'avis dans d'autres cas ou sur d'autres sujets que ceux prévus au présent titre.

XII. – Le président du Haut Conseil des finances publiques gère les crédits nécessaires à l'accomplissement des missions de celui-ci.

[*Nota : Par décision du Conseil constitutionnel n° 2021-831 DC du 23 décembre 2021, l'article 61 de la loi n° 2001-692 du 1 er août 2001 relative aux lois de finances, dans sa rédaction résultant de la loi organique n° 2021-1836 du 28 décembre 2021 relative à la modernisation de la gestion des finances publiques, a été déclaré conforme à la Constitution, sous la réserve énoncée au paragraphe 107 aux termes de laquelle « Si, par suite des circonstances, l'avis du Haut Conseil des finances publiques venait à être rendu postérieurement à l'avis du Conseil d'État, le Conseil constitutionnel apprécierait, le cas échéant, le respect des dispositions des paragraphes IV, V et VII de l'article 61 au regard des exigences de la continuité de la vie de la Nation. »*]

Article 62

I. – En vue du dépôt du projet de loi relative aux résultats de la gestion et portant approbation des comptes de l'année, le Haut Conseil des finances publiques rend un avis identifiant, le cas échéant, les écarts importants, au sens du II, que fait apparaître la comparaison des résultats de l'exécution de l'année écoulée avec les orientations pluriannuelles de solde structurel définies dans la loi de programmation des finances publiques. Cette comparaison est effectuée en retenant la trajectoire de produit intérieur brut potentiel figurant dans le rapport annexé à cette même loi.

Cet avis est rendu public par le Haut Conseil des finances publiques et joint au projet de loi relative aux résultats de la gestion et portant approbation des comptes de l'année. Il tient compte, le cas échéant, des circonstances exceptionnelles, définies à l'article 3 du traité sur la stabilité, la coordination et la gouvernance au sein de l'Union économique et monétaire, signé à Bruxelles le 2 mars 2012, de nature à justifier les écarts constatés.

Lorsque l'avis du Haut Conseil identifie de tels écarts, le Gouvernement en expose les raisons et indique les mesures de correction envisagées lors de l'examen du projet de loi relative aux résultats de la gestion et portant approbation des comptes de l'année par chaque assemblée.

II. – Un écart est considéré comme important au regard des orientations pluriannuelles de solde structurel de l'ensemble des administrations publiques définies par la loi de programmation des finances publiques lorsqu'il représente au moins 0,5 % du produit intérieur brut sur une année donnée ou au moins 0,25 % du produit intérieur brut par an en moyenne sur deux années consécutives.

III. – Le Gouvernement tient compte d'un écart important au plus tard dans le prochain projet de loi de finances de l'année et dans le prochain projet de loi de financement de la sécurité sociale de l'année.

Un rapport, annexé au prochain projet de loi de finances de l'année ou au prochain projet de loi de financement de la sécurité sociale de l'année, analyse les mesures de correction envisagées, qui peuvent porter sur l'ensemble des administrations publiques ou seulement sur certains de leurs sous-secteurs, en vue de retourner aux orientations pluriannuelles de solde structurel définies par la loi de programmation des finances publiques. Le cas échéant, ce rapport justifie les différences apparaissant, dans l'ampleur et le calendrier de ces mesures de correction, par rapport aux indications figurant dans la loi de programmation des finances publiques en application du 6° de l'article 1er B.

L'avis du Haut Conseil des finances publiques mentionné au IV de l'article 61 comporte une appréciation de ces mesures de correction et, le cas échéant, de ces différences.

IV. – A. – Le Gouvernement peut demander au Haut Conseil des finances publiques de constater que les conditions mentionnées à l'article 3 du traité sur la stabilité, la coordination et la gouvernance au sein de l'Union économique et monétaire, signé à Bruxelles le 2 mars 2012, pour la définition des circonstances exceptionnelles sont réunies ou ont cessé de l'être.

Le Haut Conseil répond sans délai, par un avis motivé et rendu public.

B. – Suivant l'avis du Haut Conseil mentionné au second alinéa du A du présent IV, l'article liminaire du premier projet de loi de finances, autre que la loi relative aux résultats de la gestion et portant approbation des comptes de l'année, déclare une situation de circonstances exceptionnelles ou constate que de telles circonstances n'existent plus.

V. – L'avis rendu public par le Haut Conseil des finances publiques en application du I porte également sur le respect des objectifs de dépenses des administrations publiques mentionnés à l'article 1er A au regard des résultats de l'exécution de l'année écoulée et, au moins une fois tous les quatre ans, sur les écarts entre les prévisions macroéconomiques, de recettes et de dépenses des lois de finances et de financement de la sécurité sociale et leur réalisation.

TITRE VII. – APPLICATION DE LA LOI ORGANIQUE.

Article 63

Les modalités d'exécution de la présente loi organique sont fixées par décret en Conseil d'Etat.

Décret n° 2012-1246 du 7 novembre 2012 relatif à la gestion budgétaire et comptable publique

TITRE PRÉLIMINAIRE. – LE CHAMP D'APPLICATION

Article 1

Les dispositions du titre Ier du présent décret sont applicables aux administrations publiques au sens du règlement (CE) du 25 juin 1996 visé ci-dessus, mentionnées aux 1° à 5° suivants ainsi qu'aux personnes morales mentionnées au 6° :

1° L'Etat ;

2° Les collectivités territoriales, leurs établissements publics, les établissements publics locaux d'enseignement, les établissements publics locaux d'enseignement et de formation professionnelle agricoles, les établissements publics locaux d'enseignement maritime et aquacole, les centres de ressources, d'expertise et de performance sportive ;

3° Les établissements publics de santé ainsi que, lorsqu'ils sont érigés en établissement public de santé en application de l'article L. 6133-7 du code de la santé publique, les groupements de coopération sanitaire ;

4° Les autres personnes morales de droit public, dont la liste est établie par arrêté conjoint du ministre chargé de l'économie et du ministre chargé du budget ;

5° Après avis conforme du ministre chargé du budget et lorsque leurs statuts le prévoient, les personnes morales de droit privé ;

6° Les personnes morales de droit public ne relevant pas de la catégorie des administrations publiques, sauf si leurs statuts en disposent autrement ;

Ces dispositions s'appliquent aux groupements d'intérêt public lorsqu'ils sont soumis aux règles de la comptabilité publique dans les conditions prévues par l'article 112 de la loi du 17 mai 2011 visée ci-dessus.

Article 2

Les dispositions du titre II sont applicables à l'Etat.

Article 3

Les dispositions du titre III sont applicables aux personnes morales mentionnées au 4° de l'article 1er.

Les dispositions du titre III sont également applicables aux personnes morales mentionnées aux 5° et 6° de l'article 1er sous réserve des dérogations ou des adaptations prévues par leurs statuts.

Article 4

Les dispositions des titres II et III ne s'appliquent pas aux personnes morales mentionnées aux 2° et 3° de l'article 1er.

Article 5

Par dérogation au 4° de l'article 1er et au premier alinéa de l'article 3, les dispositions du présent décret ne s'appliquent pas à l'Institut de France et aux académies qui le composent, à l'Académie d'agriculture de France, à l'Académie de chirurgie, à l'Académie de médecine, à l'Académie de pharmacie, à l'Académie vétérinaire de France, aux autorités publiques indépendantes, au Fonds de garantie des victimes des actes de terrorisme et d'autres infractions, aux chambres des métiers et de l'artisanat, aux chambres de commerce et d'industrie, à l'Institut national de l'audiovisuel, à La Monnaie de Paris et à la Caisse nationale de retraite des agents des collectivités locales. Toutefois, les autorités publiques indépendantes, l'Institut national de l'audiovisuel, La Monnaie de Paris et, en application du premier alinéa de l'article 36 de la loi du 18 avril 2006 de programme pour la recherche, l'Institut de France et les académies qui le composent, déposent leurs disponibilités au Trésor dans les conditions définies aux articles 46, 47 et 197.

Article 6

I. – Dans les cas où une personne morale de droit public entre dans le champ du 4° de l'article 1er postérieurement à l'entrée en vigueur du présent décret, les ministres chargés de l'économie et du budget fixent par arrêté l'exercice à partir duquel s'appliquent les dispositions du présent décret. Cet arrêté peut prévoir de différer l'application de certaines d'entre elles pendant une période transitoire ne pouvant excéder trois exercices.

II. – Dans les cas où les statuts d'une personne morale de droit privé relevant de la catégorie des administrations publiques sont modifiés pour prévoir l'application des règles du présent décret, ces règles s'appliquent, au plus tard, à compter de l'exercice suivant.

III. – En cas de sortie d'une personne morale de droit privé de la catégorie des administrations publiques, les règles du présent décret ne s'appliquent plus à l'issue du deuxième exercice budgétaire suivant la sortie, sauf disposition législative ou statutaire contraire.

TITRE Ier. – LES PRINCIPES FONDAMENTAUX

Chapitre Ier. – Le cadre budgétaire et comptable

Article 7

Le budget est l'acte par lequel sont prévues et autorisées les recettes et les dépenses. Le cas échéant, il prévoit et autorise les emplois et engagements de dépenses.

Article 8

Les opérations relatives à l'exécution du budget relèvent exclusivement des ordonnateurs et des comptables publics.

Article 9

Les fonctions d'ordonnateur et de comptable public sont incompatibles.

Les conjoints des ordonnateurs, ou les partenaires avec lesquels ils sont liés par un pacte civil de solidarité, ne peuvent être comptables des personnes morales auprès desquelles ces ordonnateurs exercent leurs fonctions.

Chapitre II. – Les ordonnateurs et les comptables

Section 1. – Les ordonnateurs

Article 10

Les ordonnateurs prescrivent l'exécution des recettes et des dépenses.

La qualité d'ordonnateur est conférée, pour les personnes morales mentionnées aux 1°, 4°, 5° et 6° de l'article 1er, dans les conditions prévues aux titres II et III. Pour les personnes morales mentionnées aux 2° et 3° de l'article 1er, elle est régie par la loi.

Les ordonnateurs sont principaux ou secondaires.

Les ordonnateurs peuvent déléguer leur signature et se faire suppléer en cas d'absence ou d'empêchement.

Les ordonnateurs, leurs suppléants ainsi que les personnes auxquelles ils ont délégué leur signature sont accrédités auprès des comptables publics assignataires relevant de leur compétence, selon les modalités fixées par arrêté du ministre chargé du budget.

Article 11

Les ordonnateurs constatent les droits et les obligations, liquident les recettes et émettent les ordres de recouvrer. Ils engagent, liquident et ordonnancent les dépenses.

Le cas échéant, ils assurent la programmation, la répartition et la mise à disposition des crédits.

Ils transmettent au comptable public compétent les ordres de recouvrer et de payer assortis des pièces justificatives requises, ainsi que les certifications qu'ils délivrent.

Ils établissent les documents nécessaires à la tenue, par les comptables publics, des comptabilités dont la charge incombe à ces derniers.

Article 12

A raison de l'exercice de leurs attributions et en particulier des certifications qu'ils délivrent, les ordonnateurs encourent une responsabilité dans les conditions fixées par la loi.

Section 2. – Les comptables

Article 13

Les comptables publics sont des agents de droit public ayant, dans les conditions définies par le présent décret, la charge exclusive de manier les fonds et de tenir les comptes des personnes morales mentionnées à l'article 1er.

Sous réserve des règles propres à certaines personnes morales, les comptables publics sont nommés par le ministre chargé du budget.

Article 14

Les comptables publics assument la direction des postes comptables. Un même poste comptable est confié à un seul comptable public.

Le comptable assignataire est le comptable public habilité à prendre en charge les ordres de payer, les dépenses sans ordonnancement, les ordres de recouvrer ainsi que les opérations de trésorerie émanant de l'ordonnateur accrédité mentionné au dernier alinéa de l'article 10. Un arrêté du ministre chargé du budget définit les modalités d'assignation sur la caisse du comptable public des ordres et des dépenses sans ordonnancement émanant de l'ordonnateur.

La publication de l'acte de nomination d'un comptable public emporte accréditation de ce dernier auprès d'un ou de plusieurs ordonnateurs.

Article 14-1

A l'occasion de leur première installation, les comptables publics prêtent serment devant l'autorité compétente qui est, sous réserve de l'application de dispositions spéciales :

a) Pour les comptables de l'Etat cités à l'article 79 et à l'exception de ceux de la direction générale des douanes et droits indirects : le directeur général des finances publiques. Par exception, les comptables subordonnés des services déconcentrés de la direction générale des finances publiques prêtent serment devant leur comptable supérieur ;

b) Pour les agents comptables des établissements publics des collectivités territoriales, des caisses de crédit municipal et des groupements de coopération sanitaire : le directeur départemental des finances publiques dans le ressort duquel siège l'établissement. Les agents comptables secondaires prêtent serment devant le comptable principal de l'établissement ;

c) Pour les agents comptables des établissements publics locaux d'enseignement relevant du ministère de l'Education nationale : le recteur d'académie ;

d) Pour les agents comptables des établissements publics locaux d'enseignement et de formation professionnelle agricoles, selon le cas : le directeur régional de l'alimentation, de l'agriculture et de la forêt, ou le directeur de l'alimentation, de l'agriculture et de la forêt. Les agents comptables secondaires prêtent serment devant le comptable principal de l'établissement ;

e) Pour les agents comptables des établissements publics locaux d'enseignement maritime et aquacole : le directeur interrégional de la mer. Les agents comptables secondaires prêtent serment devant le comptable principal de l'établissement ;

f) Pour les agents comptables des établissements visés par le décret n° 76-832 du 24 août 1976 relatif à l'organisation financière de certains établissements ou organismes de coopération et de diffusion culturelle dépendant du ministère des affaires étrangères : le chef du poste diplomatique ou consulaire ;

g) Pour les agents comptables des personnes morales de droit public visées au 4° et au 6° de l'article 1er et des autorités publiques indépendantes : le directeur départemental des finances publiques dans le ressort duquel siège l'organisme. Les agents comptables secondaires prêtent serment devant l'agent comptable principal de l'organisme ;

h) Pour les agents comptables des centres de ressources, d'expertise et de performance sportive : le recteur de région académique ;

Les autorités mentionnées au présent article peuvent se faire représenter pour recevoir le serment des comptables.

Lors de leur changement d'affectation, les comptables publics justifient de leur prestation de serment auprès de l'autorité compétente au titre de ce nouveau poste comptable. A défaut, ils prêtent de nouveau serment.

Le serment prêté par les comptables de la direction générale des douanes et droits indirects lors de leur entrée dans l'administration des douanes en application de l'article 54 du code des douanes justifie l'obligation de prestation de serment à la date de leur première installation dans ces fonctions.

Les personnes assurant l'intérim d'un poste comptable ainsi que les comptables commis d'office chargés de l'établissement des comptes en lieu et place du comptable titulaire ne prêtent pas serment.

Article 15

Les comptables publics sont principaux ou secondaires.

Les comptables principaux sont ceux dont les opérations sont retranscrites dans des comptes mis à disposition ou quérables par la Cour des comptes ou par les chambres régionales ou territoriales des comptes.

Les comptables secondaires sont ceux dont les opérations sont centralisées dans les comptes d'un comptable principal.

Article 16

Les comptables publics peuvent désigner des mandataires ayant qualité pour agir en leur nom et sous leur responsabilité.

Article 17

A raison de l'exercice de leurs attributions, les comptables publics encourent une responsabilité dans les conditions fixées par la loi.

Article 18

Dans le poste comptable qu'il dirige, le comptable public est seul chargé :

1° De la tenue de la comptabilité générale ;

2° Sous réserve des compétences de l'ordonnateur, de la tenue de la comptabilité budgétaire ;

3° De la comptabilisation des valeurs inactives ;

4° De la prise en charge des ordres de recouvrer et de payer qui lui sont remis par les ordonnateurs ;

5° Du recouvrement des ordres de recouvrer et des créances constatées par un contrat, un titre de propriété ou tout autre titre exécutoire ;

6° De l'encaissement des droits au comptant et des recettes liées à l'exécution des ordres de recouvrer ;

7° Du paiement des dépenses, soit sur ordre émanant des ordonnateurs, soit au vu des titres présentés par les créanciers, soit de leur propre initiative ;

8° De la suite à donner aux oppositions à paiement et autres significations ;

9° De la garde et de la conservation des fonds et valeurs appartenant ou confiés aux personnes morales mentionnées à l'article 1er ;

10° Du maniement des fonds et des mouvements de comptes de disponibilités ;

11° De la conservation des pièces justificatives des opérations transmises par les ordonnateurs et des documents de comptabilité.

Article 19

Le comptable public est tenu d'exercer le contrôle :

1° S'agissant des ordres de recouvrer :

a) De la régularité de l'autorisation de percevoir la recette ;

b) Dans la limite des éléments dont il dispose, de la mise en recouvrement des créances et de la régularité des réductions et des annulations des ordres de recouvrer ;

2° S'agissant des ordres de payer :

a) De la qualité de l'ordonnateur ;

b) De l'exacte imputation des dépenses au regard des règles relatives à la spécialité des crédits ;

c) De la disponibilité des crédits ;

d) De la validité de la dette dans les conditions prévues à l'article 20 ;

e) Du caractère libératoire du paiement ;

3° S'agissant du patrimoine :

a) De la conservation des valeurs inactives ;

b) Des droits, privilèges et hypothèques.

Article 20

Le contrôle des comptables publics sur la validité de la dette porte sur :

1° La certification du service fait ;

2° L'exactitude de la liquidation ;

3° La production des pièces justificatives ;

4° L'application des règles de prescription et de déchéance.

Article 21

Les comptables publics principaux procèdent à la production des comptes à la clôture de chaque exercice.

Ces comptes sont établis et arrêtés par le comptable public en fonctions à la date à laquelle ils sont produits.

Les modalités de production des comptes sont définies par arrêté du ministre chargé du budget selon des règles et dans des délais propres à chaque catégorie de personne morale mentionnée à l'article 1er.

Article 22

Des régisseurs peuvent être chargés pour le compte des comptables publics d'opérations d'encaissement ou d'opérations de paiement.

Article 22-1

Sans préjudice des dispositions du code général des collectivités territoriales, les régisseurs chargés pour le compte des comptables publics d'opérations d'encaissement ou de paiement sont en charge de la garde et de la conservation des fonds et valeurs qu'ils recueillent ou qui leur sont avancés par les comptables publics, du maniement des fonds et des mouvements de comptes de disponibilités, de la conservation des pièces justificatives ainsi que de la tenue de la comptabilité des opérations.

Les régisseurs de recettes sont chargés de l'encaissement des recettes. Ils sont également tenus d'exercer les contrôles en matière de recettes dans les mêmes conditions que celles qui sont prévues pour les comptables publics par l'article 19 du présent décret.

Les régisseurs d'avances sont chargés du paiement des dépenses. Cependant, leur mission en ce qui concerne les oppositions et autres significations est limitée à l'exécution des mesures prescrites par les comptables assignataires des dépenses. Ils sont tenus d'exercer les contrôles en matière de dépenses, dans les mêmes conditions que celles qui sont prévues pour les comptables publics par l'article 19 du présent décret. Toutefois, le contrôle des régisseurs d'avances ne porte pas sur la disponibilité des crédits.

Chapitre III. – Les opérations

Section 1. – Les opérations de recettes

Article 23

Les recettes comprennent les produits des impositions de toute nature, les produits résultant de conventions ou de décisions de justice et les autres produits autorisés pour chaque catégorie de personne morale mentionnée à l'article 1er par les lois et règlements en vigueur.

Les impositions de toute nature et produits mentionnés ci-dessus sont liquidés et recouvrés dans les conditions prévues par le code général des impôts, le livre des procédures fiscales, le code des douanes et, le cas échéant, par les autres lois et règlements.

Article 24

Dans les conditions prévues pour chaque catégorie d'entre elles, les recettes sont liquidées avant d'être recouvrées. La liquidation a pour objet de déterminer le montant de la dette des redevables. Les recettes sont liquidées pour leur montant intégral, sans contraction avec les dépenses.

Toute créance liquidée faisant l'objet d'une déclaration ou d'un ordre de recouvrer indique les bases de la liquidation. En cas d'erreur de liquidation, l'ordonnateur émet un ordre de recouvrer afin, selon les cas, d'augmenter ou de réduire le montant de la créance liquidée. Il indique les bases de la nouvelle liquidation. Pour les créances faisant l'objet d'une déclaration, une déclaration rectificative, indiquant les bases de la nouvelle liquidation, est souscrite.

L'ordre de recouvrer peut être établi périodiquement pour régulariser les recettes encaissées sur versement spontané des redevables.

Article 25

Le règlement des sommes dues aux personnes mentionnées à l'article 1er est fait par tout moyen ou instrument de paiement prévu par le code monétaire et financier, dans les conditions précisées par arrêté du ministre chargé du budget.

Toutefois, dans les cas prévus par la loi ou le règlement, les redevables peuvent s'acquitter de leur dette par :

1° Dation en paiement ;

2° Remise de valeurs ;

3° Remise de timbres, formules ou fournitures ;

4° Exécution de prestations en nature.

Article 26

Tout versement en numéraire donne lieu à la délivrance d'un reçu dont la forme et les conditions de délivrance sont fixées par le ministre chargé du budget ou, le cas échéant, par le ministre intéressé avec l'accord du ministre chargé du budget.

Il n'est pas délivré de reçu lorsque le redevable reçoit en échange de son versement des timbres, formules et, d'une façon générale, une fourniture dont la possession justifie à elle seule le paiement des droits. Il n'est pas non plus délivré de reçu s'il est donné quittance sur un document restitué ou remis au redevable.

Article 27

Sous réserve des dispositions particulières prévues par le code général des impôts, le livre des procédures fiscales et le code des douanes, le débiteur est libéré de sa dette s'il présente un reçu régulier, s'il justifie du bénéfice de la prescription ou s'il établit la réalité de l'encaissement des sommes dues par un comptable public.

Article 28

L'ordre de recouvrer fonde l'action de recouvrement. Il a force exécutoire dans les conditions prévues par l'article L. 252 A du livre des procédures fiscales.

Le comptable public muni d'un titre exécutoire peut poursuivre l'exécution forcée de la créance correspondante auprès du redevable, dans les conditions propres à chaque mesure d'exécution.

Le cas échéant, il peut également poursuivre l'exécution forcée de la créance sur la base de l'un ou l'autre des titres exécutoires énumérés par l'article L. 111-3 du code des procédures civiles d'exécution.

Article 28-1

Lorsqu'il est mis en place, un service spécialisé de recettes, placé sous l'autorité d'un comptable public, est chargé d'émettre et d'enregistrer les factures et titres signés par voie dématérialisée par l'ordonnateur établissant les droits acquis envers des débiteurs.

Dans ce cas, le montant de la recette est contrôlé par le comptable public au vu des créances constatées et de la certification d'acquisition du droit par l'ordonnateur.

Cette certification constitue l'ordre de recouvrer défini aux articles 11, 23, 24 et 28.

Ce service spécialisé est mis en place par convention signée par le comptable public et l'ordonnateur, dans les conditions fixées par arrêté du ministre chargé du budget.

Section 2. – Les opérations de dépenses

Article 29

Les opérations de dépenses sont successivement l'engagement, la liquidation, le cas échéant l'ordonnancement, ainsi que le paiement.

Article 30

L'engagement est l'acte juridique par lequel une personne morale mentionnée à l'article 1er crée ou constate à son encontre une obligation de laquelle il résultera une dépense. L'engagement respecte l'objet et les limites de l'autorisation budgétaire.

Article 31

La liquidation consiste à vérifier la réalité de la dette et à arrêter le montant de la dépense. Elle comporte :

1° La certification du service fait, par laquelle l'ordonnateur atteste la conformité à l'engagement de la livraison ou de la prestation. Dans les conditions et les modalités fixées par arrêté du ministre chargé du budget, cette conformité peut être présumée au regard de la nature de la dépense ou de l'évaluation des risques résultant notamment des dispositifs de contrôle interne ;

2° La détermination du montant de la dépense au vu des titres ou décisions établissant les droits acquis par les créanciers.

Article 32

L'ordonnancement est l'ordre, quelle qu'en soit la forme, donné par l'ordonnateur au comptable de payer une dépense.

Par dérogation à l'article 11, certaines dépenses peuvent, eu égard à leur nature ou à leur montant, selon les besoins propres à chaque catégorie de personnes morales, être payées sans ordonnancement, après ordonnancement tacite ou avec ordonnancement sans que celui-ci soit préalable au paiement. Le ministre chargé du budget arrête la liste de ces dépenses.

Le silence gardé par l'ordonnateur sur une demande de mise en paiement du comptable public, pendant un délai et suivant des conditions fixés par décision conjointe de l'ordonnateur et du comptable public, vaut ordonnancement tacite au sens de l'alinéa ci-dessus.

Lorsque les dépenses sont payées sans ordonnancement préalable, l'ordre de payer peut revêtir un caractère périodique dans les conditions fixées par arrêté du ministre chargé du budget.

Article 33

Le paiement est l'acte par lequel une personne morale mentionnée à l'article 1er se libère de sa dette.

Sous réserve des exceptions prévues par les lois et règlements, le paiement ne peut intervenir avant l'échéance de la dette, l'exécution du service, la décision individuelle d'attribution d'allocations ou la décision individuelle de subvention. Toutefois, des avances et acomptes peuvent être consentis aux personnels, aux entrepreneurs et fournisseurs ainsi qu'aux bénéficiaires de subventions.

Article 34

Le paiement est fait par tout moyen ou instrument de paiement prévu par le code monétaire et financier, dans les conditions précisées par arrêté du ministre chargé du budget.

Article 35

Les comptables publics ne peuvent procéder à des paiements par voie de consignation des sommes dues sauf :

1° En application des dispositions de l'article 39 ;

2° En matière d'expropriation pour cause d'utilité publique, s'il existe des obstacles au paiement et si l'expropriant entend prendre possession des immeubles expropriés.

Article 36

Le paiement est libératoire lorsqu'il est fait au profit du créancier ou de son représentant qualifié. Les cas dans lesquels il peut être fait entre les mains d'une autre personne sont fixés par décret pris sur rapport du ministre chargé du budget.

Article 37

Toute opposition ou toute autre signification ayant pour objet d'empêcher un paiement doit être faite entre les mains du comptable public assignataire de la dépense.

Article 38

En application du deuxième alinéa de l'article L. 131-7 du code des juridictions financières, et sans préjudice des dispositions prévues par le code général des collectivités territoriales et par le code de la santé publique, lorsqu'à l'occasion de l'exercice des contrôles prévus au 2° de l'article 19 le comptable public a constaté des irrégularités ou des inexactitudes dans les certifications de l'ordonnateur, il suspend le paiement et en informe l'ordonnateur. Ce dernier a alors la faculté d'opérer une régularisation ou de requérir par écrit le comptable public de payer.

L'ordonnateur auquel sont signalés des faits ne motivant pas la suspension de paiement mais susceptibles de constituer une infraction au sens de l'article L. 131-9 du code des juridictions financières informe le comptable public à l'origine de ce signalement des suites qu'il donne à ce dernier dans des conditions fixées par arrêté du ministre chargé du budget.

Article 39

Lorsqu'un créancier refuse de recevoir le paiement, la procédure d'offres réelles prévue par les articles 1257 à 1264 du code civil est mise en œuvre dans les conditions fixées par arrêté du ministre chargé du budget.

[*Nota : Conformément à l'article 1er du décret n° 2016-1278 du 29 septembre 2016, les références à des dispositions abrogées, modifiées ou déplacées du Livre III du code civil par l'ordonnance n° 2016-131 du 10 février 2016 sont remplacées par les références aux dispositions ayant le même objet, dans leur rédaction résultant de ladite ordonnance. La procédure d'offres réelles mentionnée aux articles 1257 et 1260 du code civil est remplacée par la procédure mentionnée aux articles 1345 et suivants dudit code.*]

Article 40

Lorsque le comptable public constate qu'un paiement n'était pas dû en totalité ou en partie, il peut exercer directement une action en restitution de l'indu à l'encontre du débiteur dans les conditions prévues par les articles 1302 à 1302-3 du code civil. Il peut également en informer l'ordonnateur en vue de l'engagement par ce dernier d'une procédure visant au recouvrement de la créance.

Article 41

Lorsqu'il est mis en place, un service facturier placé sous l'autorité d'un comptable public est chargé de recevoir et d'enregistrer les factures et titres établissant les droits acquis aux créanciers.

Dans ce cas, le montant de la dépense est arrêté par le comptable au vu des factures et titres mentionnés à l'alinéa précédent et de la certification du service fait. Cette certification constitue l'ordre de payer défini aux articles 11 et 29 à 32.

Un service placé sous l'autorité du comptable public peut être chargé de liquider les dépenses de personnel d'une administration publique mentionnée au 2° ou 3° de l'article 1er dont il est assignataire.

Les services mentionnés au premier et au troisième alinéa sont mis en place par convention signée par le comptable public et l'ordonnateur, dans les conditions fixées par arrêté du ministre chargé du budget.

Article 42

Le comptable public peut opérer les contrôles mentionnés au 2° de l'article 19 et à l'article 20 de manière sélective, en fonction des caractéristiques des opérations assignées sur sa caisse et d'une évaluation des risques afférents à celles-ci. L'intensité, la périodicité et le périmètre de ces contrôles, qui peuvent intervenir a priori ou a posteriori, sont adaptés conformément au plan de contrôle qu'il établit suivant des règles fixées par arrêté du ministre chargé du budget.

L'ordonnateur peut être associé à l'évaluation des risques. Le ministre chargé du budget précise par arrêté les conditions de ce contrôle allégé en partenariat.

Section 3. – Les opérations de trésorerie

Article 43

Constituent des opérations de trésorerie les mouvements de numéraire, de valeurs mobilisables, de comptes de dépôts et de comptes courants, ainsi que les opérations intéressant les comptes de créances et de dettes afférents à la trésorerie définies par un arrêté du ministre chargé du budget.

Article 44

Les opérations de trésorerie sont exécutées par le comptable public soit à son initiative, soit sur l'ordre de l'ordonnateur. Elles peuvent également être exécutées par le comptable public à la demande des personnes physiques ou à la demande des représentants légaux des personnes morales qui disposent d'un compte ouvert dans les écritures du Trésor sans bénéficier de la qualité d'ordonnateur ou de comptable public au sens du présent décret.

Article 45

Les opérations de trésorerie sont décrites dans les comptes par nature, pour leur totalité et sans contraction entre elles.

Article 46

Les personnes morales mentionnées à l'article 1er autres que l'Etat informent le comptable assignataire de leurs opérations ou le comptable qui tient leur compte :

1° De toute opération d'un montant unitaire égal ou supérieur à un million d'euros de nature à affecter, en débit, le compte du Trésor auprès de la Banque de France. Cette information est communiquée avant 17 heures, heure de Paris, le jour ouvré qui précède le jour demandé pour le règlement financier de l'opération. Le règlement financier d'une opération débitrice qui n'a pas fait l'objet d'une annonce préalable peut être opéré le jour ouvré suivant le jour demandé. Le service comptable ayant validé l'ordre de paiement en est informé ;

2° De toute opération d'un montant unitaire égal ou supérieur à trente millions d'euros de nature à affecter, en crédit, le compte du Trésor auprès de la Banque de France. Cette information est communiquée dès que les montants et la date de l'opération sont certains. Les dotations de l'Etat et les virements en provenance d'une collectivité locale ou d'un établissement public n'entrent pas dans le champ d'application du présent alinéa.

Article 47

Sous réserve des dispositions de l'article 197, les personnes morales mentionnées à l'article 1er sont tenues de déposer leurs disponibilités au Trésor, à l'exception des fonds issus de dons, legs et libéralités.

Article 48

La caisse d'un poste comptable est unique.

Un poste comptable peut disposer d'un ou plusieurs comptes de disponibilités.

Section 4. – Autres opérations

Article 49

Les modalités de prise en charge, d'emploi et de conservation des biens, des objets ou des valeurs confiés par des tiers sont fixées par arrêté du ministre chargé du budget et du ministre intéressé.

Section 5. – Justification des opérations de recettes, de dépenses et de trésorerie

Article 50

Les opérations de recettes, de dépenses et de trésorerie doivent être justifiées par des pièces prévues dans des nomenclatures établies, pour chaque catégorie de personnes morales mentionnées à l'article 1er, par arrêté du ministre chargé du budget.

Toutefois, la liste des pièces justificatives des dépenses, des recettes et des opérations d'ordre des collectivités territoriales, de leurs établissements publics et des établissements publics de santé est fixée par décret.

Lorsqu'une opération de dépense n'a pas été prévue par une nomenclature mentionnée ci-dessus, doivent être produites des pièces justificatives permettant au comptable d'opérer les contrôles mentionnés aux articles 19 et 20.

Article 51

L'établissement, la conservation et la transmission des documents et pièces justificatives de toute nature peuvent, dans des conditions arrêtées par le ministre chargé du budget, être effectués sous forme dématérialisée.

Article 52

Un arrêté du ministre chargé du budget fixe la liste et la nature des pièces justificatives et des documents de comptabilité dont la conservation incombe respectivement à l'ordonnateur et au comptable. Cet arrêté fixe également pour chaque catégorie de personnes morales mentionnées à l'article 1er, les modalités de conservation par l'ordonnateur des pièces justificatives qu'il est dispensé de produire au comptable.

Les pièces justificatives sont conservées jusqu'au 31 décembre inclus de la cinquième année suivant la date d'exécution de l'opération qu'elles justifient.

Lorsque la conservation des pièces justificatives incombe à l'ordonnateur, le comptable public peut exercer à tout moment un droit d'évocation de tout ou partie de celles-ci, selon des modalités fixées par l'arrêté prévu au deuxième alinéa.

Chapitre IV. – Les comptabilités

Section 1. – Comptabilité publique

Article 53

La comptabilité publique est un système d'organisation de l'information financière permettant :

1° De saisir, de classer, d'enregistrer et de contrôler les données des opérations budgétaires, comptables et de trésorerie afin d'établir des comptes réguliers et sincères ;

2° De présenter des états financiers reflétant une image fidèle du patrimoine, de la situation financière et du résultat à la date de clôture de l'exercice ;

3° De contribuer au calcul du coût des actions ou des services ainsi qu'à l'évaluation de leur performance.

Elle est également organisée en vue de permettre le traitement de ces opérations par la comptabilité nationale.

Article 54

Les règles comptables propres à chaque catégorie de personnes morales mentionnées à l'article 1er sont fixées par arrêté du ministre chargé du budget.

Article 55

La comptabilité publique comporte une comptabilité générale et, sous des formes adaptées à chaque catégorie de personnes morales mentionnées à l'article 1er, une comptabilité budgétaire.

En outre, selon les besoins propres à chaque catégorie de personnes morales mentionnées à l'article 1er, une comptabilité analytique est mise en œuvre, permettant, pour l'Etat, l'analyse des coûts prévue à l'article 27 de la loi organique du 1er août 2001 susvisée.

Il est également assuré une comptabilisation des valeurs inactives.

Les arrêtés prévus à l'article 54 précisent les conditions dans lesquelles les comptabilités mentionnées au présent article sont cohérentes entre elles.

Section 2. – La comptabilité générale

Article 56

La comptabilité générale retrace l'ensemble des mouvements affectant le patrimoine, la situation financière et le résultat.

Elle est fondée sur le principe de la constatation des droits et obligations.

Elle est tenue par exercice s'étendant sur une année civile.

Elle inclut, le cas échéant, l'établissement de comptes consolidés ou combinés.

Les règles de comptabilité générale applicables aux personnes morales mentionnées à l'article 1er ne se distinguent de celles applicables aux entreprises qu'en raison des spécificités de l'action de ces personnes morales. Ces règles sont fixées selon des normes établies dans les conditions prévues à l'article 136 de la loi du 28 décembre 2001 visée ci-dessus.

Article 57

La qualité des comptes des personnes morales mentionnées à l'article 1er est assurée par le respect des principes comptables, tels que définis par les règles arrêtées par le ministre chargé du budget, dans les conditions fixées à l'article 54.

Elle doit répondre aux exigences énoncées aux 1° et 2° de l'article 53 au regard notamment des objectifs suivants :

1° Les comptes doivent être conformes aux règles et procédures en vigueur ;

2° Ils doivent être établis selon des méthodes permanentes, dans le but d'assurer leur comparabilité entre exercices comptables ;

3° Ils doivent appréhender l'ensemble des événements de gestion, en fonction du degré de connaissance de leur réalité et de leur importance relative, dans le respect du principe de prudence ;

4° Ils doivent s'attacher à assurer la cohérence des informations comptables fournies au cours des exercices successifs en veillant à opérer le bon rattachement des opérations à l'exercice auquel elles se rapportent ;

5° Ils doivent être exhaustifs et reposer sur une évaluation séparée et une comptabilisation distincte des éléments d'actif et de passif ainsi que des postes de charges et de produits, sans possibilité de compensation ;

6° Ils doivent s'appuyer sur des écritures comptables fiables, intelligibles et pertinentes visant à refléter une image fidèle du patrimoine et de la situation financière.

Section 3. – La comptabilité budgétaire

Article 58

La comptabilité budgétaire retrace l'ouverture et la consommation des autorisations d'engager et de payer, ainsi que l'enregistrement des recettes autorisées.

Elle permet de rendre compte de l'utilisation des crédits et, le cas échéant, des emplois mis à la disposition des ordonnateurs, conformément à la spécialisation de ces crédits et de ces emplois.

Elle est organisée, selon les règles propres à chaque personne morale mentionnée à l'article 1er, de façon à permettre la comparaison entre l'autorisation donnée et son exécution.

Section 4. – La comptabilité analytique

Article 59

La comptabilité analytique est fondée sur la comptabilité générale. Elle a pour objet, sous les réserves et dans les conditions propres à chaque catégorie de personnes morales mentionnées à l'article 1er, de mesurer les coûts d'une structure, d'une fonction, d'un projet, d'un bien produit ou d'une prestation réalisée et, le cas échéant, des produits afférents en vue d'éclairer les décisions d'organisation et de gestion.

Section 5. – La comptabilisation des valeurs inactives

Article 60

Le comptable public assure la comptabilisation des valeurs inactives ayant pour objet la description des existants et des mouvements concernant les formules, titres, tickets, timbres et vignettes destinés à l'émission et à la vente, ainsi que les valeurs confiées et les objets remis en dépôt par des tiers.

Chapitre V. – Le contrôle administratif des ordonnateurs et des comptables

Article 61

Le ministre chargé du budget exerce un contrôle sur la gestion des ordonnateurs de l'Etat et des organismes relevant du titre III par l'intermédiaire de l'inspection générale des finances et des autres services d'audit et de contrôle ou agents habilités à cet effet.

Article 62

Le contrôle de la gestion des comptables publics est assuré, selon les règles propres à chaque catégorie de comptables, par le ministre chargé du budget et par les instances de contrôle rattachées à ce dernier. Le ministre chargé du budget exerce ses contrôles par l'intermédiaire de l'inspection générale des finances et des autres corps ou agents habilités à cet effet par les textes particuliers.

TITRE II. – LA GESTION BUDGÉTAIRE ET COMPTABLE DE L'ÉTAT

Chapitre Ier. – L'organisation de la gestion budgétaire et comptable

Section 1. – Le cadre de la gestion budgétaire

Article 63

Au sens du présent décret, on entend par ministère l'ensemble des programmes dont les crédits sont mis à la disposition du même ministre ainsi que, le cas échéant, le plafond d'autorisations d'emplois qui lui est attribué.

Sous réserve de l'intervention d'une loi de finances rectificative, la mise à disposition des crédits effectuée sur la base de la loi de finances initiale et du décret mentionné à l'article 44 de la loi organique du 1er août 2001 susvisée vaut pour l'ensemble de l'année.

Article 64

Un budget opérationnel de programme décline les objectifs et les résultats attendus d'un programme selon un critère fonctionnel ou géographique. Les crédits du programme et, le cas échéant, ses autorisations d'emplois sont répartis entre un ou plusieurs budgets opérationnels de programme.

Article 65

Pour son exécution, un budget opérationnel de programme se compose d'une ou plusieurs unités opérationnelles entre lesquelles sont répartis et au sein desquelles sont consommés les crédits et, le cas échéant, les autorisations d'emplois.

Pour la mise en œuvre du contrôle de la disponibilité des crédits prévu au c du 2° de l'article 19, la disponibilité s'apprécie au niveau de l'unité opérationnelle. Toutefois, s'agissant des dépenses de personnel, et lorsqu'un arrêté du ministre chargé du budget le prévoit, la disponibilité des crédits peut s'apprécier au niveau du budget opérationnel de programme ou du programme.

Article 66

Pour chaque programme, il est procédé à une programmation ayant pour objet de mettre en adéquation l'activité prévisionnelle des services avec les crédits et les emplois notifiés et attendus. Cette programmation est effectuée selon un référentiel propre à chaque ministère, dans le respect des règles fixées par arrêté du ministre chargé du budget.

La programmation présentée par programme est déclinée au sein des budgets opérationnels de programme. Elle est accompagnée d'une prévision des principaux actes de gestion de l'année.

Elle est établie pour deux ans au moins et fait l'objet d'une actualisation au moins annuelle.

Il est rendu compte de son exécution au cours de la gestion.

La programmation et son exécution doivent être soutenables au regard de l'autorisation budgétaire annuelle et des prescriptions des lois de programmation des finances publiques en permettant ainsi d'honorer les engagements souscrits ou prévus et de maîtriser leurs conséquences budgétaires en cours d'année et les années ultérieures.

Article 67

Par ministère il est établi un document de répartition initiale des crédits et des emplois qui présente pour chaque programme :

1° La répartition entre les budgets opérationnels de programme des crédits ouverts en loi de finances initiale, nets de la réserve mise en œuvre en application de l'article 51 de la loi organique du 1er août 2001 ;

2° Le montant prévisionnel des crédits dont l'ouverture est attendue dans l'année, sous forme de reports, fonds de concours, attributions de produits et autres mouvements ainsi que la répartition de ces crédits entre les budgets opérationnels de programme.

Ce document indique également, le cas échéant, la répartition du plafond d'autorisation d'emplois entre les programmes.

Article 68

Par ministère, il est établi un document prévisionnel de gestion des emplois et des crédits de personnel qui présente, pour chaque programme et dans des conditions précisées par arrêté du ministre chargé du budget :

1° Les prévisions mensuelles d'entrées et de sorties des personnels rémunérés au titre du programme ;

2° Les prévisions de consommation mensuelle du plafond d'autorisation d'emplois ;

3° Les prévisions de dépenses de personnel, incluant une évaluation de l'incidence des mesures statutaires et indemnitaires prévues en faveur des agents.

Ce document comporte en outre les perspectives d'évolution des données mentionnées ci-dessus pour l'année suivante.

Section 2. – Les acteurs de la gestion

Article 69

Pour chaque ministère, un responsable de la fonction financière ministérielle est désigné par le ministre. Ce responsable coordonne la préparation, la présentation et l'exécution du budget.

A ce titre et sans préjudice des autres fonctions que ce ministre peut lui confier :

1° Il collecte les informations budgétaires et comptables et en opère la synthèse ;

2° Il s'assure de la mise en œuvre des règles de gestion budgétaire et comptable et veille à leur correcte prise en compte dans les systèmes d'information propres à son ministère et dans le système d'information financière de l'Etat ;

3° Il valide la programmation effectuée par les responsables de programme et il en suit la réalisation ;

4° Il établit, en liaison avec les responsables de programme, le document de répartition initiale des crédits et des emplois prévu à l'article 67 et le document prévisionnel de gestion des emplois et des crédits de personnel prévu à l'article 68 ;

5° Il propose au ministre, le cas échéant, les mesures nécessaires au respect du plafond des dépenses et des autorisations d'emplois ainsi que les mouvements de crédits entre programmes ;

6° Il coordonne l'élaboration des projets et rapports annuels de performances prévus par la loi organique du 1er août 2001 ;

7° Il veille, en liaison avec les responsables de programme, à la transmission au ministre chargé du budget des informations relatives au périmètre des budgets opérationnels de programme et des unités opérationnelles ;

8° Il s'assure de la mise en œuvre des dispositifs de contrôle interne budgétaire et comptable ainsi que, le cas échéant, de comptabilité analytique ;

9° Il veille à faciliter la mise en œuvre territoriale des politiques publiques concourant aux mêmes objectifs et à favoriser une gestion efficace et mutualisée des dépenses au niveau déconcentré ;
10° Il s'assure que les responsables de programme conduisent avec les responsables des budgets opérationnels de programme le dialogue de gestion prévu à l'article 70.

Article 70

Pour chaque programme, un responsable est désigné par le ministre à la disposition duquel les crédits du programme ont été mis.

Le responsable de programme établit le projet annuel de performances prévu à l'article 51 de la loi organique du 1er août 2001. Il présente dans ce document les orientations stratégiques et les objectifs du programme et justifie les crédits et les autorisations d'emplois demandés.

Il définit le périmètre des budgets opérationnels de programme et des unités opérationnelles et en désigne les responsables.

Dans le cadre d'un dialogue de gestion qui vise notamment à déterminer les moyens attribués en fonction des objectifs assignés, en liaison avec les responsables des budgets opérationnels de programme :

1° Il établit la programmation prévue à l'article 66 ;

2° Il décline les objectifs de performance au niveau du budget opérationnel de programme ;

3° Il détermine les crédits et, le cas échéant, les autorisations d'emplois que, sous réserve des dispositions du I de l'article 21 du décret du 29 avril 2004 relatives aux compétences des préfets de région et de département, il met à la disposition de ces responsables.

Il établit le rapport annuel de performances prévu à l'article 54 de la loi organique du 1er août 2001.

Article 71

Le responsable de budget opérationnel de programme propose au responsable de programme la programmation des crédits et des emplois du budget opérationnel de programme.

Sous réserve des dispositions du II de l'article 21 du décret du 29 avril 2004, il arrête la répartition des crédits des budgets opérationnels de programme entre les unités opérationnelles et met ces crédits et, le cas échéant, les autorisations d'emplois à la disposition de leurs responsables.

Il rend compte au responsable de programme de l'exécution du budget opérationnel de programme ainsi que des résultats obtenus selon des modalités harmonisées de compte rendu.

Les dispositions du présent article sont applicables sans préjudice des compétences des préfets de région et de département mentionnées aux articles 1er et 21 du décret du 29 avril 2004 susvisé.

Article 72

Sans préjudice des compétences des préfets de région et de département mentionnées aux articles 1er et 21 du décret du 29 avril 2004, le responsable d'unité opérationnelle prescrit l'exécution des recettes et des dépenses de cette dernière et en rend compte au responsable du budget opérationnel de programme.

Article 73

Le responsable de la fonction financière ministérielle, le responsable de programme, le responsable de budget opérationnel de programme et le responsable d'unité opérationnelle doivent avoir la qualité d'ordonnateur ou être bénéficiaires de la délégation de signature d'un ordonnateur principal ou secondaire.

Section 3. – Les ordonnateurs

Article 74

Les ministres sont seuls ordonnateurs principaux des recettes et des dépenses du budget général, des budgets annexes et des comptes spéciaux, pour les crédits mis à leur disposition en application du IV de l'article 7 de la loi organique du 1er août 2001.

Article 75

Les ordonnateurs secondaires agissent en vertu d'une délégation de pouvoir des ordonnateurs principaux, dans le cadre d'une compétence fonctionnelle ou territoriale.

Le préfet est ordonnateur secondaire des services déconcentrés des administrations civiles de l'Etat, dans les conditions prévues par l'article 32 du décret du 29 avril 2004.

L'ambassadeur est ordonnateur secondaire des administrations de l'Etat dans le pays où il est accrédité.

Sauf disposition législative contraire, le président d'une autorité administrative indépendante a la qualité d'ordonnateur secondaire.

Le responsable d'un service à compétence nationale prévu au premier alinéa de l'article 2 du décret du 9 mai 1997 visé ci-dessus est ordonnateur secondaire de ce service.

Des arrêtés conjoints du ministre chargé du budget et des ministres intéressés désignent les autres agents publics auxquels la qualité d'ordonnateur secondaire est conférée.

Article 76

Un ordonnateur peut confier au responsable d'un centre de services partagés tout ou partie de l'exécution des opérations lui incombant et relatives :

1° A la saisie de la programmation des crédits et le cas échéant des emplois dans le système d'information et à leur mise à disposition ;

2° Aux recettes et aux dépenses.

Le responsable de centre de services partagés agit pour le compte et sous la responsabilité de l'ordonnateur, dans le cadre d'une délégation de signature ou d'une délégation de gestion.

Section 4. – Les comptables publics

Article 77

Sous l'autorité du ministre chargé du budget, les comptables publics exécutent toutes opérations de recettes et de dépenses du budget général, des budgets annexes et des comptes spéciaux, toutes opérations de trésorerie et, d'une manière générale, toutes autres opérations financières incombant à l'Etat.

En vue de garantir la qualité des comptes de l'Etat, et sans préjudice des compétences de l'ordonnateur, le comptable public s'assure, par ses contrôles sur les biens, droits et obligations qui doivent être enregistrés dans le compte général de l'Etat, de la qualité du contrôle interne comptable et du respect des principes et des règles mentionnés à l'article 31 de la loi organique du 1er août 2001 et précisés par arrêté du ministre chargé du budget.

Lorsqu'à l'occasion de ses contrôles il constate une irrégularité, le comptable public en informe l'ordonnateur pour régularisation. Il peut également, à son initiative, enregistrer ou rectifier une opération, dans les conditions fixées par arrêté du ministre chargé du budget.

Article 78

Les comptables publics principaux centralisent les opérations faites pour le compte de l'Etat par les autres comptables publics, les régisseurs et les correspondants locaux du Trésor ainsi que les opérations faites pour leur compte par d'autres comptables publics.

Par dérogation au premier alinéa de l'article 9, et pour le recouvrement d'impositions de toute nature, des autres produits mentionnés à l'article 23, ainsi que des pénalités fiscales et frais de poursuites et de justice y afférents, les comptables publics de l'Etat peuvent, dans les conditions prévues par décret, effectuer des opérations relevant de la compétence des ordonnateurs.

Les comptables publics de l'Etat relèvent de la direction générale des finances publiques et, pour les matières ressortissant à sa compétence, de la direction générale des douanes et droits indirects.

Article 79

Les comptables publics de l'Etat comprennent :

1° Les contrôleurs budgétaires et comptables ministériels ;

2° Les comptables des services déconcentrés de la direction générale des finances publiques et de la direction générale des douanes et droits indirects ;

3° Les comptables des budgets annexes ;

4° Les comptables des comptes spéciaux ;

5° les comptables spéciaux définis par des dispositions réglementaires spécifiques ;

6° Le comptable centralisateur des comptes de l'Etat.

Article 80

Les contrôleurs budgétaires et comptables ministériels sont comptables assignataires des ordres de payer, des dépenses sans ordonnancement et des ordres de recouvrer des ordonnateurs principaux, sauf dérogation prévue par arrêté du ministre chargé du budget.

Dans des conditions prévues par arrêté du ministre chargé du budget, ils peuvent être :

1° Désignés comptables assignataires des ordres de payer, des dépenses sans ordonnancement et des ordres de recouvrer d'autres ordonnateurs ;

2° Chargés d'opérations de centralisation comptable de dépenses et de recettes exécutées par d'autres comptables de l'Etat.

Article 81

Un même contrôleur budgétaire et comptable ministériel est placé auprès du ministre chargé du budget et du ministre chargé de l'économie. Ce comptable public exécute et comptabilise les opérations relatives à la dette de l'Etat ou garanties par celui-ci, les opérations de couverture des risques financiers de l'Etat, ainsi que les opérations relatives à la trésorerie de l'Etat effectuées en liaison avec les instituts d'émission, les correspondants du Trésor de caractère national et les institutions internationales.

Il comptabilise les participations financières de l'Etat et les créances rattachées à ces participations.

Il assure la tenue du compte de la Commission européenne retraçant les versements entre la France et l'Union européenne, sous réserve, le cas échéant, de dispositions spécifiques convenues entre la France et la Commission européenne.

Article 82

Les comptables publics relevant des services déconcentrés de la direction générale des finances publiques et de la direction générale des douanes et droits indirects sont chargés, dans les conditions fixées par arrêté du ministre chargé du budget, de toutes opérations de recettes, de dépenses et de trésorerie du budget général et, de manière générale, de toutes autres opérations financières incombant à l'Etat.

Article 83

Les comptables des budgets annexes procèdent à toutes opérations de recettes, de dépenses et de trésorerie relatives à l'exécution de ces budgets.

Ils peuvent également être chargés, le cas échéant, d'autres opérations pour le compte du Trésor, définies par arrêté du ministre chargé du budget.

Article 84

Les comptables des comptes spéciaux procèdent à toutes opérations de recettes, de dépenses et de trésorerie relatives à l'exécution de ces comptes.

Article 85

Des comptables spéciaux peuvent être chargés, par décret pris sur le rapport du ministre chargé du budget et, le cas échéant, des ministres intéressés, d'exécuter des opérations spécifiques de recettes et de dépenses.

Article 86

Le comptable centralisateur des comptes de l'Etat est chargé :

1° De centraliser la comptabilité des opérations du budget général, des budgets annexes et des comptes spéciaux ;

2° D'enregistrer les opérations permettant au ministre chargé du budget d'arrêter le compte général de l'Etat ;

3° D'effectuer, pour le compte et au nom des comptables principaux, les écritures complémentaires relatives aux opérations de fin d'exercice ;

4° D'établir les documents périodiques retraçant la situation de l'exécution budgétaire, la trésorerie et la situation patrimoniale et financière de l'Etat.

Par dérogation à l'article 15, le comptable centralisateur des comptes de l'Etat n'a ni la qualité de comptable principal ni celle de comptable secondaire. Les dispositions prévues à l'article 14-1 ne lui sont pas applicables.

Article 86-1

I. – Placé sous l'autorité du comptable public, un centre de gestion financière peut être chargé par un ordonnateur d'exécuter tout ou partie des opérations de recettes et de dépenses qu'il prescrit.

A cet effet, une délégation de gestion ou, dans le cas d'opérations relevant du fonctionnement interne des services, une délégation de signature, détermine la nature des opérations confiées au délégataire. Toutefois, cette délégation ne peut porter sur la prescription des opérations, laquelle relève de la seule compétence de l'ordonnateur.

II. – Lorsqu'il est chargé de l'exécution d'opérations de recettes, le centre de gestion financière enregistre dans le système d'information financière de l'Etat les ordres de recouvrer au vu des droits et obligations constatés et liquidés par l'ordonnateur.

Lorsqu'il est chargé de l'exécution d'opérations de dépenses, le centre de gestion financière enregistre dans le même système d'information les actes établissant les droits acquis aux créanciers. Dans ce cas, le montant de la dépense est arrêté par le comptable public au vu de ces actes et de la certification du service fait mentionnée à l'article 31. Cette certification constitue l'ordre de payer mentionné aux articles 11 et 32.

III. – Le comptable public ou l'un de ses adjoints peuvent déléguer leur signature au chef du centre de gestion financière et à ses agents pour l'exécution des opérations prévues dans les délégations mentionnées au I.

Section 5. – Les contrôleurs budgétaires

Article 87

Le contrôle budgétaire est exercé, sous l'autorité du ministre chargé du budget, par un contrôleur budgétaire.

Ce contrôle porte sur l'exécution des lois de finances et a pour objet d'apprécier le caractère soutenable de la programmation, effectuée en application de l'article 66, et de la gestion en cours, au regard des autorisations budgétaires, ainsi que la qualité de la comptabilité budgétaire. Il concourt, à ce titre, à l'identification et à la prévention des risques encourus, ainsi qu'à l'analyse des facteurs explicatifs de la dépense et du coût des politiques publiques.

Article 88

I. – Le contrôle budgétaire des services centraux des ministères et des autorités administratives indépendantes est exercé par le contrôleur budgétaire et comptable ministériel, dans les conditions fixées par arrêté du ministre chargé du budget.

Le contrôleur budgétaire et comptable ministériel est assisté, à cet effet, par un membre du contrôle général économique et financier ou un expert de haut niveau, placé sous son autorité.

II. – Le contrôle budgétaire des services déconcentrés de l'Etat est exercé par le directeur régional des finances publiques.

Ce dernier est assisté, à cet effet, par un membre du contrôle général économique et financier, un expert de haut niveau ou un administrateur des finances publiques, placé sous son autorité.

Le directeur régional des finances publiques est compétent pour les services relevant des ordonnateurs secondaires ou des autorités administratives dont la résidence administrative est située dans son ressort territorial, sauf dérogation fixée par arrêté du ministre chargé du budget.

Toutefois, le contrôle budgétaire est confié :

1° Au contrôleur budgétaire et comptable ministériel auprès du ministre de la défense pour les dépenses de ce ministre, y compris celles assignées sur la caisse des comptables publics de l'Etat auprès des ambassades de France à l'étranger ;

2° Pour les dépenses assignées sur leur caisse autres que celles du ministre de la défense : au directeur des finances publiques de la Nouvelle-Calédonie, au directeur des finances publiques de la Polynésie française, au directeur des finances publiques de Saint-Pierre-et-Miquelon, au directeur des finances publiques des îles Wallis et Futuna et au directeur régional des finances publiques de La Réunion pour les Terres australes et antarctiques françaises ;

3° Au directeur de la direction spécialisée des finances publiques pour l'étranger pour les dépenses effectuées par les ordonnateurs secondaires à l'étranger autres que celles du ministre de la défense et assignées sur la caisse des comptables publics de l'Etat auprès des ambassades de France à l'étranger.

III. – Le contrôle budgétaire des services à compétence nationale est exercé par le contrôleur budgétaire et comptable ministériel. Par exception, un arrêté du ministre chargé du budget peut confier ce contrôle au directeur régional des finances publiques de la région où est situé le service.

Article 89

Le contrôleur budgétaire peut donner délégation à ses collaborateurs mentionnés au second alinéa du I et au deuxième alinéa du II de l'article 88, ainsi qu'aux autres collaborateurs placés sous son autorité, pour signer tous actes à l'exception des refus de visa qui posent une question de principe.

Le directeur de la direction spécialisée des finances publiques pour l'étranger peut déléguer sa signature aux comptables publics de l'Etat auprès des ambassades de France à l'étranger, dans les limites de leur compétence territoriale.

Article 90

Le contrôleur budgétaire des actes pris par un mandataire est celui du mandant. Toutefois, le contrôleur budgétaire du mandant peut déléguer sa signature au contrôleur budgétaire ou au contrôleur économique et financier du mandataire pour le contrôle des actes pris en exécution du mandat.

Article 91

I. – Le contrôleur budgétaire et comptable ministériel vise le document de répartition initiale des crédits et des emplois prévu à l'article 67. Ce visa conditionne la mise en place effective des crédits ouverts par la loi de finances.

Le ministre lui transmet le document, dans le respect des dispositions de l'arrêté prévu à l'article 105, à compter du 1er décembre de l'année précédente, ainsi que toutes les modifications intervenues entre la transmission initiale et la publication de la loi de finances et du décret mentionné à l'article 44 de la loi organique du 1er août 2001 susvisée.

II. – Le visa est délivré après les vérifications suivantes :

1° Le total des crédits de chaque programme, répartis entre les budgets opérationnels de programme, correspond au total des crédits mentionnés à l'article 67 ;

2° Le total des autorisations d'emplois du ministère réparties entre les programmes correspond au plafond ministériel d'autorisations d'emplois.

III. – Ce visa porte également sur :

1° La cohérence des répartitions ainsi opérées ;

2° La cohérence entre les emplois alloués par programme et les crédits de personnel correspondants ;

3° Le caractère soutenable de la répartition de la mise en réserve de crédits prévue à l'article 51 de la loi organique du 1er août 2001.

IV. – Le contrôleur budgétaire et comptable ministériel délivre son visa, pour chacun des programmes concernés, avant le 10 janvier. A défaut de pouvoir délivrer son visa, il saisit le ministre chargé du budget.

Article 92

Le contrôleur budgétaire et comptable ministériel vise le document prévisionnel de gestion des emplois et des crédits de personnel prévu à l'article 68.

Le visa porte sur le respect du plafond d'autorisation d'emplois exprimé en équivalent temps plein travaillé et du plafond des crédits de personnel ouverts en loi de finances.

Il porte sur la compatibilité des prévisions de recrutement avec la variation des effectifs exprimés en équivalent temps plein présentée dans les projets annuels de performances, le cas échéant corrigée des amendements adoptés lors de l'examen du projet de loi de finances par le Parlement.

Ce visa est préalable au visa des autorisations et actes de recrutement. Toutefois, en cas d'urgence avérée, le visa des autorisations et actes de recrutement peut intervenir préalablement à celui du document prévisionnel de gestion ministériel prévu à l'article 68, sous réserve qu'ils soient compatibles avec la variation des effectifs mentionnée au troisième alinéa.

Le contrôleur budgétaire délivre son visa dans un délai de quinze jours à compter de la réception du document prévisionnel de gestion. Lorsqu'il ne délivre pas son visa dans ce délai, il saisit le ministre chargé du budget qui peut autoriser les contrôleurs budgétaires cités aux I et II de l'article 88 à procéder au visa d'autorisations et actes de recrutement. Cette autorisation peut également être accordée pour des catégories d'autorisations et d'actes de recrutement. A l'expiration de ce délai de quinze jours, les contrôleurs budgétaires sont autorisés à viser les actes individuels présentant un caractère d'urgence avéré, sous réserve qu'ils soient compatibles avec la variation des effectifs mentionnée au troisième alinéa.

Article 93

Le contrôleur budgétaire et comptable ministériel rend, dans les conditions qu'il détermine, un avis sur le caractère soutenable de la programmation pour chacun des programmes.

Article 94

Le contrôleur budgétaire rend un avis sur le caractère soutenable du budget opérationnel de programme, en prenant en compte à cet effet :

1° La couverture des dépenses obligatoires et des dépenses inéluctables telles que prévues par arrêté du ministre chargé du budget ;

2° La cohérence entre le montant des crédits inscrits dans le document de répartition initiale des crédits et emplois mentionné à l'article 67 et la programmation mentionnée à l'article 66 ;

3° Les conséquences budgétaires de cette programmation sur les années ultérieures.

Sauf autorisation expresse du contrôleur budgétaire et comptable ministériel, tant que l'avis du contrôleur budgétaire sur le budget opérationnel de programme n'est pas rendu, le responsable de ce budget ne peut consommer plus de 25 % des montants des autorisations d'engagement et des crédits de paiement prévus par le document de répartition initiale des crédits.

Article 95

Pour l'application du 1° de l'article 94, les dépenses obligatoires sont les dépenses pour lesquelles le service fait a été constaté au titre de l'exercice précédent et dont le paiement n'est pas intervenu.

Article 96

Le contrôleur budgétaire et comptable ministériel procède à la mise en réserve des crédits prévue par le 4° bis de l'article 51 de la loi organique du 1er août 2001. Il effectue la levée partielle ou totale de la réserve sur instruction du ministre chargé du budget.

Lorsqu'il a connaissance des projets d'annulation ou de mouvements de crédits envisagés en application des articles 12,13 et 14 de la loi organique du 1er août 2001 et de leurs conséquences sur le budget de son ministère, le contrôleur budgétaire et comptable ministériel donne un avis sur ces projets et procède à titre conservatoire au blocage des crédits nécessaires à leur mise en œuvre jusqu'à la date de publication du décret procédant à l'annulation ou au mouvement de crédits.

Article 97

Le contrôleur budgétaire émet un avis sur tout projet de répartition de crédits ayant pour effet de diminuer le montant des crédits ouverts sur le titre des dépenses de personnel d'un programme dépendant de son ministère.

Article 98

L'ordonnateur adresse au contrôleur budgétaire des comptes rendus de gestion et une prévision d'exécution des crédits et des emplois selon une périodicité fixée par l'arrêté mentionné à l'article 105.

Article 99

Les décisions d'engagements et les décisions d'affectation de crédits à une opération d'investissement mentionnées à l'article 156 peuvent, eu égard à la nature ou au montant de la dépense, être soumises au visa ou à l'avis préalable du contrôleur budgétaire, dans des conditions et selon des modalités prévues par l'arrêté mentionné à l'article 105.

Lorsqu'ils sont soumis à son visa ou à son avis préalable, le contrôleur budgétaire examine les projets d'actes au regard de l'imputation de la dépense, de la disponibilité des crédits, de l'exactitude de l'évaluation de la consommation de crédits associée et de leur compatibilité avec la programmation pluriannuelle définie à l'article 66, à l'exclusion de tout motif tenant à la légalité de l'acte.

Article 100

Les autorisations et actes de recrutement ainsi que les actes de gestion des personnels peuvent être soumis au visa ou à l'avis préalable du contrôleur budgétaire, dans des conditions prévues par l'arrêté mentionné à l'article 105.

Lorsqu'ils sont soumis à son visa ou à son avis préalable, le contrôleur budgétaire examine les projets d'autorisations et d'actes mentionnés au premier alinéa au regard de la disponibilité des crédits et des emplois, de la hiérarchie des emplois et des rémunérations au sein du ministère et de leurs conséquences budgétaires.

Article 101

Le contrôleur budgétaire peut contrôler a posteriori des actes soumis ou non à visa ou avis préalable et procéder à des analyses portant sur les circuits et procédures des dépenses des ordonnateurs, selon des modalités définies par l'arrêté mentionné à l'article 105.

Article 102

Dans la mise en œuvre des dispositions des articles 99, 100 et 101, le contrôleur budgétaire s'assure de la qualité des éléments de la comptabilité budgétaire relevant de l'ordonnateur.

Dans le cadre de ses contrôles, le contrôleur budgétaire s'assure de la réalité, de l'exhaustivité, de la correcte évaluation et du bon rattachement des affectations et des engagements. Il s'assure également, en liaison avec le comptable public, de leur correcte imputation.

Le cas échéant, il saisit l'ordonnateur, à des fins de correction, des erreurs ou insuffisances dont il a connaissance.

Article 103

Sous réserve des dispositions prévues aux articles 91 et 92, le contrôleur budgétaire délivre son visa ou rend son avis dans un délai de quinze jours à compter de la réception des actes qui lui sont soumis.

Si, à l'expiration de ce délai, aucun visa ou avis n'a été délivré ou émis, l'ordonnateur compétent peut utiliser les crédits ou engager la dépense conformément à son projet, sauf dans les cas où le contrôleur budgétaire a demandé, par écrit et dans le délai mentionné ci-dessus, des informations ou documents complémentaires.

Dans ce cas, pour les actes soumis à visa, un nouveau délai de quinze jours court à compter de la production des informations ou documents sollicités. Pour les actes soumis à avis préalable, la demande d'informations ou de documents complémentaires a pour seul effet de suspendre le délai d'examen jusqu'à la production de ces informations ou documents.

Il ne peut être passé outre au refus de visa du contrôleur budgétaire que sur autorisation du ministre chargé du budget, saisi par le ministre concerné.

Le contrôleur budgétaire informe le comptable public assignataire des dépenses de l'ordonnateur des refus de visa qu'il délivre. Sauf dans le cas mentionné à l'alinéa précédent, le comptable public ne peut procéder au paiement des dépenses concernées.

Un avis préalable défavorable du contrôleur budgétaire ne lie pas l'ordonnateur. Lorsque celui-ci décide de ne pas se conformer à l'avis donné, il informe par écrit le contrôleur budgétaire des motifs de sa décision.

Article 104

Le contrôleur budgétaire peut demander communication de toute information nécessaire à l'exercice de ses missions, quel qu'en soit le support.

Article 105

Pour chaque ministère, un arrêté du ministre chargé du budget pris après avis du ministre concerné définit le contenu et les délais de transmission du document de répartition initiale des crédits et des emplois, du document prévisionnel de gestion des emplois et crédits de personnels, des budgets opérationnels de programme et des comptes rendus de gestion transmis au contrôleur budgétaire, ainsi que le contenu et les modalités d'élaboration de la programmation.

Cet arrêté fixe les montants à partir desquels les décisions d'engagement ou d'affectation de crédits, les autorisations et actes de recrutement ainsi que les actes de gestion des personnels sont soumis au visa ou à l'avis préalable du contrôleur budgétaire. Ces montants sont fixés au regard de la qualité du contrôle interne budgétaire.

L'arrêté peut prévoir des modalités adaptées selon lesquelles le contrôleur budgétaire délivre son visa et rend son avis sur ces actes.

Cet arrêté précise également les modalités du contrôle a posteriori des actes soumis ou non à visa ou avis préalable, ainsi que de la conduite des analyses des circuits et procédures, prévus à l'article 101.

Article 106

En fonction des résultats des contrôles prévus à la présente section, notamment ceux portant sur la qualité de la programmation budgétaire, et de l'évaluation prévue à l'article 171, l'obligation de soumettre au visa ou à l'avis prévu au deuxième alinéa de l'article 105 peut être partiellement ou totalement suspendue, pour une durée déterminée, par arrêté du ministre chargé du budget. La décision de suspension peut être reconduite dans les mêmes conditions.

Chapitre II. – L'exécution des opérations de recettes, de dépenses et de trésorerie

Section 1. – Les opérations de recettes

Sous-section 1. – Les impositions de toute nature

Article 107

Les impositions de toute nature sont liquidées et recouvrées selon les modalités fixées aux articles 23 à 28.

Sous-section 2. – Les amendes et condamnations pécuniaires

Article 108

Pour l'application de la présente sous-section, les amendes et condamnations pécuniaires comprennent :

1° Les amendes pénales, civiles et, sous réserve des dispositions spécifiques qui leur sont applicables, les amendes fiscales et administratives ;

2° Les confiscations, réparations, restitutions, dommages et intérêts, frais ayant le caractère de réparation et intérêts moratoires ;

3° Les frais de justice et les droits fixes de procédure.

Article 109

Le recouvrement des amendes et condamnations pécuniaires est poursuivi contre les condamnés, les débiteurs solidaires, les personnes civilement responsables et leurs ayants cause par toute voie d'exécution forcée autorisée par la loi.

Un décret en Conseil d'Etat fixe les conditions dans lesquelles sont présentées les réclamations relatives aux poursuites exercées par les comptables de l'Etat.

Article 110

Lorsqu'un débiteur bénéficie d'une mesure d'amnistie ou de grâce qui n'est pas subordonnée au paiement des amendes et condamnations pécuniaires, le recouv-rement de celles-ci est abandonné.

Le recouvrement des amendes et condamnations pécuniaires est également abandonné lorsque le débiteur a exécuté les conditions d'une transaction ou lorsqu'il justifie du bénéfice de la prescription.

Article 111

Les amendes pour contraventions de police et délits concernant la circulation peuvent, dans les conditions fixées soit par le code de procédure pénale, soit par le code de la route, faire l'objet d'un paiement immédiat entre les mains des agents verbalisateurs.

Il en est de même des amendes soumises à la procédure d'amende forfaitaire.

Les sommes encaissées par les agents verbalisateurs sont versées à la caisse d'un comptable public de l'Etat.

Sous-section 3. – Les autres recettes

Article 112

Les ordres de recouvrer relatifs aux autres recettes comprennent :

1° Les titres de perception mentionnés à l'article L. 252 A du livre des procédures fiscales ;

2° Les arrêtés de débet, émis par les ministres à l'encontre, d'un titulaire de marché public ou d'une personne tenue de rendre compte soit de l'emploi d'une avance reçue, soit de recettes destinées à l'Etat.

Article 113

Le recouvrement des ordres de recouvrer relevant de la présente sous-section s'effectue comme en matière d'impôts directs.

Toutefois, les dispositions du dernier alinéa de l'article 24 ne s'appliquent pas à ces recettes.

Article 114

L'ordonnateur peut ne pas émettre les ordres de recouvrer correspondant aux créances dont le montant initial en principal est inférieur à un minimum fixé par décret.

L'ordre de recouvrer mentionné au deuxième alinéa de l'article 24 prend la forme, selon le cas, soit d'un titre de perception en cas d'augmentation du montant de la créance, soit d'un titre d'annulation totale ou partielle en cas de réduction du montant de la créance.

Article 115

Le titre de perception est adressé au redevable sous pli simple ou, le cas échéant, par voie électronique.

Article 116

Par dérogation à l'article 18, la prise en charge d'une part, le recouvrement d'autre part, d'une même recette peuvent être confiés à des comptables publics de l'Etat distincts.

Le comptable compétent pour la prise en charge est le comptable assignataire de la recette, chargé à ce titre des contrôles prévus au 1° de l'article 19.

Lorsque l'ordre de recouvrer vise à obtenir le remboursement d'une dépense pouvant faire l'objet d'un rétablissement de crédits, ce comptable est le comptable payeur chargé de la dépense initiale correspondante, sauf dérogation du ministre chargé du budget.

Le comptable compétent pour la mise en œuvre de l'action en recouvrement est le comptable public du lieu du domicile du débiteur au moment de l'émission du titre de perception, sauf dérogation du ministre chargé du budget.

Après exercice des contrôles prévus au 1° de l'article 19, le comptable qui a pris en charge l'ordre de recouvrer le transmet au comptable chargé du recouvrement de la recette.

Article 117

Les titres de perception émis en application de l'article L. 252 A du livre des procédures fiscales peuvent faire l'objet de la part des redevables :

1° Soit d'une contestation portant sur l'existence de la créance, son montant ou son exigibilité ;

2° Soit d'une contestation portant sur la régularité du titre de perception.

Les contestations du titre de perception ont pour effet de suspendre le recouvrement de la créance.

Article 118

En cas de contestation d'un titre de perception, avant de saisir la juridiction compétente, le redevable doit adresser cette contestation, appuyée de toutes pièces ou justifications utiles, au comptable chargé du recouvrement de l'ordre de recouvrer.

Le droit de contestation d'un titre de perception se prescrit dans les deux mois suivant la notification du titre ou, à défaut, du premier acte de poursuite qui procède du titre en cause.

Le comptable compétent accuse réception de la contestation en précisant sa date de réception ainsi que les délais et voies de recours. Il la transmet à l'ordonnateur à l'origine du titre qui dispose d'un délai pour statuer de six mois à compter de la date de réception de la contestation par le comptable. A défaut d'une décision notifiée dans ce délai, la contestation est considérée comme rejetée.

La décision rendue par l'administration en application de l'alinéa précédent peut faire l'objet d'un recours devant la juridiction compétente dans un délai de deux mois à compter de la date de notification de cette décision ou, à défaut de cette notification, dans un délai de deux mois à compter de la date d'expiration du délai prévu à l'alinéa précédent.

Article 119

Les actes de poursuites, délivrés pour le recouvrement des titres de perception émis dans le cadre de l'article L. 252 A du livre des procédures fiscales peuvent faire l'objet de la part des redevables d'une contestation conformément aux articles L. 281 et R. 281-1 et suivants du même livre.

Les demandes en revendication d'objets saisis formées par des tiers sont effectuées conformément aux modalités prévues aux articles L. 283 et R. 283-1 du livre des procédures fiscales.

Article 120

Le comptable chargé du recouvrement des titres de perception peut consentir, sur demande du redevable qui est dans l'impossibilité de payer par suite d'une gêne ou d'indigence, des remises sur la somme en principal dans la limite, pour une même créance, d'un montant de 76 000 €.

Le ministre chargé du budget peut consentir des remises sur la somme en principal, en cas de gêne ou d'indigence du redevable, dans la limite, pour une même créance, d'un montant compris entre 76 000 € et 150 000 €. Au-delà de 150 000 €, le ministre chargé du budget peut consentir des remises sur la somme en principal, en cas de gêne ou d'indigence du redevable, par une décision prise après avis du Conseil d'Etat et publiée au Journal officiel.

Le comptable chargé du recouvrement des titres de perception peut consentir des remises sur les majorations, les frais de poursuites et les intérêts dans la limite, pour une même créance, d'un montant de 150 000 €. Le ministre chargé du budget peut consentir des remises sur les majorations, les frais de poursuites et les intérêts au-delà de cette somme.

Article 121

Le comptable chargé du recouvrement, lorsque la créance ne dépasse pas 76 000 €, et l'agent judiciaire de l'Etat au-delà de cette somme peuvent transiger pour le recouvrement des ordres de recouvrer.

Article 122

Les arrêtés de débet sont exécutoires par provision.

Article 123

L'agent judiciaire de l'Etat peut recevoir délégation du ministre chargé du budget pour émettre et rendre exécutoires les titres de perception nécessaires au recouvrement des droits exigibles sur décision judiciaire.

Article 124

L'admission en non-valeur d'une créance irrécouvrable est prononcée par l'ordonnateur, sauf dispositions contraires donnant cette compétence au comptable public de l'Etat, dans les conditions fixées par décret.

Section 2. – Les opérations de dépenses

Article 125

Les ordonnateurs ont seuls qualité pour engager les dépenses de l'Etat.

Article 126

Sous réserve de l'application des articles 41 et 86-1, les dépenses de l'Etat sont liquidées par les ordonnateurs.

Toutefois, les dépenses payables sans ordonnancement, après ordonnancement tacite ou sans ordonnancement préalable mentionnées à l'article 32 peuvent être liquidées par les comptables publics de l'Etat chargés du paiement.

Article 127

Sous réserve de l'application du second alinéa de l'article 32, les dépenses de l'Etat sont ordonnancées par les ordonnateurs.

Article 128

Les dépenses de personnel sont liquidées et payées sans engagement ni ordonnancement préalable par les comptables publics désignés par arrêté du ministre chargé du budget, dans les conditions suivantes :

1° L'ordonnateur certifie le service fait en communiquant au comptable assignataire les bases de calcul nécessaires à la liquidation et à la mise en paiement des rémunérations des agents ainsi qu'à la détermination des retenues à opérer sur celles-ci ;

2° Le comptable assignataire liquide les rémunérations et procède à leur mise en paiement.

S'agissant de ces dépenses, le contrôle de la disponibilité des crédits prévu au c du 2° de l'article 19 est exercé par le comptable public avant les paiements afférents au mois de décembre de chaque année.

Les dépenses de personnel liquidées et payées, par exception, avec engagement ou ordonnancement préalable sont arrêtées par le ministre chargé du budget.

Article 129

Les dépenses de pension ou de rente à caractère viager servies par l'Etat et dont la liste est arrêtée par le ministre chargé du budget sont exécutées sans engagement ni ordonnancement. Le comptable public effectue l'ensemble des opérations de liquidation et de paiement de ces dépenses.

Le contrôle de la disponibilité des crédits prévu au c du 2° de l'article 19 est opéré avant les paiements afférents au mois de décembre de chaque année.

Article 130

Les crédits évaluatifs mentionnés à l'article 10 de la loi organique du 1er août 2001 peuvent, dans les conditions prévues par arrêté du ministre chargé du budget, faire l'objet de dépenses sans engagement ni ordonnancement. Par dérogation au c du 2° de l'article 19, ces crédits ne donnent lieu à aucun contrôle de disponibilité.

L'arrêté prévu à l'alinéa précédent précise les cas dans lesquels le comptable public procède à la liquidation et au paiement de ces dépenses et les cas où il procède au paiement après liquidation par l'ordonnateur.

Article 131 (abrogé)

Article 132

Les ordres de payer et les dépenses sans ordonnancement des ordonnateurs principaux et des ordonnateurs des autorités administratives indépendantes sont assignés sur les contrôleurs budgétaires et comptables ministériels, les comptables des budgets annexes, les comptables des comptes spéciaux ou les comptables spéciaux, sous réserve des dispositions spécifiques applicables à certains ordonnateurs principaux fixées par arrêté du ministre chargé du budget.

Article 133

Les ordres de payer et les dépenses sans ordonnancement des ordonnateurs secondaires sont assignés sur les comptables principaux de l'Etat désignés par le ministre chargé du budget. A défaut, ils sont assignés sur le comptable principal de l'Etat du lieu de résidence administrative de l'ordonnateur secondaire.

Les ordres de payer et les dépenses sans ordonnancement des ordonnateurs des services à compétence nationale peuvent être confiés, par arrêté du ministre chargé du budget, au contrôleur budgétaire et comptable ministériel ou au directeur régional des finances publiques de sa résidence administrative.

Par dérogation à l'article 37, et s'agissant des dépenses sans ordonnancement prévues par arrêté du ministre chargé du budget, la notification des actes de cession de créance et d'opposition à paiement est opérée entre les mains du comptable public en charge du paiement.

Article 134

Le ministre chargé du budget fixe les dates limites et les modalités d'émission des ordres de payer.

Article 135

A l'occasion des contrôles prévus à l'article 77, le comptable public peut suspendre le paiement.

Article 136

Lorsque l'ordonnateur a requis le comptable de payer en application de l'article 38, celui-ci défère à la réquisition et en informe le ministre chargé du budget. Ce dernier transmet l'ordre de réquisition à la Cour des comptes.

Toutefois, le comptable ne peut déférer à l'ordre de réquisition lorsque la suspension de paiement est motivée par :

1° L'indisponibilité des crédits ;

2° L'absence de certification du service fait ;

3° Le caractère non libératoire du règlement ;

4° Le refus de visa du contrôleur budgétaire, dès lors qu'il n'a pas fait l'objet d'une autorisation du ministre chargé du budget de passer outre.

Dans ces cas, le comptable public informe le ministre chargé du budget.

Section 3. – Les opérations de trésorerie

Article 137

Seuls les comptables publics de l'Etat sont habilités à manier les fonds du Trésor, sous réserve des opérations effectuées en application des dispositions de l'article 22 et des dispositions de l'article 201 de la loi n° 2018-1317 du 28 décembre 2018 de finances pour 2019.

Sous réserve des encaisses des comptables publics et des régisseurs de recettes et d'avances et des dispositions du second alinéa de l'article 6 du décret n° 2019-1443 du 23 décembre 2019 relatif à la réalisation par un ou plusieurs prestataires extérieurs d'opérations relevant de la compétence des comptables publics, ces fonds sont déposés dans les instituts d'émission.

Dans les Etats appartenant à la zone franc, ils sont déposés dans les instituts d'émission ou dans les établissements bancaires. Dans les Etats n'appartenant pas à la zone franc, ils sont déposés dans les établissements bancaires.

Article 138

Seuls les comptables publics et les régisseurs de recettes ou d'avances peuvent ouvrir un compte de disponibilités.

Les conditions d'ouverture et de fonctionnement des comptes de disponibilités et les règles relatives à la limitation des encaisses sont fixées par arrêté du ministre chargé du budget.

Article 139

Tous les règlements entre comptables de l'Etat sont réalisés par virement de compte, à l'exception des mouvements de numéraire nécessaires pour augmenter ou diminuer le solde de leur caisse.

Article 140

Les comptables publics de l'Etat procèdent à l'encaissement des effets de toute nature et des obligations qu'ils détiennent.

Article 141

Les personnes morales et physiques qui, soit en application des lois ou règlements, soit en vertu de conventions, déposent à titre obligatoire ou facultatif des fonds au Trésor ou sont autorisées à procéder à des opérations de recettes et de dépenses par l'intermédiaire des comptables publics de l'Etat sont les correspondants du Trésor.

Sauf autorisation donnée par le ministre chargé du budget, il ne peut être ouvert qu'un seul compte au Trésor par correspondant du Trésor.

Le ministre chargé du budget fixe par arrêté les conditions d'ouverture et de fonctionnement des comptes ouverts au nom des correspondants du Trésor.

Article 142

Dans les conditions fixées par arrêté du ministre chargé du budget, des opérations de recettes et de dépenses peuvent être faites pour le compte des correspondants du Trésor par les comptables publics de l'Etat.

Article 143

Aucun découvert ne peut être consenti aux correspondants du Trésor.

Le ministre chargé du budget fixe par arrêté les conditions dans lesquelles l'Etat procède à la liquidation d'intérêts débiteurs dans l'hypothèse de découverts momentanés consécutifs à des incidents techniques.

Article 144 (abrogé)

Article 145

Les opérations concernant les fonds déposés au Trésor par des particuliers ou à leur profit, à titre de séquestre, dépôt de garantie et caution prévus par les lois et règlements ainsi que les encaissements et décaissements provisoires, les transferts pour le compte de particuliers ou les reliquats à rembourser à des particuliers sont constatés à titre d'opérations de trésorerie dans les conditions fixées par arrêté du ministre chargé du budget.

Article 146

Le ministre chargé du budget arrête les conditions dans lesquelles les opérations portant sur des fonds versés à l'Etat par un tiers hors fonds de concours peuvent être exécutées sur un compte de tiers.

Section 4 – La justification des opérations de recettes, de dépenses et de trésorerie

Article 147

Les opérations du budget général, des budgets annexes et des comptes spéciaux, exécutées et contrôlées par les comptables publics de l'Etat en application des articles 19 et 20, sont justifiées, quel qu'en soit le support :

1° Pour les recettes, selon les cas, par :

a) Les états récapitulatifs du montant des rôles et des extraits de jugement émis ;

b) Les relevés récapitulatifs des ordres de recouvrer et des réductions de titre ;

c) Les états des créances restant à recouvrer ;

2° Pour les dépenses, selon les cas, par :

a) Les ordres de payer, les pièces émanant de l'ordonnateur établissant la réalité du service fait et les pièces établissant les droits des créanciers ;

b) Les bordereaux et états récapitulatifs des dépenses des régisseurs ;

c) Les ordres de réquisition des ordonnateurs ;

d) Les pièces relatives au paiement avant service fait ;

e) Le visa ou avis préalable du contrôleur budgétaire ;

f) Les titres, valeurs ou coupons remis par les créanciers lors du paiement ;

Dans tous les cas, sont joints les documents établissant la qualité des créanciers et leur capacité à donner quittance, ainsi que l'acquit des créanciers ou les mentions attestant le paiement ;

3° Pour les opérations de trésorerie, selon les cas par :

a) Les chèques, ordres de paiement ou de virement remis par les titulaires des comptes de dépôt ;

b) Les titres d'emprunts ou les titres d'engagements appuyés de tous documents attestant la validité du droit du créancier ou du bénéficiaire.

Article 148

En cas de perte, destruction ou vol des pièces justificatives remises aux comptables de l'Etat, le ministre chargé du budget peut autoriser ces derniers à pourvoir à leur remplacement.

En cas d'impossibilité avérée d'obtenir la justification d'une opération, les comptables procèdent à son apurement comptable dans les conditions fixées par arrêté du ministre chargé du budget.

Article 149

Les ordonnateurs et les régisseurs produisent les pièces justificatives de leurs opérations à leur comptable assignataire ou au comptable dont ils relèvent.

Article 150

Par dérogation à l'article 149, le ministre chargé du budget fixe par arrêté les conditions dans lesquelles :

1° Les pièces justificatives sont conservées par l'ordonnateur ;

2° Les pièces justificatives produites au comptable public de l'Etat sont conservées par celui-ci ;

3° Les pièces justificatives peuvent être détruites à l'expiration du délai prévu à l'article 52, ou, le cas échéant, jusqu'à l'achèvement de la procédure juridictionnelle en cours.

Article 151

Les comptes des comptables publics principaux de l'Etat sont produits sur une plate-forme d'archivage électronique ou une application informatique, ou, dans le cas où les pièces ne sont pas dématérialisées, sur support papier, au plus tard le 30 juin de l'année suivant celle au titre de laquelle ils sont établis.

Article 152

Les règles et procédures financières et comptables mises en œuvre par les trésoriers militaires mentionnés par le décret du 30 décembre 2010 relatif aux trésoreries militaires visé ci-dessus sont fixées par décret pris sur le rapport du ministre chargé du budget, du ministre de la défense et du ministre de l'intérieur.

Les règles et procédures financières et comptables de gestion des foyers et coopératives des forces mobiles chargées du maintien de l'ordre sont fixées par décret pris sur le rapport du ministre chargé du budget et du ministre de l'intérieur.

Chapitre III. – Les comptabilités de l'Etat

Article 153

La comptabilité de l'Etat comprend une comptabilité générale, une comptabilité budgétaire et une comptabilité analytique.

En outre l'Etat assure une comptabilisation des valeurs inactives.

Section 1. – La comptabilité budgétaire

Article 154

La comptabilité budgétaire de l'Etat comporte une comptabilité des affectations et des autorisations d'engagement, une comptabilité des crédits de paiements et des recettes ainsi qu'une comptabilité des autorisations d'emplois.

Elle enregistre et restitue, pour le budget général, les budgets annexes et les comptes spéciaux, les opérations d'ouverture et la consommation des autorisations prévues à l'article 34 de la loi organique du 1er août 2001.

Les conditions dans lesquelles elle est établie sont précisées par arrêté du ministre chargé du budget.

Article 155

L'ordonnateur est chargé de la comptabilité des affectations, des autorisations d'engagement et des autorisations d'emplois.

Article 156

L'affectation est l'acte par lequel, pour une opération d'investissement mentionnée à l'article 8 de la loi organique du 1er août 2001, un ordonnateur réserve un montant d'autorisations d'engagement, préalablement à leur consommation.

L'affectation constitue la limite supérieure des autorisations d'engagement pouvant être consommées au titre de cette opération. Elle rend ces autorisations d'engagement indisponibles pour une autre opération.

Article 157

Seul le retrait d'une affectation de l'année en cours rend les autorisations d'engagement correspondantes disponibles. Toutefois, un arrêté du ministre chargé du budget peut prévoir les cas dans lesquels, à titre exceptionnel, le retrait d'une affectation d'une année antérieure peut également rendre les autorisations d'engagement correspondantes disponibles.

Article 158

A l'exception de celles provenant de fonds de concours, les autorisations d'engagement affectées à une opération d'investissement en application de l'article 156 ne sont pas reportées dès lors qu'aucune consommation d'autorisations d'engagement n'a eu lieu au cours des deux exercices précédant celui au titre duquel l'ouverture de crédits de report est demandée, sauf dérogation accordée par le ministre chargé du budget.

Article 159

Les autorisations d'engagement sont consommées par la souscription des engagements à hauteur du montant ferme pour lequel l'Etat s'engage auprès d'un tiers.

Toutefois, les dépenses qui, par dérogation à l'article 29, ne font pas l'objet d'un engagement préalable à la liquidation ou à l'ordonnancement donnent lieu à consommation des autorisations d'engagement à due concurrence des consommations de crédits de paiement correspondantes.

La liste de ces dépenses et les modalités de leur enregistrement sont arrêtées par le ministre chargé du budget.

Article 160

Seul le retrait d'un engagement de l'année en cours rend les autorisations d'engagement correspondantes disponibles. Toutefois, un arrêté du ministre chargé du budget peut prévoir les cas dans lesquels, à titre exceptionnel, le retrait d'un engagement d'une année antérieure peut rendre les autorisations d'engagement correspondantes disponibles.

Article 161

En cas de suppression d'un programme du budget général, les engagements de ce programme non soldés par des paiements sont rattachés pour leur exécution à un ou des programmes désignés par arrêté du ministre chargé du budget.

Ces dispositions peuvent s'appliquer en cas de changement de périmètre d'un programme du budget général.

Ces dispositions s'appliquent également dans les cas de suppression ou de changement de périmètre d'un programme d'un budget annexe ou d'un compte spécial.

Section 2. – La comptabilité générale

Article 162

Les ordonnateurs constatent les droits et obligations de l'Etat et procèdent à l'inventaire des biens. Ils s'assurent, conformément au cadre de référence du contrôle interne comptable mentionné à l'article 170, de la qualité des opérations qui leur incombent au regard des dispositions de l'article 57 et de l'établissement des documents transmis aux comptables publics pour la tenue de la comptabilité générale.

Article 163

La comptabilité générale de l'Etat est tenue par les comptables publics de l'Etat conformément aux règles fixées par l'arrêté prévu à l'article 54.

Article 164

Un arrêté du ministre chargé du budget précise la nature et les conditions de circulation et de conservation des pièces justificatives et des documents relatifs aux opérations de la comptabilité générale.

Section 3. – La comptabilité d'analyse des coûts (abrogé)

Article 165 (abrogé)

Section 4. – La comptabilité analytique

Article 166

Les principes régissant la comptabilité analytique sont fixés par l'article 59 et précisés par arrêté du ministre chargé du budget.

Cette comptabilité est tenue par les ordonnateurs. Elle permet l'analyse des coûts des actions ou des services ainsi que l'évaluation de leur performance.

Section 5. – La comptabilisation des valeurs inactives

Article 167

Les règles relatives à la comptabilisation des valeurs inactives sont fixées par arrêté du ministre chargé du budget.

Section 6. – Les états financiers annuels

Article 168

Les états financiers de l'Etat comprennent un bilan, un compte de résultat et l'annexe des comptes annuels. D'autres documents peuvent être prévus par arrêté du ministre chargé du budget dans les conditions mentionnées à l'article 136 de la loi du 28 décembre 2001 visée ci-dessus.

Article 169

Le compte général de l'Etat mentionné à l'article 54 de la loi organique du 1er août 2001 est arrêté chaque année par le ministre chargé du budget.

Ce dernier dispose à cette fin des services du comptable centralisateur des comptes de l'Etat mentionné à l'article 86.

Chapitre IV. – Le contrôle interne et l'audit interne

Article 170

Dans chaque ministère est mis en place un dispositif de contrôle interne budgétaire et de contrôle interne comptable.

Le contrôle interne budgétaire a pour objet de maîtriser les risques afférents à la poursuite des objectifs de qualité de la comptabilité budgétaire tenue et de soutenabilité de la programmation et de son exécution.

Le contrôle interne comptable a pour objet la maîtrise des risques afférents à la poursuite des objectifs de qualité des comptes depuis le fait générateur d'une opération jusqu'à son dénouement comptable.

Le ministre chargé du budget définit le cadre de référence interministériel des contrôles internes budgétaire et comptable et veille à sa mise en œuvre. Ce référentiel précise les conditions dans lesquelles est assuré, pour satisfaire à l'objectif de la qualité des comptabilités, le respect des critères de réalité, de justification, de présentation et bonne information, de sincérité, d'exactitude, d'exhaustivité, de non-compensation, d'imputation et de rattachement à la bonne période comptable et au bon exercice.

Article 171

Le dispositif de contrôle interne budgétaire fait l'objet d'une évaluation annuelle par le contrôleur budgétaire et comptable ministériel au regard notamment des résultats de l'audit interne.

Article 172

La programmation des audits budgétaires et comptables est arrêtée dans chaque ministère par le comité ministériel d'audit interne, dont la composition et les missions sont précisées par arrêté.

S'agissant des audits comptables, le comptable centralisateur des comptes de l'Etat peut faire des propositions au comité ministériel d'audit par l'intermédiaire du contrôleur budgétaire et comptable ministériel, membre de droit de ce comité. Ces propositions peuvent porter sur toutes les opérations ayant un impact sur les comptes de l'Etat. Les missions d'audit programmées dans ce cadre peuvent être réalisées en partenariat avec des auditeurs placés sous l'autorité du ministre chargé du budget.

Le comptable centralisateur des comptes de l'Etat est destinataire des rapports établis à l'issue des missions d'audit comptable réalisées dans le cadre de cette programmation.

Chapitre V. – Le contrôle de la gestion des comptables

Article 173

Tous les comptables de l'Etat sont soumis aux vérifications de l'inspection générale des finances.

Article 173-1

Au sens de l'article 32 de l'ordonnance n° 2022-408 du 23 mars 2022 relative à la responsabilité financière des gestionnaires publiques, sont considérés comme comptables publics de l'Etat :

1° Les postes comptables des services déconcentrés de la direction générale des finances publiques assurant le service public comptable des établissements publics de santé ou médico-sociaux ou des collectivités territoriales ou de leurs établissements publics ou de leurs groupements ;

2° Les agences comptables des établissements publics locaux d'enseignement relevant du ministre chargé de l'éducation nationale ;

3° Les agences comptables des établissements publics locaux d'enseignement et de formation professionnelle agricoles relevant du ministre chargé de l'agriculture ;

4° Les agences comptables des établissements publics locaux d'enseignement maritime et aquacole relevant du ministre chargé de la mer ;

Les différentes personnes morales de droit public mentionnées aux 1° à 4° sont désignées ci-après par le terme d'organismes publics.

Article 173-2

Constitue un déficit pouvant être pris en charge par l'Etat, toute insuffisance en monnaie ou en valeur dans la caisse publique ayant fait l'objet d'une constatation matérielle, y compris à partir des documents de comptabilité, résultant :

1° D'une perte de valeur dont le comptable a la garde, sous réserve, le cas échéant, des dispositions de l'article L. 1113-1 du code de la santé publique ;

2° De manquants et d'erreurs de caisse notamment ceux liés à l'encaissement de fausse monnaie ;

3° De manœuvres frauduleuses d'agent du service public comptable auprès duquel sont assignées les opérations de l'organisme public ;

4° De manœuvres frauduleuses de tiers aux services de l'ordonnateur et du comptable sauf dans le cas où les services de l'ordonnateur de l'organisme public ont participé, même de bonne foi, à la réalisation de la fraude en intégrant dans le circuit de paiement les pièces frauduleuses relatives à l'acquis libératoire ou à la justification du paiement ;

5° Le cas échéant, dans les conditions prévues par les trois alinéas ci-dessous, des opérations pour lesquelles la responsabilité du comptable public de l'Etat ou d'un de ses agents est reconnue par décision définitive de la Cour des comptes, de la Cour d'appel financière ou du Conseil d'Etat au titre des infractions prévues aux articles L. 131-9, L. 131-12, L. 131-14 du code des juridictions financières.

Toutefois, la prise en charge du déficit n'est pas intégrale lorsque le comptable ou un de ses agents est condamné conjointement avec un ou des gestionnaires publics de l'organisme public auprès duquel est rattaché le service public comptable qu'il dirige. Il en va de même, lorsque la décision définitive reconnaît que les agissements d'une personne mentionnée à l'article L. 131-2 du code des juridictions financières ont contribué à la commission de l'infraction au titre de laquelle le comptable ou un de ses agents a été condamné.

L'Etat prend partiellement en charge ces déficits en fonction du quantum de la responsabilité du comptable public qui résulte de la décision définitive de la Cour des comptes, de la Cour d'appel financière ou du Conseil d'Etat.

Article 173-3

Le ministre chargé du budget décide la prise en charge par l'Etat des déficits déterminés à l'article 173-2 après demande préalable de prise en charge de l'ordonnateur de l'organisme public concerné par ces déficits.

Toutefois, pour les opérations constitutives d'un déficit prévu aux 1° et 2° de l'article 173-2, cette compétence est exercée par le directeur régional ou départemental des finances publiques auquel est subordonné le comptable de l'organisme public mentionné à l'article 173-1 ou dans le ressort duquel a son siège le comptable mentionné aux 2°, 3° et 4° de l'article 173-1, lorsque le montant unitaire de l'opération est inférieur à une somme fixée par arrêté du ministre chargé du budget. Le directeur régional ou départemental des finances publiques transmet au comptable et à l'ordonnateur de l'organisme public l'état des prises en charge lorsque le montant est conforme à celui de la demande préalable de ce dernier.

Lorsqu'il est inférieur, le directeur régional ou départemental des finances publiques le transmet au comptable et le notifie à l'ordonnateur de l'organisme public en le motivant.

Lorsque le montant unitaire de l'opération est inférieur à une somme fixée par arrêté du ministre chargé du budget, le directeur régional ou départemental des finances publiques peut décider la prise en charge par l'Etat sans demande préalable de l'ordonnateur de l'organisme public.

Dans les cas où la fonction de comptable de l'organisme public est exercée par un directeur régional, départemental ou spécialisé des finances publiques, ce dernier est compétent pour décider de la prise en charge par l'Etat du déficit et exécuter la dépense correspondante dans les mêmes conditions de montant et d'information de l'ordonnateur de l'organisme public fixées au présent article ainsi que dans les mêmes limites fixées à l'alinéa suivant.

Le montant pris en charge par l'Etat ne peut être supérieur à celui préalablement demandé par l'ordonnateur de l'organisme public, y compris quand la demande de prise en charge est facultative.

Article 173-4

La dépense correspondant à la prise en charge du déficit décidée par le ministre chargé du budget est exécutée par les autorités mentionnées à l'article 173-3 en leur qualité de comptables publics principaux de l'Etat. Ces derniers exécutent également les dépenses correspondant aux prises en charge des déficits qu'ils décident en application des dispositions du même article 173-3.

Dans le cas où des recouvrements ou encaissements interviennent au profit de l'organisme public au titre d'opération constitutive d'un déficit que l'Etat a pris en charge en tout ou partie, les sommes correspondantes sont restituées par l'organisme public à l'Etat dans la limite des sommes qu'il a prises en charge. La restitution est opérée auprès des comptables publics principaux de l'Etat qui ont initialement exécuté la dépense correspondant à la prise en charge par l'Etat.

TITRE III. – LA GESTION BUDGÉTAIRE ET COMPTABLE DES ORGANISMES MENTIONNÉS À L'ARTICLE 3

Chapitre Ier. – L'organisation de la gestion budgétaire et comptable

Section 1. – Le cadre budgétaire et comptable

Article 174

Les organismes mentionnés aux 4° et 6° de l'article 1er sont, sauf disposition législative contraire, placés sous la tutelle financière du ministre chargé du budget.

Article 175

Le budget correspond à l'année civile. Les autorisations qu'il prévoit sont annuelles. Il est constitué d'un budget initial et, le cas échéant, de budgets rectificatifs adoptés en cours d'exercice.

Le budget comprend :

1° Les autorisations budgétaires constituées des autorisations d'emplois, des autorisations d'engagement, des crédits de paiement et des prévisions de recettes de l'exercice ainsi que du solde budgétaire en résultant ;

2° Un tableau présentant l'équilibre financier résultant, d'une part, du solde budgétaire mentionné au 1°, d'autre part, des opérations de trésorerie définies à l'article 196 ;

3° Un compte de résultat prévisionnel et un état prévisionnel de l'évolution de la situation patrimoniale en droits constatés. Ces prévisions sont présentées conformément aux normes établies pour la comptabilité générale, mentionnées à l'article 54.

Lorsque le texte institutif de l'organisme le prévoit, certaines recettes peuvent être directement affectées à certaines dépenses. Ces affectations prennent la forme de budgets annexes, en complément du budget principal.

Les budgets annexes sont présentés et votés de manière distincte du budget principal, dans les mêmes conditions.

Les modalités d'application du présent article sont définies par arrêté du ministre chargé du budget.

Article 176

Le budget initial est préparé par l'ordonnateur et adopté par l'organe délibérant dans des délais permettant qu'il soit exécutoire au 1er janvier de l'exercice auquel il se rapporte.

Sauf dérogation prévue par arrêté du ministre chargé du budget, le budget une fois voté est soumis pour approbation aux autorités de tutelle. Dans le cas où aucune décision expresse n'a été notifiée dans le délai d'un mois après sa réception par ces autorités, il est réputé approuvé à l'expiration de ce délai. Ce délai peut être ramené à quinze jours si le texte institutif de l'organisme le prévoit.

Lorsqu'une autorité de tutelle demande par écrit des informations ou documents complémentaires, ce délai est suspendu jusqu'à la production de ces informations ou documents.

Lorsque le budget n'est pas adopté par l'organe délibérant ou n'a pas été approuvé par les autorités de tutelle à la date d'ouverture de l'exercice, l'ordonnateur peut être autorisé par ces autorités ou, s'agissant des groupements d'intérêt public, par les autorités d'approbation de la convention constitutive, à exécuter temporairement les opérations de recettes ainsi que les opérations de dépenses strictement nécessaires à la continuité des activités de l'organisme.

Les décisions d'approbation ou d'autorisation prévues aux deuxième et quatrième alinéas sont signées, pour les organismes dont la liste est fixée par arrêté du ministre chargé du budget, par les autorités de contrôle mentionnées aux 1° à 3° de l'article 228.

Article 177

Les budgets rectificatifs sont préparés, votés et approuvés dans les mêmes conditions que le budget initial.

Toutefois, en cas d'urgence, et dans le cas où l'organe délibérant ne peut être réuni, un budget rectificatif peut être exécuté sans décision préalable de celui-ci. Dans ce cas, le budget rectificatif est autorisé par le contrôleur budgétaire mentionné à l'article 221, après consultation des autorités de tutelle, ou, en l'absence de contrôleur budgétaire, par ces autorités. Ce budget est entériné lors de la plus prochaine réunion de l'organe délibérant.

Article 178

Les crédits inscrits au budget sont présentés sous la forme de trois enveloppes regroupant :

1° Les dépenses de personnel, qui comprennent :

a) Les rémunérations d'activité ;

b) Les cotisations et contributions sociales ;

c) Les prestations sociales et allocations diverses ;

2° Les dépenses de fonctionnement et d'intervention ;

3° Les dépenses d'investissement.

Le cas échéant, sur décision de l'organe délibérant, les dépenses d'intervention peuvent faire l'objet d'une enveloppe distincte.

Ces crédits sont limitatifs. En complément des enveloppes mentionnées au premier alinéa, le texte institutif de l'organisme peut prévoir que le budget comprend une enveloppe destinée à des dépenses d'intervention non limitatives. Les crédits sont spécialisés par enveloppe mentionnée ci-dessus. Toutefois, l'ordonnateur peut utiliser en cours d'exercice les crédits non utilisés de l'enveloppe des dépenses de personnel pour abonder les autres enveloppes de dépenses. Ces mouvements de crédits sont soumis à l'avis du contrôleur budgétaire. Le budget ainsi rectifié est présenté lors de la plus prochaine réunion de l'organe délibérant.

Le texte institutif de l'organisme peut prévoir des sous-enveloppes limitatives au sein de chacune de ces enveloppes.

Les crédits sont présentés à titre indicatif par destination.

Le plafond des autorisations d'emplois est limitatif. Au sein de ce plafond, sont identifiées, le cas échéant, les autorisations d'emplois prévues en loi de finances.
Dans le cas où un budget annexe est prévu, les modalités relatives à la limitativité et à la fongibilité des crédits sont les mêmes que celles prévues pour le budget principal. Aucun mouvement de crédits ne peut être effectué par l'ordonnateur entre le budget principal et un budget annexe.

Article 179

Sur décision du ministre chargé du budget, le budget de l'organisme peut inclure, en complément des enveloppes prévues à l'article 178, une ou plusieurs enveloppes destinées à des projets de recherche.

Au sein de chacune de ces enveloppes, les crédits sont présentés par nature selon les catégories suivantes :

1° Dépenses de personnel ;

2° Dépenses de fonctionnement ;

3° Dépenses d'investissement.

Le montant total des crédits de chaque enveloppe est limitatif ainsi que, en leur sein, d'une part le montant des dépenses de personnel, d'autre part le montant de l'ensemble formé par les dépenses de fonctionnement et d'investissement.

Article 180

Les crédits inscrits au budget sont constitués d'autorisations d'engagement et de crédits de paiement.

Les autorisations d'engagement constituent la limite supérieure des dépenses pouvant être engagées pendant l'exercice, les paiements afférents pouvant intervenir les années ultérieures.

Les crédits de paiement constituent la limite supérieure des dépenses pouvant être ordonnancées ou payées pendant l'exercice.

Article 181

S'agissant des dépenses de personnel, le montant des autorisations d'engagement est égal au montant des crédits de paiement.

Les dépenses de personnel donnent lieu à consommation des autorisations d'engagement à due concurrence des consommations de crédits de paiement correspondantes.

Article 182

Pour chaque organisme, il est établi un document prévisionnel de gestion des emplois et des crédits de personnel, qui décrit :

1° Les prévisions d'entrée et de sortie, dans le courant de l'année, d'une part des personnels rémunérés par l'organisme, d'autre part des personnels affectés en fonctions au sein de ce dernier sans être rémunérés par lui ;

2° Les prévisions de consommation, dans le courant de l'année, du plafond d'autorisations d'emplois ;

3° Les prévisions de dépenses de personnel.

Le document prévisionnel de gestion des emplois et des crédits de personnel est établi par l'ordonnateur et soumis pour avis au contrôleur budgétaire avant l'envoi du projet de budget initial aux membres de l'organe délibérant. Ce document fait l'objet d'actualisations, également soumises à l'avis du contrôleur budgétaire.

Un arrêté du ministre chargé du budget précise le contenu du document, ses conditions d'élaboration, d'actualisation et de transmission ainsi que les modalités d'information des autorités de tutelle.

Article 183

Les crédits ouverts et le plafond des autorisations d'emplois fixés au titre d'une année ne créent aucun droit au titre des années suivantes.

Article 184 (abrogé)

Article 185 (abrogé)

Section 2. – Les ordonnateurs

Article 186

L'ordonnateur principal et, le cas échéant, un ou des ordonnateurs secondaires sont désignés par le texte institutif de l'organisme.

Article 187

Les conventions ayant pour objet de procurer à l'organisme des recettes relèvent de la compétence de l'ordonnateur. Toutefois, une décision de l'organe délibérant est nécessaire lorsque la recette excède un certain montant ou, le cas échéant, lorsque la convention excède une certaine durée dans les cas suivants :

1° Aliénation de biens immobiliers ;

2° Acceptation de dons et legs faits sans charge, condition ou affectation immobilière ;

3° Baux et locations d'immeubles ;

4° Vente d'objets mobiliers ;

5° Le cas échéant, autres conventions prévues par le statut des organismes.

Le montant et la durée mentionnés au premier alinéa sont fixés par l'organe délibérant.

Section 3. – Les agents comptables

Article 188

Le comptable public porte le titre d'agent comptable.

Il existe, au sein de chaque organisme, un poste comptable à la tête duquel est placé un agent comptable principal, chef des services de la comptabilité. Ce poste comptable peut être commun à plusieurs organismes dans les conditions prévues par arrêté du ministre chargé du budget.

L'agent comptable peut exercer, à la demande de l'autorité exécutive de l'organisme, des fonctions de chef des services financiers pour lesquelles une délégation de signature peut lui être accordée par l'ordonnateur. Il peut effectuer à ce titre, par dérogation à l'article 9 et dans les limites fixées par arrêté du ministre chargé du budget, des actes relevant de l'ordonnateur.

Article 189

Sous réserve des règles propres à certains organismes, l'agent comptable est nommé par arrêté conjoint des ministres de tutelle.

Article 190

Des agents comptables secondaires peuvent être prévus par le texte institutif de l'organisme et désignés selon les modalités fixées par ce texte.

Les mandataires de l'agent comptable principal et de l'agent comptable secondaire doivent, le cas échéant, être agréés par l'ordonnateur.

Des régisseurs de recettes et des régisseurs d'avances peuvent être nommés par l'ordonnateur avec l'agrément de l'agent comptable.

L'agent comptable assiste avec voix consultative aux séances de l'organe délibérant.

Article 191

Sans préjudice des compétences de l'ordonnateur, l'agent comptable s'assure, par ses contrôles sur les biens, droits et obligations qui doivent être enregistrés dans les comptes de l'organisme, du respect des principes et des règles de comptabilité générale, ainsi que de la qualité du contrôle interne comptable relatifs aux opérations qui lui sont assignées.

Lorsque à l'occasion des contrôles mentionnés ci-dessus l'agent comptable constate une irrégularité, il en informe l'ordonnateur et modifie les écritures irrégulières en comptabilité générale.

Chapitre II. – L'exécution des opérations de recettes, de dépenses et de trésorerie

Section 1. – Les opérations de recettes

Article 192

L'ordre de recouvrer émis dans les conditions prévues à l'article 28 est adressé aux redevables sous pli simple ou, le cas échéant, par voie électronique, soit par l'ordonnateur, soit par l'agent comptable.

L'ordonnateur peut ne pas émettre un ordre de recouvrer correspondant à une créance dont le montant, qui ne peut excéder un seuil précisé par décret, est fixé par délibération de l'organe délibérant.

Tout ordre de recouvrer donne lieu à une procédure de recouvrement amiable. Pendant la procédure amiable, l'agent comptable peut notifier au redevable une mise en demeure de payer prévue à l'article L. 257 du livre des procédures fiscales. En cas d'échec du recouvrement amiable, il appartient à l'agent comptable de décider l'engagement d'une procédure de recouvrement contentieux.

L'exécution forcée par l'agent comptable peut, à tout moment, être suspendue sur ordre écrit de l'ordonnateur.

Article 193

Sur délibération de l'organe délibérant prise après avis de l'agent comptable, les créances de l'organisme peuvent faire l'objet :

1° D'une remise gracieuse sur la somme en principal en cas de gêne ou d'indigence ;

2° D'une remise gracieuse des majorations et des intérêts ;

3° D'une admission en non-valeur, lorsque la créance est irrécouvrable au sens des dispositions de l'article R. 276-2 du livre des procédures fiscales ;

4° De rabais, remises, ristournes accordés à des fins commerciales.

Par dérogation au premier alinéa, lorsque la dette concerne l'agent comptable, son avis n'est pas requis.

Dans la limite d'un seuil fixé par l'organe délibérant, celui-ci peut déléguer à l'ordonnateur son pouvoir de décision

Section 2. – Les opérations de dépenses

Article 194

L'ordonnateur a seul qualité pour procéder à l'engagement des dépenses.

Toutefois, l'autorisation préalable de l'organe délibérant est requise :

1° En matière d'acquisitions immobilières, au-delà d'un seuil qu'il fixe ;

2° Pour les autres contrats, au-delà d'un montant qu'il détermine.

Lorsque l'ordonnateur refuse d'émettre un ordre de payer, le ministre chargé du budget peut, à la demande du créancier ou de sa propre initiative, et après mise en demeure restée sans effet, procéder au mandatement d'office de la dépense dans la limite des crédits ouverts.

Article 195

Lorsque l'ordonnateur a requis l'agent comptable de payer en application de l'article 38, celui-ci défère à la réquisition et en informe le ministre chargé du budget. Ce dernier transmet l'ordre de réquisition à la Cour des comptes.

Toutefois, l'agent comptable ne peut déférer à l'ordre de réquisition lorsque la suspension de paiement est motivée par :

1° L'indisponibilité des crédits ;

2° L'absence de certification du service fait ;

3° Le caractère non libératoire du règlement ;

4° Le refus de visa du contrôleur budgétaire dès lors qu'il n'a pas fait l'objet d'une autorisation du ministre chargé du budget de passer outre ;

5° Le manque de fonds disponibles.

Dans ces cas, l'agent comptable informe le ministre chargé du budget.

Section 3. – Les opérations de trésorerie

Article 196

Les opérations de trésorerie sont :

1° Le mouvement des disponibilités de l'organisme ;

2° L'escompte et l'encaissement des effets de toute nature émis au profit de l'organisme ;

3° La gestion des fonds au nom et pour le compte de tiers ;

4° L'émission, la conversion, la gestion et le remboursement des emprunts et autres dettes de l'organisme.

Article 197

I. – Sous réserve des dispositions des II et III, les disponibilités déposées au Trésor en application de l'article 47 ne donnent lieu à aucune rémunération.

II. – Par arrêté du ministre chargé de l'économie et du ministre chargé du budget ou, à sa demande, sur autorisation délivrée par les mêmes ministres valable pour une durée maximale de trois ans et renouvelable, tout organisme déposant ses disponibilités au Trésor peut :

1° Déposer ses fonds à la Banque de France dans les conditions prévues par l'article L. 141-8 du code monétaire et financier ;

2° Ouvrir un ou plusieurs comptes auprès d'un établissement de crédit, afin de bénéficier de services bancaires non fournis par le Trésor public ou de comptes en devises.

III. – Sur autorisation délivrée à sa demande par le ministre chargé de l'économie et le ministre chargé du budget valable pour la durée du placement, l'organisme peut placer ses fonds :

1° Sur un ou plusieurs comptes à terme ouverts auprès du Trésor ;

2° Sur un compte de placement rémunéré ouvert auprès du Trésor ;

3° En titres libellés en euros, détenus directement, émis par les Etats membres de l'Union européenne ou les autres Etats parties à l'accord sur l'Espace économique européen.

Les modalités de fonctionnement des comptes à terme et des comptes de placement rémunéré sont fixées par arrêté conjoint des ministres chargés de l'économie et du budget.

IV. – Tout organisme déposant ses disponibilités au Trésor peut placer les fonds issus de l'aliénation d'éléments du patrimoine dans les conditions prévues au III.

Section 4. – La justification des opérations

Article 198

L'organe délibérant ou l'ordonnateur peut, pour certaines opérations non prévues par les nomenclatures mentionnées à l'article 50, établir des nomenclatures particulières soumises à l'approbation du ministre chargé du budget.

Article 199

L'organisme s'assure de la conservation des pièces justificatives jusqu'à l'expiration du délai prévu à l'article 52.

Chapitre III. – Les comptabilités

Article 200

La comptabilité de l'organisme comprend une comptabilité budgétaire, une comptabilité générale et, le cas échéant, une comptabilité analytique.

L'organisme assure en outre une comptabilisation des valeurs inactives.

Sous réserve des dispositions de l'article 209, ces comptabilités sont établies dans des conditions fixées par arrêté du ministre chargé du budget.

Section 1. – La comptabilité générale

Article 201

La comptabilité générale des organismes est tenue par les agents comptables conformément aux règles fixées par l'arrêté prévu à l'article 54.

Article 202

Les états financiers annuels retracent les opérations enregistrées dans la comptabilité générale de l'organisme. Ils sont présentés dans les formes et conditions prévues par l'article 54. Ils donnent une image fidèle du patrimoine, du résultat et de la situation financière des organismes. Ils comprennent un bilan, un compte de résultat et l'annexe des comptes annuels. D'autres documents peuvent être prévus par arrêté du ministre chargé du budget, dans les conditions mentionnées à l'article 136 de la loi du 28 décembre 2001.

Ces états financiers peuvent être soumis à certification.

Article 203

Lorsque l'organisme est tenu de présenter des comptes consolidés ou combinés, ces comptes sont élaborés par l'agent comptable en liaison avec l'ordonnateur.

Section 2. – La comptabilité budgétaire

Article 204

La comptabilité budgétaire d'un organisme comporte une comptabilité des autorisations d'engagement, des crédits de paiement et des recettes ainsi qu'une comptabilité des autorisations d'emplois.

Elle enregistre et restitue les opérations d'ouverture et la consommation des autorisations prévues au 1° de l'article 175.

Article 205

La comptabilisation des recettes et des dépenses budgétaires obéit aux principes suivants :

1° Les recettes sont prises en compte au titre du budget de l'année au cours de laquelle elles sont encaissées ;

2° Les dépenses consomment les crédits de paiement du budget de l'année au cours de laquelle elles sont payées.

Article 206

Les autorisations d'engagement sont consommées par la souscription des engagements à hauteur du montant ferme pour lequel l'organisme s'engage auprès d'un tiers.

Les dépenses qui ne font pas l'objet d'un engagement préalable à la liquidation ou à l'ordonnancement donnent lieu à consommation des autorisations d'engagement à due concurrence des consommations de crédits de paiement correspondantes.

La liste des dépenses ne faisant pas l'objet d'un engagement préalable et leurs modalités d'enregistrement sont fixées par arrêté du ministre chargé du budget.

Les groupements d'intérêt public si leur convention constitutive le prévoit, et les autres organismes relevant du présent titre lorsqu'ils y sont autorisés par décision conjointe des autorités de tutelle prise après avis des autorités de contrôle, peuvent exécuter des dépenses sans engagement préalable, sous réserve qu'elles figurent dans la liste fixée par l'arrêté mentionné ci-dessus.

Article 207

Seul le retrait d'un engagement de l'année en cours rend les autorisations d'engagement correspondantes disponibles. Toutefois, le retrait d'un engagement d'une année antérieure peut rendre les autorisations d'engagement correspondantes disponibles dans les conditions fixées par arrêté du ministre chargé du budget.

Article 208

L'ordonnateur est chargé de la comptabilité des autorisations d'engagement et des autorisations d'emplois. Il peut confier la tenue de la comptabilité des autorisations d'engagement à l'agent comptable.

L'agent comptable est chargé de la comptabilité des crédits de paiement et des recettes.

Section 3. – La comptabilité analytique

Article 209

L'ordonnateur est chargé, le cas échéant, de la comptabilité analytique. Il peut en confier la tenue à l'agent comptable.

Les principes régissant la comptabilité analytique sont fixés par arrêté du ministre chargé du budget. Les modalités d'élaboration de cette comptabilité sont définies par l'organe délibérant sur proposition de l'ordonnateur, dans le respect de ces principes.

L'agent comptable veille à la cohérence de la comptabilité analytique avec la comptabilité budgétaire et générale de l'organisme. En cas de difficulté, il informe l'ordonnateur et, le cas échéant, l'organe délibérant.

Section 4. – Le compte financier

Article 210

La qualité des comptes des organismes est assurée par le respect des principes comptables, tels que définis dans les règles arrêtées par le ministre chargé du budget, dans les conditions fixées à l'article 54. Elle repose sur le contrôle interne comptable et le contrôle interne budgétaire définis à l'article 215.

Article 211

Le compte financier comprend :

1° Les états retraçant les autorisations budgétaires prévues au 1° de l'article 175 et leur exécution ;

2° Le tableau présentant l'équilibre financier prévu au 2° de l'article 175, tel qu'exécuté ;

3° Les états financiers annuels prévus à l'article 202 ;

4° La balance des valeurs inactives.

Un arrêté du ministre chargé du budget précise le contenu et les modalités de présentation de ces documents.

Article 212

Le compte financier de l'organisme est établi par l'agent comptable à la fin de chaque exercice. L'ordonnateur lui communique à cet effet les états de comptabilité dont il est chargé en application de l'article 208.

Le compte financier est visé par l'ordonnateur qui certifie que ce compte retrace les comptabilités dont il est chargé et les ordres transmis à l'agent comptable en application des articles 24 et 32.

Il est soumis par l'ordonnateur à l'organe délibérant qui l'arrête, après avoir entendu l'agent comptable, au plus tard soixante-quinze jours après la clôture de l'exercice. Il est accompagné d'un rapport de gestion établi par l'ordonnateur pour l'exercice écoulé. Le compte financier peut être arrêté de manière dématérialisée dans les conditions prévues par le décret n° 2014-1627 du 26 décembre 2014 relatif aux modalités d'organisation des délibérations à distance des instances administratives à caractère collégial.

Si les observations de l'agent comptable concernant la qualité des comptes n'ont pas été retenues, l'agent comptable peut annexer au compte financier un état explicitant ces observations.

Article 213

Le compte financier arrêté par l'organe délibérant est soumis à l'approbation des autorités de tutelle.

Dans le cas où aucune décision expresse n'a été notifiée dans le délai d'un mois après réception par ces autorités de la délibération et des documents correspondants, il est réputé approuvé à l'expiration de ce délai.

En cas de demande d'informations ou de documents complémentaires, formulée par écrit par les autorités de tutelle, le délai mentionné ci-dessus est suspendu jusqu'à la production de ces informations ou documents.

Ces décisions d'approbation sont signées, pour les organismes dont la liste est fixée par l'arrêté mentionné au dernier alinéa de l'article 176, par les autorités de contrôle mentionnées aux 1° à 3° de l'article 228.

Article 214

L'agent comptable produit, selon des modalités fixées par arrêté du ministre chargé du budget, au plus tard quarante-cinq jours après l'arrêt du compte financier par l'organe délibérant, :

1° Le compte financier ainsi que, le cas échéant, les observations de l'agent comptable mentionnées à l'article 212 ;

2° Le rapport de gestion mentionné à l'article 212 ;

3° Les délibérations relatives au budget initial et, le cas échéant, aux budgets rectificatifs, et au compte financier ;

4° Les pièces relatives aux décisions de réquisition en application de l'article 195.

A défaut de délibération de l'organe délibérant arrêtant le compte financier, ce document est produit, dans les quatre mois suivant la clôture de l'exercice, dans l'état où il a été visé par l'ordonnateur.

Chapitre IV. – Les contrôles

Section 1. – Le contrôle interne et l'audit interne

Article 215

I. – Dans chaque organisme est mis en place un dispositif de contrôle interne budgétaire et de contrôle interne comptable.

Le contrôle interne budgétaire a pour objet de maîtriser les risques afférents à la poursuite des objectifs de qualité de la comptabilité budgétaire et de soutenabilité de la programmation et de son exécution.

Le contrôle interne comptable a pour objet la maîtrise des risques afférents à la poursuite des objectifs de qualité des comptes, depuis le fait générateur d'une opération jusqu'à son dénouement comptable.

Le ministre chargé du budget définit le cadre de référence des contrôles internes budgétaire et comptable. Il s'assure, en lien avec les autres ministres de tutelle, de sa mise en œuvre.

Ce référentiel précise les conditions dans lesquelles est assuré, pour satisfaire à l'objectif de qualité des comptabilités, le respect des critères de réalité, de justification, de présentation et bonne information, de sincérité, d'exactitude, d'exhaustivité, de non-compensation, d'imputation et de rattachement à la bonne période comptable et au bon exercice.

II. – Le dispositif de contrôle interne budgétaire fait l'objet d'une évaluation par l'autorité chargée du contrôle de l'organisme au regard notamment des résultats de l'audit interne.

En fonction des résultats des contrôles prévus au présent chapitre et de cette évaluation, l'obligation de soumettre au visa ou à l'avis prévue à l'article 220 peut être partiellement ou totalement suspendue pour une durée déterminée, par arrêté du ministre chargé du budget. La décision de suspension peut être reconduite dans les mêmes conditions.

Article 216

L'audit interne budgétaire et comptable, exercé de manière indépendante et objective, a pour objet de donner à chaque organisme une assurance raisonnable sur le degré de maîtrise des opérations budgétaires et comptables qu'il conduit, ainsi qu'une appréciation de la qualité du contrôle interne budgétaire et comptable.

L'organe délibérant arrête un programme d'audit. Le cas échéant, il met en place un comité d'audit, chargé de porter une appréciation sur la qualité du contrôle interne budgétaire et comptable et de faire toutes propositions tendant à l'amélioration de ce dernier. Le programme d'audit est soumis à ce comité.

L'organe délibérant fixe la composition, les attributions et les modalités de fonctionnement de ce comité. Le contrôleur budgétaire en est membre de droit. L'agent comptable assiste à ses délibérations.

Article 217

En vue de la détermination du programme d'audit prévu à l'article 216, le comptable centralisateur des comptes de l'Etat mentionné à l'article 86 peut proposer, en lien avec le contrôleur budgétaire de l'organisme, des missions d'audit budgétaire et comptable. Ces missions peuvent être réalisées, le cas échéant, en partenariat avec des auditeurs placés sous l'autorité du ministre chargé du budget, ou par ces seuls auditeurs.

Lorsque l'organisme ne dispose pas d'audit interne, l'évaluation de la maîtrise des opérations budgétaires et comptables ainsi que l'appréciation de la qualité du contrôle interne budgétaire et comptable sont réalisées par des auditeurs placés sous l'autorité du ministre chargé du budget ou d'un autre ministre de tutelle de l'organisme.

Article 218

Le comptable centralisateur des comptes de l'Etat est destinataire des rapports établis à l'issue des missions d'audit réalisées en application des articles 216 et 217.

Article 219

Le contrôle de la gestion de l'agent comptable est assuré par le directeur général des finances publiques, ou par les directeurs régionaux ou départementaux des finances publiques pour les organismes ayant leur siège dans leur ressort.

Les agents comptables sont soumis aux vérifications de l'inspection générale des finances et, éventuellement, des corps de contrôle des ministères de tutelle.

Section 2. – Le contrôle budgétaire

Article 220

Les organismes sont assujettis à un contrôle budgétaire, sur pièces et sur place, dans des conditions fixées, pour chaque organisme ou catégorie d'organisme, par un arrêté du ministre chargé du budget et du ministre de tutelle.

Lorsque le contrôle budgétaire concerne des organismes qui étaient, antérieurement à la parution des arrêtés mentionnés au présent article, soumis aux dispositions du décret du 26 mai 1955 susvisé, ces organismes peuvent mettre à la disposition des autorités chargées du contrôle budgétaire les moyens nécessaires à l'exercice de leurs missions.

Article 221

Le contrôle budgétaire porte sur l'exécution du budget. Il a pour objet d'apprécier le caractère soutenable de la gestion au regard de l'autorisation budgétaire et la qualité de la comptabilité budgétaire. Il contribue à l'identification et à la prévention des risques financiers, directs ou indirects auxquels l'organisme est susceptible d'être confronté, ainsi qu'à l'évaluation de la performance de l'organisme au regard des moyens qui lui sont alloués.

Ce contrôle est exercé, sous l'autorité du ministre chargé du budget, par des contrôleurs budgétaires désignés par ce dernier.

Le contrôleur budgétaire des actes pris par un mandataire est celui du mandant. Toutefois, le contrôleur budgétaire du mandant peut déléguer sa signature au contrôleur budgétaire ou au contrôleur économique et financier du mandataire pour le contrôle des actes pris en exécution du mandat.

Article 222

Le contrôleur budgétaire peut assister, avec voix consultative, aux séances de l'organe délibérant, des comités et commissions que celui-ci met en place ainsi que, le cas échéant, aux assemblées générales.

L'arrêté mentionné à l'article 220 peut prévoir l'accès du contrôleur budgétaire aux autres comités, commissions ou organes consultatifs existant au sein de l'organisme.

Article 223

Le contrôleur budgétaire a accès à tous les documents nécessaires à l'exercice de sa mission. L'organisme est tenu de lui communiquer les informations qu'il demande, y compris celles qui concernent les entités incluses dans son périmètre de consolidation ou de combinaison.

L'arrêté mentionné à l'article 220 définit le contenu des comptes rendus de gestion transmis au contrôleur budgétaire.

Article 224

Les engagements de l'organisme peuvent être soumis au visa, à l'avis préalable ou à l'information préalable du contrôleur budgétaire dans les conditions prévues par l'arrêté mentionné à l'article 220 et en fonction de seuils soumis à l'approbation du ministre chargé du budget par le contrôleur budgétaire pour chaque organisme. Si aucune décision expresse n'a été notifiée dans un délai d'un mois à compter de leur réception par le ministre chargé du budget, ces seuils sont réputés approuvés à l'expiration de ce délai. Après approbation expresse ou tacite, ces seuils sont notifiés à l'ordonnateur, à l'agent comptable et aux autorités de tutelle.

Lorsqu'ils sont soumis à son visa ou à son avis préalable, les projets d'acte sont examinés par le contrôleur budgétaire au regard de l'imputation de la dépense, de la disponibilité des crédits, de l'exactitude de l'évaluation de la consommation de crédits associée et de leur compatibilité avec le caractère soutenable de la gestion.

Le visa ne peut être refusé pour un motif relatif à la légalité d'un projet d'acte. L'avis défavorable ne peut non plus être fondé sur un tel motif.

Article 225

Les autorisations et actes de recrutement ainsi que les actes de gestion des personnels peuvent être soumis au visa, à l'avis préalable ou à l'information préalable du contrôleur budgétaire dans les conditions prévues par l'arrêté mentionné à l'article 220 et en fonction de seuils soumis à l'approbation du ministre chargé du budget par le contrôleur budgétaire pour chaque organisme. Si aucune décision expresse n'a été notifiée dans un délai d'un mois à compter de leur réception par le ministre chargé du budget, ces seuils sont réputés approuvés à l'expiration de ce délai. Après approbation expresse ou tacite, ces seuils sont notifiés à l'ordonnateur, à l'agent comptable et aux autorités de tutelle.

Lorsqu'ils sont soumis à son visa ou à son avis préalable, le contrôleur budgétaire examine les projets d'autorisations et d'actes mentionnés au premier alinéa au regard de la disponibilité des crédits et des emplois, de la hiérarchie des emplois et des rémunérations au sein de l'organisme et de leurs conséquences budgétaires.

Article 226

Sous réserve des dispositions de l'article 182, le contrôleur budgétaire vise ou rend son avis dans un délai de quinze jours à compter de la réception des actes qui lui sont soumis.

Si, à l'expiration de ce délai, aucun visa ou avis n'a été délivré, l'ordonnateur compétent peut utiliser les crédits ou engager la dépense conformément à sa proposition, sauf si le contrôleur budgétaire a demandé par écrit dans ce délai des informations ou documents complémentaires nécessaires à son instruction.

Dans ce cas, pour les actes soumis à visa, un nouveau délai de quinze jours court à compter de la production des informations ou documents sollicités. Pour les actes soumis à avis préalable, la demande d'informations ou de documents complémentaires a pour seul effet de suspendre le délai d'examen jusqu'à la production de ces informations ou documents.

Il ne peut être passé outre au refus de visa du contrôleur budgétaire que sur autorisation du ministre chargé du budget.

Le contrôleur budgétaire informe l'agent comptable des refus de visa qu'il délivre. Sauf dans le cas mentionné à l'alinéa précédent, l'agent comptable ne peut procéder au paiement des dépenses concernées.

Un avis préalable défavorable du contrôleur budgétaire ne lie pas l'ordonnateur. Lorsque celui-ci décide de ne pas se conformer à cet avis, il informe par écrit le contrôleur budgétaire des motifs de sa décision.

Article 227

Le contrôleur budgétaire établit un programme annuel de contrôles a posteriori, et le cas échéant d'audits, pour la réalisation duquel il peut se faire assister par des agents placés sous l'autorité du ministre chargé du budget. L'organisme est tenu de communiquer tous les documents nécessaires à la réalisation de ces contrôles. Indépendamment de ce programme, le contrôleur peut, à tout moment, procéder au contrôle a posteriori d'un acte particulier soumis ou non à visa ou avis préalable, dans les conditions fixées par l'arrêté mentionné à l'article 220.

Article 228

Le contrôle budgétaire de l'organisme peut être confié :

1° Aux contrôleurs budgétaires et comptables ministériels ;

2° Aux responsables des missions du service du contrôle général économique et financier qui peuvent déléguer leurs pouvoirs, pour l'exercice de ce contrôle, aux membres de leur mission d'un niveau au moins équivalent à celui d'administrateur civil ;

3° Aux directeurs régionaux des finances publiques.

A l'exception des refus de visa qui posent une question de principe, les collaborateurs des autorités de contrôle mentionnées aux 1° à 3° peuvent recevoir délégation pour signer tous les actes relatifs à l'exercice de ce contrôle.

Article 229

Les dispositions des articles 1er et 5 du décret du 9 août 1953 visé ci-dessus ne s'appliquent pas aux organismes soumis aux dispositions du présent titre.

Les organismes soumis au contrôle budgétaire prévu par la présente section ne sont pas assujettis au contrôle économique et financier prévu par le décret du 26 mai 1955 visé ci-dessus.

Les dispositions de la présente section ne s'appliquent pas aux groupements d'intérêt public soumis aux règles de la comptabilité publique.

Pour l'application des dispositions des articles 177, 178, 182, 185, 216, 217 et du 4° de l'article 195 à des organismes soumis au contrôle économique et financier, les diligences du contrôleur budgétaire sont effectuées par le contrôleur chargé du contrôle économique et financier.

TITRE IV. – DISPOSITIONS TRANSITOIRES

Article 230

I. – Les règles du titre I s'appliquent pour la première fois aux personnes morales de droit public mentionnées au 2°, au 3°, au 4° et au 6° de l'article 1er au titre de l'exercice 2013.

Les règles du titre III s'appliquent pour la première fois aux personnes morales de droit public mentionnées au 4° et au 6° de l'article 1er au titre de l'exercice 2013.

II. – Les dispositions relatives aux autorisations d'engagement, aux crédits de paiement et aux recettes prévues au 1° de l'article 175 et au tableau prévu au 2° du même article ainsi que les dispositions des articles 180, 181, 183 à 185 s'appliquent à compter de l'exercice 2016.

Toutefois, les états prévus par les dispositions mentionnées ci-dessus sont présentés pour l'information de l'organe délibérant, au titre des exercices 2013, 2014 et 2015.

Pour les budgets et comptes financiers des exercices 2013 à 2015, une décision du ministre chargé du budget prévoit les conditions dans lesquelles les états du budget prévus au 3° de l'article 175 sont limitatifs.

III. – Une décision du ministre chargé du budget autorise les organismes qui le souhaitent à anticiper la mise en œuvre des dispositions mentionnées au premier alinéa du II.

Article 231

Les autorisations de dépôts et de placements accordées par les ministres chargés du budget et de l'économie antérieurement à l'entrée en vigueur du présent décret doivent faire l'objet d'une nouvelle demande en application des dispositions de l'article 197, dans les dix-huit mois suivant la date d'entrée en vigueur du présent décret.

Article 232

Par dérogation à l'article 212, les comptes financiers des exercices 2012 à 2014 sont soumis à l'organe délibérant avant l'expiration du troisième mois suivant la clôture de l'exercice.

Article 233 (abrogé)

Article 234

Les dispositions de la première partie du décret n° 62-1587 du 29 décembre 1962 portant règlement général sur la comptabilité publique et du décret n° 2005-54 du 27 janvier 2005 relatif au contrôle financier au sein des administrations de l'Etat ne s'appliquent plus à l'Etat à la date d'entrée en vigueur du présent décret.

TITRE V. – DISPOSITIONS FINALES

Article 235

A l'exception des dispositions des articles 1er à 5, 70 à 73 et 229, les dispositions du présent décret peuvent être modifiées par décret en Conseil d'Etat.

Les articles 173-1 à 173-4 peuvent être modifiés par décret.

Article 236

Les arrêtés pris en application du décret n° 2005-54 du 27 janvier 2005 relatif au contrôle financier au sein des administrations de l'Etat demeurent applicables jusqu'à l'entrée en vigueur des arrêtés prévus à l'article 105 du présent décret.

Les arrêtés pris en application du décret n° 2005-757 du 4 juillet 2005 relatif au contrôle financier au sein des établissements publics administratifs de l'Etat ou du décret n° 55-733 du 26 mai 1955 relatif au contrôle économique et financier de l'Etat, pour les organismes soumis au contrôle budgétaire prévu à la section du 2 du titre III, demeurent applicables jusqu'à l'entrée en vigueur des arrêtés prévus à l'article 220 du présent décret.

Article 237

Le décret n° 2012-1246 du 7 novembre 2012 relatif à la gestion budgétaire et comptable publique constitue le règlement général sur la comptabilité publique au sens des dispositions législatives qui renvoient ou se réfèrent à ce règlement général.

Article 238

Abroge [...]

Article 239

Le présent décret est applicable dans sa rédaction issue du décret n° 2022-1698 du 28 décembre 2022 en Nouvelle-Calédonie, dans les îles Wallis et Futuna, dans les Terres australes et antarctiques françaises et, en Polynésie française, aux services et établissements publics de l'Etat ainsi qu'aux communes, à leurs groupements et à leurs établissements publics.

Article 240

Le Premier ministre, le ministre de l'économie et des finances et le ministre délégué auprès du ministre de l'économie et des finances, chargé du budget, sont responsables, chacun en ce qui le concerne, de l'application du présent décret, qui sera publié au Journal officiel de la République française.

Décret n° 2009-707 du 16 juin 2009 relatif aux services déconcentrés de la direction générale des finances publiques

CHAPITRE PREMIER : ORGANISATION ET MISSIONS DES SERVICES DECONCENTRES

Article 1

Les services déconcentrés de la direction générale des finances publiques sont constitués des directions départementales des finances publiques, des directions régionales des finances publiques, des directions spécialisées des finances publiques et des directions locales des finances publiques.

Article 2

Les directions départementales des finances publiques assurent la mise en œuvre, dans le ressort territorial du département, sans préjudice des compétences dévolues à d'autres services déconcentrés et services à compétence nationale de la direction générale des finances publiques, des missions dévolues à cette direction générale en ce qui concerne notamment :

1° L'assiette et le contrôle des impôts, droits, cotisations et taxes de toute nature et ceux d'autres recettes publiques ;

2° Le recouvrement des impôts, droits, cotisations et taxes de toute nature et celui d'autres recettes publiques ;

3° La recherche des renseignements nécessaires à l'assiette, au recouvrement et au contrôle des impôts, droits, cotisations et taxes de toute nature ;

4° La tenue du cadastre et la publicité foncière ;

5° Le contrôle et le paiement des dépenses publiques et la production et la valorisation des comptes de l'Etat ainsi que les missions qui leur incombent à l'égard des établissements publics nationaux et établissements publics locaux d'enseignement ;

6° La gestion financière et comptable des collectivités territoriales et de leurs établissements ;

7° La vérification de l'utilisation des fonds publics ;

8° Les opérations de trésorerie de l'Etat, la gestion des fonds déposés auprès de l'Etat et les activités de préposé de la Caisse des dépôts et consignations ;

9° L'acquisition, la gestion et la cession des biens domaniaux ; la tenue de l'inventaire des biens du domaine de l'Etat et de ses établissements publics ; l'établissement de l'assiette et le contrôle des redevances domaniales ainsi que le recouvrement des produits domaniaux de toute nature ; les évaluations domaniales dans les conditions prévues par les lois et règlements ;

10° L'action économique et financière en direction des agents économiques.

Elles traitent, en outre, des questions économiques intéressant la sécurité nationale en application du 2° de l'article R.* 1311-37 du code de la défense.

Article 3

I. – Les directions régionales des finances publiques assurent, dans le département où est situé le chef-lieu de région, la mise en œuvre des missions relevant des directions départementales.

Elles sont chargées en outre, dans le ressort territorial de la région, du contrôle financier déconcentré des administrations de l'Etat, de l'expertise économique et financière des investissements publics, de la tutelle sur les ordres régionaux des experts-comptables, de la délivrance de l'agrément et du suivi des organismes mentionnés aux articles susvisés du code général des impôts qui ont leur siège dans la région, et de la sécurité économique dans les conditions prévues par les articles R.* 1311-24 et R.* 1311-31 susvisés du code de la défense.

Elles concourent, dans le ressort territorial de la région, à la stratégie immobilière de l'Etat et de ses opérateurs.

Elles assurent la mise en œuvre des missions liées à la gestion financière et comptable de la collectivité régionale et de ses établissements.

II. – Outre les missions qu'elle assure dans le ressort territorial du département de la Guadeloupe, la direction régionale des finances publiques de la Guadeloupe exerce les attributions prévues par le décret du 7 mai 2008 susvisé relatif aux attributions de la direction des services fiscaux de la Guadeloupe dans les collectivités de Saint-Barthélemy et de Saint-Martin.

Article 4

Une direction départementale ou régionale des finances publiques peut, lorsque les besoins des usagers ou des enjeux financiers ou fonctionnels le justifient, exercer tout ou partie des missions relevant de la compétence territoriale d'une ou plusieurs autres directions départementales, régionales ou locales dans les domaines suivants :

1° A l'égard des seules personnes physiques, la recherche et la constatation des manquements à la législation fiscale et le contrôle des impositions de toute nature, à l'exception de la mise en œuvre des procédures mentionnées aux articles L. 12 et L. 13 G du livre des procédures fiscales et de l'ensemble des procédures impliquant une intervention sur place.

Une direction départementale ou régionale des finances publiques dont la compétence territoriale est étendue en application de l'alinéa précédent peut voir cette même compétence étendue à l'égard des sociétés ou groupements mentionnés aux articles 8 à 8 quinquies du code général des impôts dont le capital est détenu en tout ou partie par les personnes physiques concernées, quel que soit le lieu de dépôt de déclaration ou d'imposition de ces sociétés ou groupements ;

2° La gestion des immatriculations aux régimes particuliers prévus aux articles 298 sexdecies F à 298 sexdecies H du code général des impôts ainsi que des déclarations de taxe sur la valeur ajoutée y afférentes, du droit à déduction de taxe sur la valeur ajoutée prévu au V bis de l'article 298 sexies du même code, des réclamations et du remboursement des sommes dues dans le cadre de ces régimes, et le recouvrement des droits et pénalités ;

2° bis La réalisation d'actes contribuant à l'établissement des impôts dus par les professionnels ainsi que le contrôle de ces mêmes impôts à l'exception de la mise en œuvre de l'ensemble des procédures impliquant une intervention sur place ;

3° L'enregistrement des actes et la réception des déclarations déposées pour la liquidation des droits d'enregistrement lorsque ces actes et déclarations sont transmis au moyen d'un téléservice mis à disposition par l'administration, ainsi que, pour les impositions y afférentes, le recouvrement des droits et pénalités ;

4° Les opérations de gestion, le traitement des réclamations contentieuses et le recouvrement en matière de droits de timbre dématérialisé et de contributions de toute nature recouvrées par les mêmes moyens, de taxe sur les certificats d'immatriculation des véhicules, de taxes additionnelles et de redevance destinée à couvrir les frais d'acheminement ainsi que de forfait de post-stationnement ;

5° L'encaissement des acomptes prévus au 2° du 2 de l'article 204 A du code général des impôts, des compléments de retenue à la source prévus au 2 du IV de l'article 204 H du même code et des prélèvements prévus à l'article L. 136-6-1 du code de la sécurité sociale ;

6° La gestion des consignations en tant que préposé de la Caisse des dépôts et consignations ;

7° Le traitement et la comptabilisation des versements effectués par le ou les prestataires de l'Etat dans le cadre de l'exercice des missions énumérées au A du I de l'article 201 de la loi n° 2018-1317 du 28 décembre 2018 de finances pour 2019 ;

8° La gestion des patrimoines et biens privés ;

9° Les évaluations domaniales ;

10° La gestion financière et comptable des communes membres d'un établissement public de coopération intercommunale ou de cet établissement, lorsque les communes concernées sont situées dans des départements différents ;

11° La gestion des amendes et des condamnations pécuniaires ;

12° La gestion des immatriculations des opérateurs de plateforme de dématérialisation prévue à l'article 290 B du code général des impôts et, en cas de manquement à leurs obligations, la mise en œuvre des sanctions pécuniaires prévues à leur encontre au IV de l'article 1737 et au II de l'article 1788 D du même code, ainsi que le retrait d'immatriculation prévu à l'article 1788 E de ce code.

Les directions et missions concernées ainsi que la délimitation du ressort territorial dans lequel ces missions sont exercées sont fixées par arrêté du ministre chargé du budget, par arrêté du ministre chargé du domaine s'agissant des missions relevant du 9°, par arrêté conjoint du ministre chargé du budget et du ministre de l'intérieur s'agissant des missions relevant du 8° et par arrêté conjoint du ministre chargé du budget et du garde des sceaux s'agissant des missions relevant du 11°.

Pour l'application du 10°, la direction chargée de la mise en œuvre des missions liées à la gestion financière et comptable de l'établissement public de coopération intercommunale et de celle de l'ensemble des communes membres est celle du siège de l'établissement public, sauf exception prévue par arrêté du ministre chargé du budget.

Article 5

Des directions spécialisées des finances publiques peuvent être créées en vue d'assurer des missions particulières.

I. – Les directions spécialisées des finances publiques en matière de contrôle fiscal en métropole et dans les départements d'outre-mer concourent à l'accomplissement des missions relatives à l'assiette et au contrôle des impôts, droits, cotisations et taxes de toute nature, sans préjudice des compétences des autres services déconcentrés et services à compétence nationale de la direction générale des finances publiques.

II. – Les directions spécialisées des finances publiques en matière comptable assurent des missions particulières relatives au recouvrement des recettes publiques et au paiement des dépenses publiques ainsi qu'à la gestion financière et comptable de certaines collectivités territoriales et de leurs établissements publics.

III. – Pour tenir compte des besoins des usagers ou des enjeux publics financiers et fonctionnels, les directions spécialisées sont créées et organisées par arrêté du ministre chargé du budget. Leur ressort territorial peut, en tant que de besoin, être défini par dérogation aux dispositions de l'article 4 de la loi du 6 février 1992 susvisée afin de tenir compte des besoins des usagers ou d'enjeux financiers ou fonctionnels particuliers.

Article 6

I. – Les directions locales des finances publiques assurent, dans les collectivités d'outre-mer et en Nouvelle-Calédonie, la mise en œuvre des missions mentionnées aux articles 2 et 3, sous réserve des compétences dévolues à ces collectivités et à la Nouvelle-Calédonie.

II. – Les directions locales sont créées et organisées par arrêté du ministre chargé du budget.

Article 6-1

Dans le but de rationaliser les conditions d'exercice des activités de préposé de la Caisse des dépôts et consignations, une direction locale des finances publiques peut assurer les opérations de gestion des consignations relevant de plusieurs directions locales. La liste de ces directions et la délimitation de leur ressort territorial pour lesdites opérations sont fixées par arrêté du ministre chargé du budget.

Article 7

Les directions mentionnées à l'article 1er comprennent des services et des postes comptables, notamment des services des impôts des particuliers et des pôles de recouvrement spécialisé, dont la liste, les attributions, l'organisation et, en tant que de besoin et pour ce qui concerne les missions liées au recouvrement de l'impôt des particuliers, à la publicité foncière et à la gestion financière et comptable des collectivités territoriales et de leurs établissements publics, le ressort territorial sont fixés par arrêté du ministre chargé du budget.

Article 8

Les administrateurs des finances publiques placés à la tête des directions mentionnées à l'article 1er exercent les compétences précédemment attribuées aux trésoriers-payeurs généraux et aux directeurs des services fiscaux par les dispositions législatives et réglementaires en vigueur.

CHAPITRE II : MISE EN ŒUVRE DE LA REFORME RELATIVE AUX SERVICES DECONCENTRES DE LA DIRECTION GENERALE DES FINANCES PUBLIQUES (abrogé)

CHAPITRE III : DISPOSITIONS DIVERSES ET FINALES

Article 16

A la date de création de la direction régionale des finances publiques de l'Ile-de-France et de Paris, est abrogé le décret n° 66-1032 du 29 décembre 1966 portant création de la recette générale des finances de Paris. Au 31 décembre de l'année de cette création, est abrogé le décret n° 68-140 du 10 février 1968 portant création d'une agence comptable des impôts de Paris.

A abrogé les dispositions suivantes : - Décret n° 66-1032 du 29 décembre 1966 Art. 1, Art. 2, Art. 3, Art. 4, Art. 5 - Décret n° 68-140 du 10 février 1968 Art. 1, Art. 2, Art. 3.

Article 17

A la date de création des directions spécialisées mentionnées au II de l'article 10, sont abrogés les décrets n° 66-912 du 7 décembre 1966, n° 79-639 du 27 juillet 1979 et n° 92-1256 du 2 décembre 1992, visés à l'annexe II, en tant qu'ils sont relatifs à la trésorerie générale spécialisée concernée.

A abrogé les dispositions suivantes : - Décret n° 66-912 du 7 décembre 1966 Art. 1, Sct. TITRE Ier : Trésorier-payeur général pour l'étranger., Art. 2, Art. 3, Sct. TITRE II : Payeurs généraux et payeurs auprès des ambassades., Art. 4, Art. 5, Sct. TITRE III : Agents payeurs auprès des postes diplomatiques et consulaires., Art. 6, Art. 7, Sct. TITRE IV : Régisseurs de recettes et d'avances., Art. 8, Art. 9, Sct. TITRE V : Dispositions communes., Art. 10, Art. 11, Art. 12, Art. 13, Art. 14, Art. 15, Art. 16 -Décret n° 92-1256 du 2 décembre 1992 Art. 1, Art. 2, Art. 3, Art. 4, Art. 5, Art. 6, Art. 7, Art. 8.

Article 18

Le décret du 9 mars 1971 relatif à l'organisation des trésoreries des territoires d'outre-mer, visé à l'annexe III, est abrogé à compter de la date de création de la dernière des directions locales mentionnées au I de l'article 11 et issues de la transformation des trésoreries relevant de ce décret.

Article 19

Les dispositions du présent décret sont applicables en Nouvelle-Calédonie, en Polynésie française et dans les îles Wallis et Futuna.

Article 20

La ministre de l'intérieur, de l'outre-mer et des collectivités territoriales, la ministre de l'économie, de l'industrie et de l'emploi, le ministre auprès du Premier ministre, chargé de la mise en œuvre du plan de relance, le ministre du budget, des comptes publics et de la fonction publique et le secrétaire d'Etat chargé de l'outre-mer sont chargés, chacun en ce qui le concerne, de l'exécution du présent décret, qui sera publié au Journal officiel de la République française.

Code général des collectivités territoriales (extraits)

Article L. 1612-1

Dans le cas où le budget d'une collectivité territoriale n'a pas été adopté avant le 1er janvier de l'exercice auquel il s'applique, l'exécutif de la collectivité territoriale est en droit, jusqu'à l'adoption de ce budget, de mettre en recouvrement les recettes et d'engager, de liquider et de mandater les dépenses de la section de fonctionnement dans la limite de celles inscrites au budget de l'année précédente.

Il est en droit de mandater les dépenses afférentes au remboursement en capital des annuités de la dette venant à échéance avant le vote du budget.

En outre, jusqu'à l'adoption du budget ou jusqu'au 15 avril, en l'absence d'adoption du budget avant cette date, l'exécutif de la collectivité territoriale peut, sur autorisation de l'organe délibérant, engager, liquider et mandater les dépenses d'investissement, dans la limite du quart des crédits ouverts au budget de l'exercice précédent, non compris les crédits afférents au remboursement de la dette.

L'autorisation mentionnée à l'alinéa ci-dessus précise le montant et l'affectation des crédits.

Pour les dépenses à caractère pluriannuel incluses dans une autorisation de programme ou d'engagement votée sur des exercices antérieurs, l'exécutif peut les liquider et les mandater dans la limite des crédits de paiement prévus au titre de l'exercice par la délibération d'ouverture de l'autorisation de programme ou d'engagement.

Les crédits correspondants, visés aux alinéas ci-dessus, sont inscrits au budget lors de son adoption. Le comptable est en droit de payer les mandats et recouvrer les titres de recettes émis dans les conditions ci-dessus.

Le présent article s'applique aux régions, sous réserve des dispositions de l'article L. 4312-6.

Article L. 1612-2

Si le budget n'est pas adopté avant le 15 avril de l'exercice auquel il s'applique, ou avant le 30 avril de l'année du renouvellement des organes délibérants, le représentant de l'Etat dans le département saisit sans délai la chambre régionale des comptes qui, dans le mois, et par un avis public, formule des propositions pour le règlement du budget. Le représentant de l'Etat règle le budget et le rend exécutoire. Si le représentant de l'Etat dans le département s'écarte des propositions de la chambre régionale des comptes, il assortit sa décision d'une motivation explicite.

A compter de la saisine de la chambre régionale des comptes et jusqu'au règlement du budget par le représentant de l'Etat, l'organe délibérant ne peut adopter de délibération sur le budget de l'exercice en cours.

Ces dispositions ne sont pas applicables quand le défaut d'adoption résulte de l'absence de communication avant le 31 mars à l'organe délibérant d'informations indispensables à l'établissement du budget. La liste de ces informations est fixée par décret. Dans ce cas, l'organe délibérant dispose de quinze jours à compter de cette communication pour arrêter le budget.

Article L. 1612-4

Le budget de la collectivité territoriale est en équilibre réel lorsque la section de fonctionnement et la section d'investissement sont respectivement votées en équilibre, les recettes et les dépenses ayant été évaluées de façon sincère, et lorsque le prélèvement sur les recettes de la section de fonctionnement au profit de la section d'investissement, ajouté aux recettes propres de cette section, à l'exclusion du produit des emprunts, et éventuellement aux dotations des comptes d'amortissements et de provisions, fournit des ressources suffisantes pour couvrir le remboursement en capital des annuités d'emprunt à échoir au cours de l'exercice.

Article L. 1612-5

Lorsque le budget d'une collectivité territoriale n'est pas voté en équilibre réel, la chambre régionale des comptes, saisie par le représentant de l'Etat dans un délai de trente jours à compter de la transmission prévue aux articles L. 2131-1, L. 3131-1 et L. 4141-1, le constate et propose à la collectivité territoriale, dans un délai de trente jours à compter de la saisine, les mesures nécessaires au rétablissement de l'équilibre budgétaire et demande à l'organe délibérant une nouvelle délibération.

La nouvelle délibération, rectifiant le budget initial, doit intervenir dans un délai d'un mois à partir de la communication des propositions de la chambre régionale des comptes.

Si l'organe délibérant ne s'est pas prononcé dans le délai prescrit, ou si la délibération prise ne comporte pas de mesures de redressement jugées suffisantes par la chambre régionale des comptes, qui se prononce sur ce point dans un délai de quinze jours à partir de la transmission de la nouvelle délibération, le budget est réglé et rendu exécutoire par le représentant de l'Etat dans le département. Si celui-ci s'écarte des propositions formulées par la chambre régionale des comptes, il assortit sa décision d'une motivation explicite.

Article L. 1612-6

Toutefois, pour l'application de l'article L. 1612-5, n'est pas considéré comme étant en déséquilibre le budget dont la section de fonctionnement comporte ou reprend un excédent et dont la section d'investissement est en équilibre réel, après reprise pour chacune des sections des résultats apparaissant au compte administratif de l'exercice précédent.

Article L. 1612-7

A compter de l'exercice 1997, pour l'application de l'article L. 1612-5, n'est pas considéré comme étant en déséquilibre le budget de la commune dont la section de fonctionnement comporte ou reprend un excédent reporté par décision du conseil municipal ou dont la section d'investissement comporte un excédent, notamment après inscription des dotations aux amortissements et aux provisions exigées.

Article L. 1612-8

Le budget primitif de la collectivité territoriale est transmis au représentant de l'Etat dans le département au plus tard quinze jours après le délai limite fixé pour son adoption par les articles L. 1612-2 et L. 1612-9.A défaut, il est fait application des dispositions de l'article L. 1612-2.

Article L. 1612-9

A compter de la saisine de la chambre régionale des comptes et jusqu'au terme de la procédure prévue à l'article L. 1612-5, l'organe délibérant ne peut se prononcer en matière budgétaire, sauf pour la délibération prévue au deuxième alinéa de l'article L. 1612-5 et pour l'application de l'article L. 1612-12.

Lorsque le budget d'une collectivité territoriale a été réglé et rendu exécutoire par le représentant de l'Etat dans le département, les budgets supplémentaires afférents au même exercice sont transmis par le représentant de l'Etat à la chambre régionale des comptes. En outre, le vote de l'organe délibérant sur le compte administratif prévu à l'article L. 1612-12 intervient avant le vote du budget primitif afférent à l'exercice suivant. Lorsque le compte administratif adopté dans les conditions ci-dessus mentionnées fait apparaître un déficit dans l'exécution du budget, ce déficit est reporté au budget primitif de l'exercice suivant. Ce budget primitif est transmis à la chambre régionale des comptes par le représentant de l'Etat dans le département.

S'il est fait application de la procédure définie à l'alinéa ci-dessus, les dates fixées au premier alinéa de l'article L. 1612-2 pour l'adoption du budget primitif sont reportées respectivement au 1er juin et au 15 juin. Dans ce cas, le délai limite de la transmission du compte de gestion du comptable prévu à l'article L. 1612-12 est ramené au 1er mai.

Article L. 1612-10

La transmission du budget de la collectivité territoriale à la chambre régionale des comptes au titre des articles L. 1612-5 et L. 1612-14 a pour effet de suspendre l'exécution de ce budget jusqu'au terme de la procédure. Toutefois, sont applicables à compter de cette transmission les dispositions de l'article L. 1612-1. En outre, les dépenses de la section d'investissement de ce budget peuvent être engagées, liquidées et mandatées dans la limite de la moitié des crédits inscrits à ce titre.

Article L. 1612-11

Sous réserve du respect des dispositions des articles L. 1612-1, L. 1612-9 et L. 1612-10, des modifications peuvent être apportées au budget par l'organe délibérant, jusqu'au terme de l'exercice auquel elles s'appliquent.

Dans le délai de vingt et un jours suivant la fin de l'exercice budgétaire, l'organe délibérant peut, en outre, apporter au budget les modifications permettant d'ajuster les crédits de la section de fonctionnement pour régler les dépenses engagées avant le 31 décembre et inscrire les crédits nécessaires à la réalisation des opérations d'ordre de chacune des deux sections du budget ou entre les deux sections.

Les délibérations relatives aux modifications budgétaires prévues à l'alinéa précédent doivent être transmises au représentant de l'Etat au plus tard cinq jours après le délai limite fixé pour leur adoption. Les mandatements découlant des modifications budgétaires ainsi décidées doivent être achevés au plus tard le 31 janvier suivant l'exercice auquel ils se rapportent.

Article L. 1612-12

L'arrêté des comptes de la collectivité territoriale est constitué par le vote de l'organe délibérant sur le compte administratif présenté selon le cas par le maire, le président du conseil départemental ou le président du conseil régional après transmission, au plus tard le 1er juin de l'année suivant l'exercice, du compte de gestion établi par le comptable de la collectivité territoriale. Le vote de l'organe délibérant arrêtant les comptes doit intervenir au plus tard le 30 juin de l'année suivant l'exercice.

Le compte administratif est arrêté si une majorité des voix ne s'est pas dégagée contre son adoption.

Lorsque le compte administratif fait l'objet d'un rejet par l'assemblée délibérante, le projet de compte administratif joint à la délibération de rejet tel que présenté selon le cas par le maire, le président du conseil départemental ou le président du conseil régional, s'il est conforme au compte de gestion établi par le comptable, après avis rendu sous un mois par la chambre régionale des comptes, saisie sans délai par le représentant de l'Etat, est substitué au compte administratif pour la mise en oeuvre des dispositions prévues aux articles L. 1424-35, L. 2531-13 et L. 4434-9 et pour la liquidation des attributions au titre du Fonds de compensation pour la taxe sur la valeur ajoutée prévue à l'article L. 1615-6.

Article L. 1612-13

Le compte administratif est transmis au représentant de l'Etat dans le département au plus tard quinze jours après le délai limite fixé pour son adoption par les articles L. 1612-9 et L. 1612-12.

A défaut, le représentant de l'Etat saisit, selon la procédure prévue par l'article L. 1612-5, la chambre régionale des comptes du plus proche budget voté par la collectivité territoriale.

Article L. 1612-14

Lorsque l'arrêté des comptes des collectivités territoriales fait apparaître dans l'exécution du budget, après vérification de la sincérité des inscriptions de recettes et de dépenses, un déficit égal ou supérieur à 10 % des recettes de la section de fonctionnement s'il s'agit d'une commune de moins de 20 000 habitants et à 5 % dans les autres cas, la chambre régionale des comptes, saisie par le représentant de l'Etat, propose à la collectivité territoriale les mesures nécessaires au rétablissement de l'équilibre budgétaire, dans le délai d'un mois à compter de cette saisine.

Lorsque le budget d'une collectivité territoriale a fait l'objet des mesures de redressement prévues à l'alinéa précédent, le représentant de l'Etat dans le département transmet à la chambre régionale des comptes le budget primitif afférent à l'exercice suivant.

Si, lors de l'examen de ce budget primitif, la chambre régionale des comptes constate que la collectivité territoriale n'a pas pris de mesures suffisantes pour résorber ce déficit, elle propose les mesures nécessaires au représentant de l'Etat dans le département dans un délai d'un mois à partir de la transmission prévue à l'alinéa précédent. Le représentant de l'Etat règle le budget et le rend exécutoire après application éventuelle, en ce qui concerne les communes, des dispositions de l'article L. 2335-2.S'il s'écarte des propositions formulées par la chambre régionale des comptes, il assortit sa décision d'une motivation explicite.

En cas de mise en oeuvre des dispositions des alinéas précédents, la procédure prévue à l'article L. 1612-5 n'est pas applicable.

Article L. 1612-15

Ne sont obligatoires pour les collectivités territoriales que les dépenses nécessaires à l'acquittement des dettes exigibles et les dépenses pour lesquelles la loi l'a expressément décidé.

La chambre régionale des comptes saisie, soit par le représentant de l'Etat dans le département, soit par le comptable public concerné, soit par toute personne y ayant intérêt, constate qu'une dépense obligatoire n'a pas été inscrite au budget ou l'a été pour une somme insuffisante. Elle opère cette constatation dans le délai d'un mois à partir de sa saisine et adresse une mise en demeure à la collectivité territoriale concernée.

Si, dans un délai d'un mois, cette mise en demeure n'est pas suivie d'effet, la chambre régionale des comptes demande au représentant de l'Etat d'inscrire cette dépense au budget et propose, s'il y a lieu, la création de ressources ou la diminution de dépenses facultatives destinées à couvrir la dépense obligatoire. Le représentant de l'Etat dans le département règle et rend exécutoire le budget rectifié en conséquence. S'il s'écarte des propositions formulées par la chambre régionale des comptes, il assortit sa décision d'une motivation explicite.

Article L. 1612-16

A défaut de mandatement d'une dépense obligatoire par le maire, le président du conseil départemental ou le président du conseil régional suivant le cas, dans le mois suivant la mise en demeure qui lui en a été faite par le représentant de l'Etat dans le département, celui-ci y procède d'office.

Le délai prévu à l'alinéa précédent est porté à deux mois si la dépense est égale ou supérieure à 5 % de la section de fonctionnement du budget primitif.

Article L. 1617-1

Le comptable de la commune, du département ou de la région est un comptable public de l'Etat ayant la qualité de comptable principal.

Il est nommé par le ministre chargé du budget après information préalable, selon le cas, du ou des maires concernés, du président du conseil départemental ou du président du conseil régional.

Le comptable de la région et du département ne peut être chargé des fonctions de comptable de l'Etat.

Article L. 1617-2

Le comptable d'une commune, d'un département ou d'une région ne peut subordonner ses actes de paiement à une appréciation de l'opportunité des décisions prises par l'ordonnateur.

Son contrôle se limite à vérifier qu'il dispose au moment du paiement de l'ensemble des pièces requises au titre de la nomenclature des pièces justificatives et que les pièces sont, d'une part, complètes et précises, d'autre part, cohérentes au regard de la catégorie de la dépense définie dans la nomenclature applicable et de la nature et de l'objet de la dépense telle qu'elle a été ordonnancée.

A défaut, il suspend le paiement et en informe, par décision motivée, l'ordonnateur.

Article L. 1617-3

Lorsque le comptable de la commune, du département ou de la région notifie sa décision de suspendre le paiement d'une dépense, le maire, le président du conseil départemental ou le président du conseil régional peut lui adresser un ordre de réquisition. Il s'y conforme aussitôt, sauf en cas d'insuffisance de fonds disponibles, de dépense ordonnancée sur des crédits irrégulièrement ouverts ou insuffisants ou sur des crédits autres que ceux sur lesquels elle devrait être imputée, d'absence totale de justification du service fait et de défaut de caractère libératoire du règlement ainsi qu'en cas d'absence de caractère exécutoire des actes pris selon les cas par les autorités communales, les autorités départementales ou les autorités régionales.

L'ordre de réquisition est notifié à la chambre régionale des comptes qui le transmet à la Cour des comptes.

En cas de réquisition, l'ordonnateur est justiciable de la Cour des comptes, en application des dispositions de l'article L. 131-1.

La liste des pièces justificatives que le comptable peut exiger avant de procéder au paiement est fixée par décret.

Article L. 1617-4

Le présent chapitre est applicable aux établissements publics des collectivités territoriales.

Article L. 1617-5

Les dispositions du présent article s'appliquent également aux établissements publics de santé.

1° En l'absence de contestation, le titre de recettes individuel ou collectif émis par la collectivité territoriale ou l'établissement public local permet l'exécution forcée d'office contre le débiteur.

Toutefois, l'introduction devant une juridiction de l'instance ayant pour objet de contester le bien-fondé d'une créance assise et liquidée par une collectivité territoriale ou un établissement public local suspend la force exécutoire du titre.

L'action dont dispose le débiteur d'une créance assise et liquidée par une collectivité territoriale ou un établissement public local pour contester directement devant la juridiction compétente le bien-fondé de ladite créance se prescrit dans le délai de deux mois à compter de la réception du titre exécutoire ou, à défaut, du premier acte procédant de ce titre ou de la notification d'un acte de poursuite.

2° La contestation qui porte sur la régularité d'un acte de poursuite est présentée selon les modalités prévues à l'article L. 281 du livre des procédures fiscales. La revendication par une tierce personne d'objets saisis s'effectue selon les modalités prévues à l'article L. 283 du même livre.

3° L'action des comptables publics chargés de recouvrer les créances des régions, des départements, des communes et des établissements publics locaux se prescrit par quatre ans à compter de la prise en charge du titre de recettes.

Le délai de quatre ans mentionné à l'alinéa précédent est interrompu par tous actes comportant reconnaissance de la part des débiteurs et par tous actes interruptifs de la prescription.

4° Quelle que soit sa forme, une ampliation du titre de recettes individuel ou de l'extrait du titre de recettes collectif est adressée au redevable. L'envoi sous pli simple ou par voie électronique au redevable de cette ampliation à l'adresse qu'il a lui-même fait connaître à la collectivité territoriale, à l'établissement public local ou au comptable public vaut notification de ladite ampliation.

En application des articles L. 111-2 et L. 212-1 du code des relations entre le public et l'administration, le titre de recettes individuel ou l'extrait du titre de recettes collectif mentionne les nom, prénoms et qualité de la personne qui l'a émis ainsi que les voies et délais de recours.

Seul le bordereau de titres de recettes est signé pour être produit en cas de contestation.

5° Lorsque le redevable n'a pas effectué le versement qui lui était demandé à la date limite de paiement, le comptable public lui adresse la mise en demeure de payer prévue à l'article L. 257 du livre des procédures fiscales avant la notification du premier acte d'exécution forcée devant donner lieu à des frais.

Lorsque la mise en demeure de payer n'a pas été suivie de paiement, le comptable public peut, à l'expiration d'un délai de huit jours suivant sa notification, engager des poursuites devant donner lieu à des frais mis à la charge du redevable dans les conditions fixées à l'article 1912 du code général des impôts.

6° Pour les créances d'un montant inférieur à 15 000 €, la mise en demeure de payer mentionnée au 5° est précédée d'une lettre de relance adressée par le comptable public ou d'une phase comminatoire, par laquelle il demande à un huissier de justice d'obtenir du redevable qu'il s'acquitte auprès de lui du montant de sa dette.

Les frais de recouvrement sont versés directement par le redevable à l'huissier de justice. Le montant des frais, qui restent acquis à l'huissier de justice, est calculé selon un taux proportionnel aux sommes recouvrées fixé par arrêté conjoint du ministre chargé du budget et du ministre de la justice.

Lorsque la lettre de relance ou la phase comminatoire n'a pas été suivie de paiement, le comptable public peut adresser une mise en demeure de payer. Dans ce cas, l'exécution forcée des poursuites donnant lieu à des frais peut être engagée à l'expiration d'un délai de huit jours suivant la notification de la mise en demeure de payer.

7° Le recouvrement par les comptables publics compétents des titres rendus exécutoires dans les conditions prévues au présent article peut être assuré par voie de saisie administrative à tiers détenteur dans les conditions prévues à l'article L. 262 du livre des procédures fiscales.

8° Les comptables publics compétents chargés du recouvrement d'une créance assise et liquidée par une collectivité territoriale ou ses établissements publics peuvent obtenir sans que le secret professionnel ne puisse leur être opposé, les informations et renseignements nécessaires à l'exercice de cette mission.

Ce droit de communication s'exerce quel que soit le support utilisé pour la conservation de ces informations ou renseignements.

Les renseignements et informations communiqués aux comptables visés au premier alinéa sont ceux relatifs à l'état civil des débiteurs, à leur domicile, aux nom et adresse de leur employeur et des établissements ou organismes auprès desquels un compte de dépôt est ouvert à leur nom, aux nom et adresse des organismes ou particuliers qui détiennent des fonds et valeurs pour leur compte, à l'immatriculation de leur véhicule.

Ces renseignements et informations peuvent être sollicités auprès des collectivités territoriales et de leurs établissements publics locaux, des administrations et entreprises publiques, des établissements et organismes de sécurité sociale, ainsi que des organismes ou particuliers assurant des prestations de services à caractère juridique, financier ou comptable, ou la détention de biens ou de fonds pour le compte de débiteurs.

En complément de ce droit de communication, les comptables publics compétents chargés du recouvrement d'une créance dont l'assiette est établie et qui est liquidée par une collectivité territoriale ou l'un de ses établissements publics disposent d'un droit d'accès aux fichiers utilisés par les services en charge de l'établissement de l'assiette et du recouvrement des impôts.

9° Les créances recouvrées selon les dispositions du présent article peuvent faire l'objet d'une assistance en matière de recouvrement ou de prises de mesures conservatoires, de notification d'actes ou de décisions, y compris judiciaires, et d'échange de renseignements auprès des Etats membres de l'Union européenne dans les conditions prévues aux articles L. 283 A à L. 283 F du livre des procédures fiscales.

Code monétaire et financier (extraits)

Article L. 121-3

La Monnaie de Paris est un établissement public de l'Etat à caractère industriel et commercial. Cet établissement est chargé :

1° A titre exclusif, de fabriquer pour le compte de l'Etat les pièces métalliques mentionnées à l'article L. 121-2 ;

2° De fabriquer et commercialiser pour le compte de l'Etat les monnaies de collection françaises ayant cours légal et pouvoir libératoire ;

3° De lutter contre la contrefaçon des pièces métalliques et procéder à leur expertise et à leur contrôle, dans les conditions prévues à l'article L. 162-2 ;

4° De fabriquer et commercialiser les instruments de marque, les poinçons de garantie métalliques des matières d'or, d'argent et de platine, les monnaies métalliques courantes étrangères, les monnaies de collection étrangères ainsi que les décorations ;

5° De conserver, protéger, restaurer et présenter au public ses collections historiques et mettre en valeur le patrimoine immobilier historique dont il a la gestion, par tout moyen approprié ;

5° bis De valoriser le patrimoine immobilier dont il est propriétaire et, à ce titre, de réaliser notamment des opérations immobilières ou des activités d'investissement immobilier ;

6° De préserver, développer et transmettre son savoir-faire artistique et technique ; il peut à ce titre, et en complément de ses autres missions, fabriquer et commercialiser des médailles, jetons, fontes, bijoux et autres objets d'art ainsi que tous produits en lien avec ses activités.

La Monnaie de Paris peut, pour garantir des coûts compétitifs, assurer en tout ou partie la fabrication des flans nécessaires à la frappe des monnaies métalliques.

La Monnaie de Paris est habilitée à exercer l'ensemble de ses missions et toutes activités connexes s'y rattachant directement ou indirectement, par elle-même ou par le biais de filiales et prises de participations.

Article L. 141-1

La Banque de France fait partie intégrante du Système européen de banques centrales, institué par l'article 8 du traité instituant la Communauté européenne, et participe à l'accomplissement des missions et au respect des objectifs qui sont assignés à celui-ci par le traité.

Dans ce cadre, et sans préjudice de l'objectif principal de stabilité des prix, la Banque de France apporte son soutien à la politique économique générale du Gouvernement.

Dans l'exercice des missions qu'elle accomplit à raison de sa participation au Système européen de banques centrales, la Banque de France, en la personne de son gouverneur ou de ses sous-gouverneurs, ne peut ni solliciter ni accepter d'instructions du Gouvernement ou de toute personne.

Article L. 141-2

Dans les conditions fixées par les statuts du Système européen de banques centrales, et notamment l'article 30 du protocole sur les statuts du Système européen de banques centrales et de la Banque centrale européenne, relatif au transfert d'avoirs de réserve de change à la Banque centrale européenne, et l'article 31 dudit protocole relatif à la gestion des avoirs de réserve de change détenus par les banques centrales nationales, la Banque de France détient et gère les réserves de change de l'Etat en or et en devises et les inscrit à l'actif de son bilan selon des modalités précisées dans une convention qu'elle conclut avec l'Etat.

Dans le respect des dispositions de l'article 111 du traité instituant la Communauté européenne, notamment relatives aux instances internationales dans lesquelles les Etats membres peuvent négocier et aux accords internationaux qu'ils peuvent conclure, ainsi que dans le respect de l'article 6, paragraphe 2, du protocole sur les statuts du Système européen de banques centrales et de la Banque centrale européenne, relatif aux institutions monétaires internationales auxquelles la Banque centrale européenne et, sous réserve de son accord, les banques centrales nationales sont habilitées à participer, la Banque de France peut participer, avec l'autorisation du ministre chargé de l'économie, à des accords monétaires internationaux.

Article L. 141-3

Il est interdit à la Banque de France d'autoriser des découverts ou d'accorder tout autre type de crédit au Trésor public ou à tout autre organisme ou entreprise publics. L'acquisition directe par la Banque de France de titres de leur dette est également interdite.

Des conventions établies entre l'Etat et la Banque de France précisent, le cas échéant, les conditions de remboursement des avances consenties au Trésor public par la Banque de France, avant le 1er janvier 1994.

Les dispositions du premier alinéa ne s'appliquent pas aux établissements de crédit publics qui, dans le cadre de la mise à disposition de liquidités par la Banque de France, bénéficient du même traitement que les établissements de crédit privés.

Article L. 141-4

I. – La Banque de France veille au bon fonctionnement et à la sécurité des systèmes de paiement dans le cadre de la mission du Système européen de banques centrales relative à la promotion du bon fonctionnement des systèmes de paiement prévue par l'article 105, paragraphe 2 du traité instituant la Communauté européenne.

L'opposabilité aux tiers et la mise en oeuvre des droits des banques centrales nationales membres du Système européen de banques centrales et de la Banque centrale européenne sur les instruments financiers, effets, créances ou sommes d'argent nantis, cédés en propriété ou autrement constitués en garantie à leur profit ne sont pas affectées par l'ouverture des procédures prévues au livre VI du code de commerce ou toute procédure judiciaire ou amiable équivalente sur le fondement d'un droit étranger, ni par aucune procédure civile d'exécution prise sur le fondement du droit français ou d'un droit étranger, ni par l'exercice d'un droit d'opposition.

Nonobstant toute disposition ou stipulation contraire, aucun droit de compensation ne peut engendrer l'extinction, en tout ou partie, des créances remises en garantie à une banque centrale membre du Système européen de banques centrales.

La Banque de France s'assure de la sécurité des moyens de paiement tels que définis à l'article L. 311-3, autres que la monnaie fiduciaire, et de la pertinence des normes applicables en la matière. Si elle estime qu'un de ces moyens de paiement présente des garanties de sécurité insuffisantes, elle peut recommander à son émetteur de prendre toutes mesures destinées à y remédier. Si ces recommandations n'ont pas été suivies d'effet, elle peut, après avoir recueilli les observations de l'émetteur, décider de formuler un avis négatif publié au Journal officiel.

Pour l'exercice de ces missions, la Banque de France procède aux expertises et se fait communiquer, par l'émetteur ou par toute personne intéressée, les informations utiles concernant les moyens de paiement et les terminaux ou les dispositifs techniques qui leur sont associés.

Il est institué un Observatoire de la sécurité des moyens de paiement, qui regroupe des parlementaires, des représentants des administrations concernées, des émetteurs de moyens de paiement, des opérateurs de systèmes de paiement, des associations de commerçants, des associations d'entreprises et des associations de consommateurs. L'Observatoire de la sécurité des moyens de paiement assure, en particulier, le suivi des mesures de sécurisation entreprises par les émetteurs, les commerçants et les entreprises, l'établissement de statistiques de la fraude et une veille technologique en matière de moyens de paiement, avec pour objet de proposer des moyens de lutter contre les atteintes à la sécurité des moyens de paiement. Le secrétariat de l'observatoire est assuré par la Banque de France. Le président est désigné parmi ses membres. Un décret en Conseil d'Etat précise sa composition et ses compétences.

L'observatoire établit chaque année un rapport d'activité remis au ministre chargé de l'économie, des finances et de l'industrie et transmis au Parlement.

L'observatoire comprend parmi ses membres un député et un sénateur.

II. – Dans le cadre des missions du Système européen de banques centrales, et sans préjudice des compétences de l'Autorité des marchés financiers et de l'Autorité de contrôle prudentiel et de résolution, la Banque de France veille à la sécurité des chambres de compensation définies à l'article L. 440-1 et des systèmes de règlement et de livraison d'instruments financiers.

III. – La Banque de France procède à des contrôles sur pièces et sur place pour l'exercice des missions mentionnées au premier alinéa du I et au II. Elle effectue des expertises et se fait communiquer par les chambres de compensation et par les gestionnaires des systèmes de paiement ou de règlement et de livraison d'instruments financiers les informations et les documents utiles à l'exercice de ces missions.

Dans le cas où un rapport est établi, le projet de rapport est porté à la connaissance des dirigeants de la chambre de compensation ou du gestionnaire du système contrôlé, qui peuvent faire part de leurs observations, dont il est fait état dans le rapport définitif. Les recommandations formulées par la Banque de France, ainsi que toute autre information transmise à la chambre de compensation ou au gestionnaire du système contrôlé, ne peuvent être communiquées à des tiers, en dehors des cas où la loi le prévoit, sans l'accord préalable de la Banque de France.

Article L. 141-5

En application de l'article 106, paragraphe I, du traité instituant la Communauté européenne, accordant à la Banque centrale européenne le monopole d'autorisation d'émission de billets de banque dans la Communauté, la Banque de France est seule habilitée, sur le territoire de la France métropolitaine, à émettre les billets ayant cours légal.

La Banque de France doit verser à l'Etat le solde non présenté à ses guichets de types de billets libellés en francs retirés de la circulation.

La Banque de France a pour mission d'assurer l'entretien de la monnaie fiduciaire et de gérer la bonne qualité de sa circulation sur l'ensemble du territoire.

Article L. 141-5-1

La Banque de France veille, conjointement avec le Haut Conseil de stabilité financière, à la stabilité du système financier. Elle contribue à la mise en œuvre des décisions de ce haut conseil.

Article L. 141-6

I. – La Banque de France est habilitée à se faire communiquer par les établissements de crédit, les sociétés de financement, les établissements de monnaie électronique, les intermédiaires en financement participatif, les entreprises mentionnées au II de l'article L. 511-7 et aux articles L. 521-3, L. 525-4 et L. 525-5, les établissements de paiement, les entreprises d'investissement, les OPCVM, les FIA relevant des paragraphes 1, 2 et 6 de la sous-section 2, du paragraphe 2 ou du sous-paragraphe 1 du paragraphe 1 de la sous-section 3, et de la sous-section 4 de la section 2 du chapitre IV du titre Ier du livre II ou leurs sociétés de gestion de portefeuille, les compagnies financières holding, les entreprises d'assurance et de réassurance et les fonds de retraite professionnelle supplémentaire régis par le code des assurances tous documents et renseignements qui lui sont nécessaires pour l'exercice de ses missions fondamentales.

La Banque de France est habilitée à se faire communiquer par les entreprises non financières tous documents et renseignements, y compris les données nécessaires à la compréhension des impacts, des risques et des opportunités de leurs activités au regard des enjeux de durabilité, qui lui sont nécessaires pour l'exercice de ses missions mentionnées au premier alinéa du présent I.

II. – La Banque de France établit la balance des paiements et la position extérieure de la France. Elle contribue à l'élaboration de la balance des paiements et de la position extérieure globale de la zone euro dans le cadre des missions du Système européen de banques centrales, ainsi qu'à l'élaboration des statistiques de l'Union européenne en matière de balance des paiements, de commerce international des services et d'investissement direct étranger.

La Banque de France assure également le suivi du financement des entreprises non financières, y compris la mesure de l'exposition de ces entreprises aux risques climatiques.

III. – Un décret fixe les sanctions applicables en cas de manquement aux obligations déclaratives mentionnées aux I et II.

IV. – La Banque de France, l'Institut national de la statistique et des études économiques et les services statistiques ministériels se transmettent, dans le respect des dispositions légales applicables, les données qui leur sont nécessaires pour l'exercice de leurs missions respectives. Les modalités de transmission font l'objet de conventions.

Les agents de l'administration des impôts peuvent communiquer à la Banque de France les renseignements qu'ils détiennent et qui sont nécessaires à l'accomplissement des missions mentionnées au II.

Article L. 141-6-1

Lorsque la Banque de France a connaissance, dans l'exercice de ses missions, d'une situation d'urgence définie à l'article L. 613-20-5, elle alerte dès que possible l'Autorité de contrôle prudentiel et de résolution et, le cas échéant, les autorités compétentes concernées au sens du 40 du paragraphe 1 de l'article 4 du règlement (UE) n° 575/2013 du Parlement européen et du Conseil du 26 juin 2013, ainsi que l'Autorité bancaire européenne.

Article L. 142-1

La Banque de France est une institution dont le capital appartient à l'Etat.

Article L. 518-1

Ne sont pas soumis aux dispositions des chapitres Ier à VII du présent titre : le Trésor public, la Banque de France, La Poste, dans les conditions définies à l'article L. 518-25, l'institut d'émission des départements d'outre-mer, l'institut d'émission d'outre-mer et la Caisse des dépôts et consignations.

Ces institutions et services peuvent effectuer les opérations de banque prévues par les dispositions législatives et réglementaires qui les régissent.

Les arrêtés du ministre chargé de l'économie pris en application des articles L. 611-1, L. 611-3, L. 611-4 ainsi que les règlements de l'Autorité des normes comptables peuvent, sous réserve des adaptations nécessaires et dans des conditions fixées par décret en Conseil d'Etat, être étendus à La Poste, dans les conditions définies à l'article L. 518-25, et aux comptables publics compétents.

Article L. 518-2

La Caisse des dépôts et consignations et ses filiales constituent un groupe public au service de l'intérêt général et du développement économique du pays. Ce groupe remplit des missions d'intérêt général en appui des politiques publiques conduites par l'Etat et les collectivités territoriales et peut exercer des activités concurrentielles.

La Caisse des dépôts et consignations est un établissement spécial chargé d'administrer les dépôts et les consignations, d'assurer les services relatifs aux caisses ou aux fonds dont la gestion lui a été confiée et d'exercer les autres attributions de même nature qui lui sont légalement déléguées. Elle est chargée de la protection de l'épargne populaire, du financement du logement social et de la gestion d'organismes de retraite. Elle contribue également au développement économique local et national, particulièrement dans les domaines de l'emploi, de la politique de la ville, de la lutte contre l'exclusion bancaire et financière, de la création d'entreprise et du développement durable.

La Caisse des dépôts et consignations est un investisseur de long terme et contribue, dans le respect de ses intérêts patrimoniaux, au développement des entreprises.

La Caisse des dépôts et consignations est placée, de la manière la plus spéciale, sous la surveillance et la garantie de l'autorité législative.

Elle est organisée par décret en Conseil d'Etat, pris sur la proposition de la commission de surveillance.

Article L. 518-2-1

La Caisse des dépôts et consignations peut émettre les titres de créance visés au 2 du II de l'article L. 211-1.

Article L. 518-3

Les décrets dont la mise en oeuvre exige le concours de la Caisse des dépôts et consignations sont pris sur le rapport ou avec l'intervention du ministre chargé de l'économie, après avis de la commission de surveillance.

Loi n° 68-1250 du 31 décembre 1968 relative à la prescription des créances sur l'Etat, les départements, les communes et les établissements publics

Article 1

Sont prescrites, au profit de l'Etat, des départements et des communes, sans préjudice des déchéances particulières édictées par la loi, et sous réserve des dispositions de la présente loi, toutes créances qui n'ont pas été payées dans un délai de quatre ans à partir du premier jour de l'année suivant celle au cours de laquelle les droits ont été acquis.

Sont prescrites, dans le même délai et sous la même réserve, les créances sur les établissements publics dotés d'un comptable public.

Article 2

La prescription est interrompue par :

Toute demande de paiement ou toute réclamation écrite adressée par un créancier à l'autorité administrative, dès lors que la demande ou la réclamation a trait au fait générateur, à l'existence, au montant ou au paiement de la créance, alors même que l'administration saisie n'est pas celle qui aura finalement la charge du règlement.

Tout recours formé devant une juridiction, relatif au fait générateur, à l'existence, au montant ou au paiement de la créance, quel que soit l'auteur du recours et même si la juridiction saisie est incompétente pour en connaître, et si l'administration qui aura finalement la charge du règlement n'est pas partie à l'instance ;

Toute communication écrite d'une administration intéressée, même si cette communication n'a pas été faite directement au créancier qui s'en prévaut, dès lors que cette communication a trait au fait générateur, à l'existence, au montant ou au paiement de la créance ;

Toute émission de moyen de règlement, même si ce règlement ne couvre qu'une partie de la créance ou si le créancier n'a pas été exactement désigné.

Un nouveau délai de quatre ans court à compter du premier jour de l'année suivant celle au cours de laquelle a eu lieu l'interruption. Toutefois, si l'interruption résulte d'un recours juridictionnel, le nouveau délai court à partir du premier jour de l'année suivant celle au cours de laquelle la décision est passée en force de chose jugée.

Article 2-1

La prescription est suspendue à compter du jour où, après la survenance d'un litige, les parties conviennent de recourir à la médiation ou, à défaut d'accord écrit, à compter de la première réunion de médiation.

La suspension de la prescription ne peut excéder une durée de six mois.

Les délais de prescription courent à nouveau, pour une durée qui ne peut être inférieure à six mois, à compter de la date à laquelle soit l'une au moins des parties, soit le médiateur déclare que la médiation est terminée.

Le présent article ne s'applique qu'aux médiations intervenant selon les modalités définies au chapitre III du titre Ier du livre II du code de justice administrative.

Article 3

La prescription ne court ni contre le créancier qui ne peut agir, soit par lui-même ou par l'intermédiaire de son représentant légal, soit pour une cause de force majeure, ni contre celui qui peut être légitimement regardé comme ignorant l'existence de sa créance ou de la créance de celui qu'il représente légalement.

Article 4

Les dispositions de la présente loi ne s'appliquent pas en matière de remboursement de dépôts et de consignations, non plus qu'aux intérêts des sommes déposées ou consignées.

Article 5

Les créances au paiement desquelles il a été fait opposition entre les mains d'un comptable public ne sont plus soumises à la prescription à partir de la date de l'opposition.

Article 6

Les autorités administratives ne peuvent renoncer à opposer la prescription qui découle de la présente loi.

Toutefois, par décision des autorités administratives compétentes, les créanciers de l'Etat peuvent être relevés en tout ou en partie de la prescription, à raison de circonstances particulières et notamment de la situation du créancier.

La même décision peut être prise en faveur des créanciers des départements, des communes et des établissements publics, par délibérations prises respectivement par les conseils départementaux, les conseils municipaux et les conseils ou organes chargés des établissements publics. Ces délibérations doivent être motivées et être approuvées par l'autorité compétente pour approuver le budget de la collectivité intéressée.

Article 7

L'Administration doit, pour pouvoir se prévaloir, à propos d'une créance litigieuse, de la prescription prévue par la présente loi, l'invoquer avant que la juridiction saisie du litige au premier degré se soit prononcée sur le fond.

En aucun cas, la prescription ne peut être invoquée par l'Administration pour s'opposer à l'exécution d'une décision passée en force de chose jugée.

Article 8

La juridiction compétente pour connaître de la demande à laquelle la prescription est opposée, en vertu de la présente loi, est compétente pour statuer sur l'exception de prescription.

Article 9

Les dispositions de la présente loi sont applicables aux créances nées antérieurement à la date de son entrée en vigueur et non encore atteintes de déchéance à cette même date.

Les causes d'interruption et de suspension prévues aux articles 2 et 3, survenues avant cette date, produisent effet à l'égard de ces mêmes créances.

Article 10

Sont abrogées toutes dispositions contraires à celles de la présente loi et notamment les articles 9, 9 bis et 10 de la loi modifiée du 29 janvier 1831.

Article 11

I. – Les dispositions de la présente loi sont applicables aux créances mentionnées à l'article 1er sur les collectivités de Mayotte, de Saint-Barthélemy, de Saint-Martin et de Saint-Pierre-et-Miquelon ainsi qu'aux créances sur les établissements publics de ces mêmes collectivités.

II. – Les dispositions de la présente loi sont applicables en Nouvelle-Calédonie et dans les îles Wallis et Futuna sous réserve des adaptations suivantes :

1° Pour l'application de la présente loi en Nouvelle-Calédonie, la référence aux départements est remplacée par la référence à la Nouvelle-Calédonie, aux provinces, à leurs établissements publics et aux établissements publics interprovinciaux ;

2° Abrogé

3° Pour l'application de la présente loi dans les îles Wallis et Futuna, la référence aux départements est remplacée par la référence au territoire, à ses établissements publics et aux circonscriptions.

III. – En Polynésie française :

1° La présente loi est, conformément au 7° de l'article 7 de la loi organique n° 2004-192 du 27 février 2004 portant statut d'autonomie de la Polynésie française, applicable de plein droit aux administrations de l'Etat et de ses établissements publics et à celles des communes et de leurs établissements publics ;

2° Les dispositions de la présente loi en vigueur en Polynésie française à la date de publication de l'ordonnance n° 2009-536 du 14 mai 2009 portant diverses dispositions d'adaptation du droit de l'outre-mer demeurent applicables aux administrations de la Polynésie française et de ses établissements publics jusqu'à leur modification par la Polynésie française dans les conditions fixées à l'article 12 de la loi organique n° 2004-192 du 27 février 2004 précitée.

Code des juridictions financières (extraits)

Article L. 111-1

La Cour des comptes juge en premier ressort les gestionnaires publics pour les infractions mentionnées à la section 2 du chapitre Ier du titre III du présent livre, sous réserve de la compétence des chambres territoriales des comptes.

La Cour des comptes connaît de l'appel des arrêts rendus par les chambres territoriales des comptes.

Lorsque la Cour des comptes découvre, à l'occasion de ses contrôles, des faits de nature à motiver l'ouverture d'une procédure judiciaire, elle en informe le procureur général près la Cour des comptes qui en informe le procureur de la République et en avise le garde des sceaux, ministre de la justice.

Article L. 111-2

Par ses contrôles, la Cour des comptes vérifie sur pièces et sur place la régularité des recettes et des dépenses décrites dans les comptes et s'assure du bon emploi des crédits, fonds et valeurs gérés par les services et organismes relevant de sa compétence.

Article L. 111-3

La Cour des comptes contrôle les services de l'Etat et les autres personnes morales de droit public, sous réserve de la compétence attribuée aux chambres régionales et territoriales des comptes.

Article L. 111-4

La Cour des comptes contrôle les entreprises publiques.

Article L. 111-5

La Cour des comptes contrôle les institutions de la sécurité sociale.

Article L. 111-6

La Cour des comptes peut contrôler les organismes qui bénéficient d'un concours financier d'une personne visée à l'article L. 133-3 ou d'un prélèvement obligatoire au sens de l'article L. 133-4.

Article L. 111-13

La Cour des comptes contribue à l'évaluation des politiques publiques.

Article L. 111-14

En certifiant les comptes ou en rendant compte au Parlement de la qualité des comptes des administrations publiques dont elle n'assure pas elle-même la certification, la Cour des comptes s'assure que ces comptes sont réguliers, sincères et donnent une image fidèle du résultat de leur gestion, de leur patrimoine et de leur situation financière.

Article L. 131-1

Est justiciable de la Cour des comptes au titre des infractions mentionnées à la section 2 du présent chapitre :

1° Toute personne appartenant au cabinet d'une personne mentionnée aux 1° à 15° de l'article L. 131-2 ;

2° Tout fonctionnaire ou agent civil ou militaire de l'Etat, des collectivités territoriales, de leurs établissements publics ainsi que des groupements des collectivités territoriales ;

3° Tout représentant, administrateur ou agent des autres organismes qui sont soumis soit au contrôle de la Cour des comptes, soit au contrôle d'une chambre régionale des comptes ou d'une chambre territoriale des comptes.

Sont également justiciables tous ceux qui exercent, en fait, les fonctions des personnes désignées aux 1° à 3°.

Article L.131-9

Tout justiciable au sens de l'article L. 131-1 qui, par une infraction aux règles relatives à l'exécution des recettes et des dépenses ou à la gestion des biens de l'Etat, des collectivités, établissements et organismes mentionnés au même article L. 131-1, commet une faute grave ayant causé un préjudice financier significatif, est passible des sanctions prévues à la section 3.

Les autorités de tutelle de ces collectivités, établissements ou organismes, lorsqu'elles ont approuvé les faits mentionnés au premier alinéa, sont passibles des mêmes sanctions.

Le caractère significatif du préjudice financier est apprécié en tenant compte de son montant au regard du budget de l'entité ou du service relevant de la responsabilité du justiciable.

Article L. 131-15

Toute personne qui, sans avoir la qualité de comptable public ou sans agir sous contrôle et pour le compte d'un comptable public, s'ingère dans le recouvrement de recettes affectées ou destinées à un organisme public doté d'un poste comptable ou dépendant d'un tel poste est, dans le cas où elle n'a pas fait l'objet pour les mêmes opérations des poursuites au titre du délit prévu et réprimé par l'article 433-12 du code pénal, passible des sanctions prévues à la section 3 au titre de sa gestion de fait.

Le comptable de fait est en outre comptable de l'emploi des fonds ou valeurs qu'il détient ou manie irrégulièrement et, à ce titre, passible des sanctions prévues à la section 3 en cas de commission d'une infraction mentionnée aux articles L. 131-9 à L. 131-14.

Il en est de même pour toute personne qui reçoit ou manie directement ou indirectement des fonds ou valeurs extraits irrégulièrement de la caisse d'un organisme public et pour toute personne qui, sans avoir la qualité de comptable public, procède à des opérations portant sur des fonds ou valeurs n'appartenant pas aux organismes publics, mais que les comptables publics sont exclusivement chargés d'exécuter en vertu de la réglementation en vigueur.

Article L. 131-16

La juridiction peut prononcer à l'encontre du justiciable dont elle a retenu la responsabilité dans la commission des infractions prévues aux articles L. 131-9 à L. 131-14 une amende d'un montant maximal égal à six mois de rémunération annuelle de la personne faisant l'objet de la sanction à la date de l'infraction.

Toutefois, la commission de l'une des infractions prévues à l'article L. 131-13 ne peut conduire à prononcer une amende d'un montant supérieur à un mois de rémunération annuelle de la personne faisant l'objet de la sanction à la date de l'infraction.

Les amendes sont proportionnées à la gravité des faits reprochés, à l'éventuelle réitération de pratiques prohibées et le cas échéant à l'importance du préjudice causé à l'organisme. Elles sont déterminées individuellement pour chaque personne sanctionnée.

Article L. 131-21

La chambre du contentieux exerce les compétences juridictionnelles dévolues à la Cour des comptes.

Elle est composée de magistrats de la Cour des comptes et des chambres régionales et territoriales des comptes.

Elle statue en formation plénière ou en section.

Article L. 132-0-2

La Cour des comptes assiste le Parlement et le Gouvernement dans le contrôle de l'exécution des lois de finances.

Article LO.132-1

La Cour des comptes établit un rapport sur chaque projet de loi relative aux résultats de la gestion et portant approbation des comptes de l'année. Ce rapport est remis au Parlement, sitôt son arrêt par la Cour des comptes. Il est ultérieurement annexé au projet de loi relative aux résultats de la gestion et portant approbation des comptes de l'année.

La Cour établit la déclaration générale de conformité entre les comptes individuels des comptables et les comptes généraux de l'Etat. Cette déclaration est annexée au projet de loi relative aux résultats de la gestion et portant approbation des comptes de l'année.

Article L. 133-1

La Cour des comptes contrôle les établissements publics de l'Etat à caractère industriel et commercial.

Elle contrôle les sociétés dans lesquelles l'Etat détient la majorité du capital social ou des voix dans les organes délibérants ou sur lesquelles il exerce, directement ou indirectement, un pouvoir prépondérant de décision ou de gestion.

Article L. 133-3

La Cour des comptes peut contrôler les organismes qui bénéficient du concours financier de l'Etat, d'une autre personne soumise à son contrôle ainsi que de l'Union européenne.

Article L. 133-4

La Cour des comptes peut contrôler les organismes qui sont habilités à recevoir des impositions de toute nature et des cotisations légalement obligatoires, de même que les organismes habilités à recevoir des versements libératoires d'une obligation légale de faire

Article L. 143-8

La Cour des comptes adresse au Président de la République et présente au Parlement un rapport public annuel.

Ce rapport comporte les observations et recommandations résultant de contrôles ou d'évaluations portant sur un grand enjeu de l'action publique sur lequel la Cour des comptes souhaite appeler l'attention des pouvoirs publics et contribuer à l'information des citoyens.

Il peut également porter sur les travaux de la Cour des comptes et des chambres régionales et territoriales des comptes, notamment ceux dont l'objet a été arrêté après consultation publique.

Article L. 211-4

La chambre régionale des comptes contrôle les collectivités territoriales et les établissements publics locaux.

Article L. 311-1

La Cour d'appel financière connaît de l'appel des arrêts de la chambre du contentieux mentionnée à l'article L. 131-21, à l'exception des arrêts mentionnés au deuxième alinéa de l'article L. 111-1.

Bibliographie sélective

- Ouvrages

Farhana Akhoune, *Le statut du comptable en droit public financier*, Paris : LGDJ, 2008.

Jean-Luc Albert, *Finances publiques*, Paris : Dalloz, 2022.

Edgard Allix, *Traité élémentaire de science des finances et de législation financière française*, Paris : Arthur Rousseau & Cie, 1931.

Charles-Louis-Gaston d'Audiffret, *Système financier de la France*, tome 5, Paris : Paul Dupont, Guillaumin & Cie, 1864.

Louis Bahougne, Aurélien Camus, *Droit de la comptabilité publique*, Paris : PUF, 2020.

André Barilari, Michel Bouvier, *La LOLF et la nouvelle gouvernance financière de l'Etat*, Paris : LGDJ, 2010.

Aurélien Baudu, *Droit des finances publiques*, Paris : Dalloz, 2023.

Ramu de Bellescize, *Le système budgétaire des Etats-Unis*, Issy-les-Moulineaux : LGDJ, 2015.

Ramu de Bellescize, *Le système budgétaire du Royaume-Uni*, Issy-les-Moulineaux : LGDJ, 2019.

Jean-Yves Bertucci, Francis J. Fabre, Anne Froment-Meurice, Nicolas Hauptmann, Christian Michaut, *Les grands arrêts de la jurisprudence financière*, Paris : Dalloz, 2019.

Michel Bottin, *Histoire des finances publiques*, Paris : Economica, 1997.

Renaud Bourget, *La science juridique et le droit financier et fiscal. Etude historique et comparative du développement de la science juridique fiscale*, Paris : Dalloz, 2012.

Michel Bouvier, Marie-Christine Esclassan, Jean-Pierre Lassale, *Finances publiques*, Issy-les-Moulineaux : LGDJ, 2023.

Xavier Cabannes, *Le principe de l'unité de trésorerie en droit public financier*, Paris : LGDJ, 2000.

Jean-Pierre Camby, Gérald Sutter (direction), *Le budget de l'Etat : la LOLF*, Issy-les-Moulineaux : LGDJ, 2019.

Martin Collet, *Finances publiques*, Issy-les-Moulineaux : LGDJ, 2023.

Stéphanie Damarey, *Droit financier public*, Paris : Dalloz, 2021.

A.-Gabriel Desbats, *Le budget municipal*, Paris, Nancy : Berger-Levrault, 1895.

Anne Dubet, Marie-Laure Legay (direction), *La comptabilité publique en Europe 1500-1850*, Rennes : Presses universitaires de Rennes, 2011.

Paul-Marie Gaudemet, Joël Molinier, *Finances publiques. Budget-Trésor*, Paris : Montchrestien, 1996.

William Gilles, *Les principes budgétaires et comptables publics*, Paris : LGDJ, 2009.

Christophe Heckly, *Aspects budgétaires du fédéralisme*, Issy-les-Moulineaux : LGDJ, 2016.

Hans D. Jarass, Bodo Pieroth, *Grundgesetz für die Bundesrepublik Deutschland. Kommentar*, München : C. H. Beck, 2016.

Gaston Jèze, *Traité de science des finances. Le Budget*, Paris : Giard & Brière, 1910.

Gaston Jèze, *Cours élémentaire de science des finances et de législation financière française*, Paris : M. Giard, 1931.

Kaspar Klock, *Tractatus juridico-politico-polemico-historicus de aerario* [Traité… sur le Trésor], Norimbergae, 1651.

Marc Leroy, *Sociologie des finances publiques*, Paris : La Découverte, 2007.

Marc Leroy, *L'impôt, l'État et la société*, Paris : Economica, 2010.

Paul Leroy-Beaulieu, *Traité de la science des finances*, 2 tomes, Paris : Guillaumin & Cie, Alcan, 1906.

Jacques Magnet, *Comptabilité publique*, Paris : PUF, 1977.

Jean-Claude Martinez, Pierre Di Malta, *Droit budgétaire*, Paris : Litec, 1999.

Jacques Necker, *De l'administration des finances de la France*, 3 tomes, Lausanne : Jean-Pierre Heubach et Compagnie, 1785.

Gilbert Orsoni (direction), *Finances publiques. Dictionnaire encyclopédique*, Paris : Economica, 2017.

Laurent Pancrazi, *Le principe de sincérité budgétaire*, Paris : L'Harmattan, 2012.

Loïc Philip (direction), *Dictionnaire encyclopédique de finances publiques*, 2 tomes, Paris : Economica, 1991.

Johannes Schuy (édition), *Haushaltsrecht Vorschriftensammlung*, Heidelberg : C. F. Müller, 2019.

Joseph Alois Schumpeter, *Histoire de l'analyse économique*, 3 tomes, Paris : Gallimard, 1983.

René Stourm, *Cours de finances. Le budget*, Paris : Guillaumin & Cie, 1900.

Henning Tappe, Rainer Wernsmann, *Öffentliches Finanzrecht*, Heidelberg : C. F. Müller, 2019.

Stéphane Thébault, *L'ordonnateur en droit public financier*, Paris : LGDJ, 2007.

Hans-Peter Ullmann, *Der deutsche Steuerstaat. Geschichte der öffentlichen Finanzen*, München : C. H. Beck, 2005.

G. Voguet, J.-F. Aris, J. Palant, *Règlement général sur la comptabilité publique. Décret du 31 mai 1862 et actes modificatifs intervenus jusqu'au 31 décembre 1927*, Paris, Nancy : Librairie administrative, Berger-Levrault, 1928.

Johann Heinrich Gottlob von Justi, *System des Finanzwesens*, Halle, 1766.

Adolph Wagner, *Traité de la science des finances*, Paris : V. Giard et É. Brière, 5 tomes, 1909-1913.

– Périodiques

Revue française de finances publiques.

Gestion et finances publiques.

Revue du Trésor (jusqu'en 2009).

Structures éditoriales du groupe L'Harmattan

Nos librairies en France

www.ingramcontent.com/pod-product-compliance
Lightning Source LLC
LaVergne TN
LVHW011012061026
849535LV00006B/1845